被故事滋养的童年

小巫教你给孩子讲故事

（美）小巫——著

北京理工大学出版社
BEIJING INSTITUTE OF TECHNOLOGY PRESS

版权专有　侵权必究

图书在版编目（CIP）数据

被故事滋养的童年：小巫教你给孩子讲故事／（美）小巫著. —北京：北京理工大学出版社，2023.6
ISBN 978 – 7 – 5763 – 1795 – 4

Ⅰ. ①被… Ⅱ. ①小… Ⅲ. ①家庭教育 Ⅳ. ①G78

中国版本图书馆CIP数据核字（2022）第222751号

北京市版权局著作权合同登记号图字：01-2022-6128

出版发行 / 北京理工大学出版社有限责任公司	
社　　址 / 北京市海淀区中关村南大街5号	
邮　　编 / 100081	
电　　话 /（010）68914775（总编室）	
（010）82562903（教材售后服务热线）	
（010）68944723（其他图书服务热线）	
网　　址 / http://www.bitpress.com.cn	
经　　销 / 全国各地新华书店	
印　　刷 / 唐山富达印务有限公司	
开　　本 / 710毫米×1000毫米　1/16	
印　　张 / 18.75	责任编辑 / 闫风华
字　　数 / 248千字	文案编辑 / 闫风华
版　　次 / 2023年6月第1版　2023年6月第1次印刷	责任校对 / 刘亚男
定　　价 / 58.00元	责任印制 / 施胜娟

图书出现印装质量问题，请拨打售后服务热线，本社负责调换

撒下人间最珍贵的种子

小巫为什么要写这样一本书？要说我们小时候，谁没听过故事呢？谁当了家长或者老师却从未给自己的孩子或者学生讲过故事呢？讲故事对我们而言是多么容易啊：到处都是绘本、故事书，随手抓起一本翻开来，我们自己在图画之间溜达着，懒洋洋地给孩子读一下每一页上的那二十几个文字，顺便再打两个哈欠，算是完成了讲故事的任务。

或者我们很精进很努力，试图用绘本教孩子学习知识和认字，生怕浪费了任何"教机"。我们把小宝宝圈在怀中，手指着字，一个一个念下去，期待孩子能够很快自主阅读，这样我们多省心多有成就感啊！有时候，念到我们认为的关键点，如"小熊站在树林里，一动不动，小鸟飞来落在它的头上，它还是一动不动"，便开始耐心地启发孩子："宝贝儿，妈妈告诉你啊，小熊在树林里，小鸟落在了它的头上，小鸟为什么落在了他的头上呢？是因为小熊在那里站的时间很长，它一动都不动，小鸟以为他的头顶是一个毛茸茸的舒服的窝，于是想在那里下蛋生孩子！"

或许我们自己刚刚思考这个问题，刚刚领悟到小鸟为什么会落在小熊头上，于是顺着情节创造了小鸟想在那里做一个窝。领悟和创造给我们带来了快乐，我们很希望展示和分享给别人，于是就把自己的领悟展示和分享给了小宝宝。

当你看完小巫的这本书，了解了故事的深邃原理后，就会意识到这样急功近利地念故事，是多么的偏狭、欲速不达！

我们的祖辈大都是冬天带着孩子围坐在热炕上讲故事的，他们讲故事时，眼睛看着每一个孩子；他们会把讲了无数遍的故事再讲一遍，讲到每一个情景，自己都先沉浸其中，眼睛里闪烁着喜悦、忧伤、恐惧、诡异等不同的光。这些情景已经深深植入说故事人的内心中，故事带着心的色彩，一并传递给了孩子们。

讲到可怕之处，孩子们尖叫着扑到讲故事人的身上；讲到美丽的地方，孩子们的眼睛就如星星一般闪烁着幽深的沉静；讲到好玩儿的情节，孩子们就笑倒在彼此的怀里……

"我们坐在高高的谷堆旁边，听妈妈讲那过去的事情。"

为什么要亲口给孩子讲故事，而不是读绘本和念书呢？故事在孩子的健康发展过程中起到了什么样举足轻重的作用？如何给孩子讲故事？故事有多少种类？多大的孩子可以听什么样的故事？为什么说这样讲的故事会对孩子产生终身的影响？

讲故事是一门艺术，有很深的原理，也有很实用的方法，它是每一位父母的必修课。

请打开小巫老师的这本书，仔细研读，再给孩子亲口讲故事。相信您不会抓了芝麻丢了西瓜，不会浪费了孩子听故事的大好时光，您会非常珍惜这个难得的机会，让孩子获得课堂上没有的东西。

讲故事是在为孩子开垦一片无价的精神良田，请在这里撒播下人间最珍贵的种子。

李跃儿

李跃儿，儿童教育家、美术教育家、李跃儿芭学园创始人；著有《谁拿走了孩子的幸福》《孩子是脚，教育是鞋》等畅销书。

·目录·

被故事滋养的童年

1 故事之前的故事

故事是人类成长的养分 / 3
——为什么要给孩子讲故事

讲故事，讲艺术 / 16
——怎样给孩子讲故事

不同的孩子，不同的故事 / 26
——怎样为孩子选故事

好父母，都能成为故事大王 / 35
——怎样给孩子编故事

2 经典故事 丰富孩子灵魂深处的内在王国

浅谈经典童话的意义 / 47
粗探民间传说和童话里的隐喻 / 53
经典故事小屋 / 60

★ 霍勒婆婆 / 60　　★ 牧鹅姑娘 / 63
★ 一幅壮锦 / 69　　★ 圣徒克里斯托弗的传奇 / 74
★ 小英雄除妖 / 79

 睡前故事
陪孩子步入梦乡

为什么要讲睡前故事 / 87
如何编睡前故事 / 89
我们这样讲睡前故事 / 90
睡前故事小屋 / 92

★ 三只小羊 / 92　　★ 三只小兔子 / 94
★ 三朵小花 / 96　　★ 两只小狐狸 / 98
★ 三只海豚 / 99　　★ 三只小鸡过河 / 101
★ 三只小狗和水晶球 / 103　　★ 马鸭赛跑 / 105
★ 小猫咪闯世界 / 107　　★ 鸽子和天鹅 / 108
★ 茶丽梦中的小猫 / 110　　★ 女王和拇指姑娘 / 111
★ 漂亮女孩和两个小可爱 / 114
★ 汤姆迪托特与塞拉贝尔的天蓝色水晶球 / 115
★ 火山与彩虹 / 117　　★ 小天使的奇妙事 / 119
★ 月亮石在哪里 / 121　　★ 爬到树上看天空 / 123
★ 蒲公英的梦想 / 124　　★ 拉拉的长头发 / 126

4 治愈系故事
帮孩子度过心灵困境

什么叫治愈系故事 / 133

如何编撰治愈系故事 / 137

治愈系故事编撰过程范例 / 145

道具助力疗愈功效 / 151

讲治愈系故事的注意事项 / 154

治愈系故事小屋 / 157

- ★ 想当孔雀的小鸭子 / 157
- ★ 小树苗的故事 / 160
- ★ 小小和巨人 / 163
- ★ 淘气的小熊 / 165
- ★ 想成为雄鹿的小鹿 / 171
- ★ 狮子和臭鼬 / 174
- ★ 小马和小猫 / 177
- ★ 一片叶子 / 179
- ★ 月季花圃 / 182
- ★ 伊莎贝尔历险记 / 185
- ★ 湖心的羽毛 / 187
- ★ 爱说话的国王(框架故事)/ 188
- ★ 四个星期的国王(框架故事)/ 190
- ★ 兔子和狐狸 / 192
- ★ 会治病的小鸽子 / 193
- ★ 苏菲与快乐小岛 / 194
- ★ 把月亮关起来的小猴子 / 196
- ★ 乌鸦与音乐会 / 198

5 气质类型故事
因孩子而异的故事

什么是气质类型 / 203
我们这样讲气质类型故事 / 212
气质类型故事小屋 / 213

- ★ 四只小兔子 / 213
- ★ 四匹骆驼 / 217
- ★ 四只兔子和一匹马 / 219
- ★ 风和太阳 / 224

6 教学故事
开启智慧之门

什么是教学故事 / 229
教学故事的意义和作用 / 231
色彩教学故事小屋 / 233

- ★ 红色和黄色 / 234
- ★ 蓝色和黄色 / 234
- ★ 红色和绿色 / 235

形线画教学故事小屋 / 236

★ Freddy 历险记（一）/ 237　　★ Freddy 历险记（二）/ 239

★ Freddy 历险记（三）/ 241　　★ Freddy 历险记（四）/ 243

数学教学故事小屋 / 245

★ 一元骑士的重大发现（数字 1 的特质）/ 246

★ 变成一个人的一家子（数字 8 的故事）/ 252

★ 精灵和宝石 / 255

★ 最富有的数字（一）/ 259

★ 最富有的数字（二）/ 261

地理教学故事小屋 / 263

★ 悉尼港口大桥 / 263

玫瑰典礼故事小屋 / 266

★ 忘川之水 / 268　　★ 十五位勇敢的少年 / 276

附：《小巫教你讲故事》评论集锦 / 280

附一：姥姥学渔——读《小巫教你讲故事》有感 / 280

附二：小巫微博评论 / 282

附三：《小巫教你讲故事》当当网评论 / 283

参考书目 / 287

★ 故事之前的故事 ★

故事是人类成长的养分
——为什么要给孩子讲故事

先听两个故事吧：

> 第一个故事：相传在古代印度与中国之间有一个国家叫萨桑国，国王叫山鲁亚尔。因为王后行为不端，国王一怒之下将王后杀死，从此以后他每天都娶一个少女，第二天就将其杀掉。这样年复一年，持续了3年，他整整杀掉了一千多个女子。宰相的女儿山鲁佐德为拯救无辜的女子，自愿嫁给国王。进宫以后，山鲁佐德每天晚上都给国王讲一个故事，每天讲到最精彩处，天就刚好亮了，国王为了听完故事，只好不杀她，允许她第二天晚上再讲。她的故事一个比一个精彩，一直讲了一千零一夜，终于感动了国王。他说："凭安拉的名义起誓，我决定不杀你了，你的故事让我感动。我将把这些故事记录下来，永远保存。"于是，便有了《天方夜谭》这本书。

> 第二个故事：一个母亲带着她9岁的神童儿子去见爱因斯坦，向这位全球公认的最聪明的人讨教如何让她的儿子在数学方面更上一层楼。爱因斯坦说："给他讲故事吧。"这位妈妈依然缠着爱因斯坦，讨教儿子数学方面的问题。爱因斯坦说："如果你想让孩子聪明，就给他讲故事；如果你想让他拥有智慧，就给他讲更多的故事。"[①]

  以上这两个例子说明故事拥有巨大的魔力：它们可以救命，还可以让人变得聪明，甚至变成智者。当今电子媒体泛滥，人工材质、涂料与味道无孔不入，孩子们的12感官都受到了不同程度的损伤和污染，也影响到他们的身心健康。讲故事这个富含教育与疗愈力量的古老传统，亟待我们做家长的去恢复和弘扬。

  讲故事的传统始于口述史，在久远的过去，人们是通过故事——包括纪实故事、神话故事、史诗等——来保存资料和传递经验的。在文字出现之前，历史靠讲述来记录，教育也通过讲故事来施行。生命的智慧隐藏在故事当中，仿佛养分隐藏在食品当中一样，听故事的人饱餐美味，在不知不觉间得到启示，化为生活的能量，化为行动的指南。

  在经典文学作品中，《天方夜谭》和《十日谈》都是讲故事，并且属于框架故事，即故事套故事，而且它们都是给成年人讲的故事。人类的意识一直在持续发展中，过去人的思维模式迥异于现代人，很多现在我们讲给孩子听的故事，在久远的过去是讲给成年人听的，成年人也是从讲故事中受教育，而不是从说教中明白事理。比如山鲁亚尔国王，被故事深深攫获而不杀宰相的女儿，在听了一千零一夜的故事

[①] 出自《故事知道怎么办》，苏珊·佩罗著，天津教育出版社，2011年8月出版。

后，国王终于被感动，和宰相的女儿结了婚①。

为什么要给孩子**讲**故事？

有时候，我们只看到表面上获得的东西，却忽略了底下庞大的支持系统。就像搭房子，不能只盖屋顶，还要打地基、竖柱子、砌围墙。支持儿童健康发展的系统通常不那么显而易见，甚至是我们看不见的，但又是必不可少的。

我们也常常会进入误区，注重一些显而易见的东西，这些东西不过是冰山一角而已，而冰山浮在水面上的部分只占其全部体积的 1/8。如果我们明白为什么要讲故事，而且会用合适的方式讲，所获得的就不仅仅是水面上的 1/8，还有水面下的 7/8。要知道，没有水面下的 7/8，水面上的 1/8 就不会存在。

因而，在讲故事方面不能急功近利、舍本逐末。如果我们追逐的是让孩子获得知识、明白道理、培养兴趣或者识字阅读这样浅显的东西，那真是捡了芝麻丢了西瓜。

有些父母觉得跟孩子在一起不能浪费时间，跟孩子一起阅读更不能浪费时间，要争分夺秒地往孩子脑子里输送数据！父母跟孩子在一起的时候，总是急于把自己的存货塞给他，见到什么都要说一番道理，包括说一番科学原理，把自己变成博物馆里的解说员，一天到晚口若悬河、滔滔不绝地给孩子讲。

有一位妈妈告诉我，她也曾经是一个"解说员"，后来发现这样做不对劲儿，首先破坏掉了亲子关系，孩子对她说的那些不仅不感兴趣，甚至很反感，于是她赶紧悬崖勒马，闭上嘴巴。

当我们必须照顾到水面下的 7/8 时，怎么讲、讲什么就非常的有讲究，不是什么都可以拿来给孩子讲。

当然，讲故事显而易见的功效也是有的，比如发展孩子的专注力、提高孩子的词汇量、帮助孩子情绪和道德感的发展，等等。但是一不留神，我们就容易掉进坑里。就拿让孩子明白道理来说，我以前看过

---

① 家长们注意，《天方夜谭》和《十日谈》，都不能讲给孩子听哦！

很多中文读物，画得很难看，整篇是黑压压的字和拼音，好像出版社生怕家长浪费了钱，买一堆纸回家，所以每一页都填得满满的，毫无美感可言。而且这些故事显而易见是有所谓"教育意义"的，写得十分直白，读来一口锯末味儿。即便如此，有些父母还很担心，还要继续拷问一下：你知道小熊为什么一定要把苹果让给小兔子吗？你觉得应该向小熊学习什么啊？你是要做小熊，还是那只小狐狸啊？等等。出个试卷让孩子回答，要是答"错"了，家长就很着急，按捺不住地要让孩子学到标准答案。

这就犯了讲故事的第一大忌——千万不要把故事意义给说破了！前面说过，故事好比美食，消化是在无意识中完成的，每个人摄取养分的过程都不一样。而拷问故事意义，则相当于让孩子把刚刚吃下去的食物再吐出来，还要吐得符合家长制定的标准，这会令孩子生病。听故事发生在情感层面，即 *走心*，而分析故事意义则是头脑活动，孩子正深深沉浸在故事场景当中，突然让他抽离出来，进行智性思考，是一种撕裂。

所以说，故事意义一旦说破，故事的价值瞬间蒸发。不管这个故事本身多么美好动人，多么道德高尚，说破了孩子就听不进去了，对孩子来说毫无益处，甚至可能造成伤害。即便他能像你所期待的那样，学习了助人为乐、慷慨大方的小熊，也是做给你看的，而不是植根在他心里。

◎ 故事滋养孩子的心灵

那讲故事真正的意义是什么呢？一言以蔽之，就是对孩子心灵的滋养，这是不可言说、无法量化的。

儿童的身体若要健康成长，就需要汲取恰当的养分；相应地，他们心灵的健康成长，也需要汲取恰当的养分。

我们都知道，供给身体的最佳养分应该天然、有机、富含生命力，人工合成或者含有大量人造添加剂的食物则对身体有害。相应地，供给孩子心灵的养分也应该富有活力、富含生命力，而不是僵化的、刻板的、机械的。

故事中的角色（无论是人，还是动物或者植物）都富有生命力，鲜活而灵动；讲故事的人（父母或者祖父母）也是活生生的人，带着浓浓的爱意——就像母乳那样，带着妈妈的体温，涓涓地淌入孩子的身体和心灵。

故事蕴涵了大量的智慧，尤其是像格林童话或者希腊神话那种经久不衰的民间传说，就是一部人类意识进化的历史纪录，同时也展现出我们当今仍在持续的心灵发展，展现出人类从童年到成年的发展轨迹，其中的智慧已经无法用现代语言准确地诠释了，但当我们讲给孩子听的时候，他们可以本能地理解，并化作生命的一部分。

故事中的角色引领孩子探索并发现自己内心的宝藏，他们本能地体味到生活的甜酸苦辣和命运的指引；通过故事，孩子们认识到忠诚使心灵变得美丽，纯洁带来灵魂最高层次的喜悦；故事也让孩子们理解，自己降生在这个世界上，是因为有那么多美妙的探险历程在等待着他们！

妈妈反复给孩子讲的经典故事，丰富孩子灵魂深处的 内在王国（歌德语），成熟的智慧注入幼小生命，形成新鲜的智慧；而孩子则借着这种强大的力量，产生出对生活的理想、信念、渴盼与希望。

故事慢慢地渗入孩子的心灵，就好像给植物输送养分那样，不是把水和养分浇在叶子上，立马亮晶晶光闪闪；而是涓涓滴滴地渗透到泥土底下，滋养植物的根部。吸收的过程我们肉眼看不到，但功效却巨大。故事讲得好，养分直接送到孩子的潜意识里，对孩子的心灵起到滋养、教育、感化和治愈的作用。

故事开启儿童智慧的大门：故事具备一种奇特的魔力，能够最大限度地激发儿童的想象力，让其插上翅膀自由翱翔，进入创造性图景的领域，超越感知与逻辑思维，达到更高层次的认知。人在听故事的时候，脑里有23个区域积极活动，将听觉接收的信号转化为画面，称为 内心图景，这是人类思维的基础。任何其他的活动都不能如此有效地调动孩子的脑，积极的活动意味着神经元之间在建立新的链接，换句话说，听故事的时候，孩子的脑在成长、在发展。

◎ 故事加强亲子关系

为什么我一直主张不要用光盘、影音或电视来替代父母讲故事呢？因为父母的声音是绝对不能替代的。这和母乳喂养是同样的道理：母亲体内的养分化为母乳，带着爱与关怀，带着母亲的体温和气味，直接从母亲的身体输入孩子的身体；而父母亲口给孩子讲故事，是带着成年人整体内在的、更高层次的心灵活动，是给孩子提供 心灵母乳 。

人类在几万年的进化过程中，一直听的是自然的声音：母亲的心跳、父母的话语、人类活动发出的各种声音，还有鸡鸣狗吠、鸟语虫鸣，以及自然界的风雨声，等等，这些声音陪伴孩子们成长。即便尚未开发语言能力的胎儿和婴幼儿，对声音的接受和感知也已经渗透在他们全身心的记忆当中，影响着他们的发展。

相对而言，录音机、电视机、光盘、音频、视频等电子设备，是最近100多年才发明出来的，它们发出来的是虚拟的 假 声音。每个人都拥有12个感官，这些感官的健康发育需要恰当的养分，而富有营养的外界信号来源于自然、来源于生命本身。比如，发展触觉，就要接触真实的材料，包括木块、棉布、毛线、石子，而不是工业生产的塑料制品；发展听觉，则要听到真实的声音。孩子的感官十分稚嫩而敏感，接收的所有外界信号和刺激，都首先在他内心形成一种共鸣、共振，产生情感反应。

我们不妨试试：当触摸到木头的时候，木头的质感会给我们什么印象？我们心中会产生什么样的情感反应？——这是天然的、原本有生命的东西！那曾经的生命会与我们的生命 发生共振 ，向我们输送温暖。

再触摸一个工业化制造的塑料用品，它在我们内心引起的情感反应又是什么呢？人工合成物品不会与我们的生命共振，也没有温暖可言，我们甚至无法识别它是什么。

孩子要在自然中成长，既要和有生命的物品在一起，更要跟人在一起；教育是发生在人与人之间，而不是发生在人与机器之间。有个孩子说得好："电视可以给我讲故事，但它不会抱着我，它没有温暖，它是假的声音。"

一个没有温暖的假声音，说给谁听都行，就像母乳和奶瓶之间的差别一样。奶粉和奶瓶，给小豆豆吃也行，给小乐乐吃也行，给谁谁吃都行，那是从商店货架上买来的标准配方。而豆豆妈妈的奶是专门喂给豆豆的，乐乐妈妈的奶是专门喂给乐乐的，母乳都是专门为自己的孩子量身制作的。用奶瓶喂孩子，谁抱去喂都行，但是母亲的怀抱谁能替代呢？

妈妈陪伴在孩子身边，亲口给他讲故事，孩子能感知到妈妈的呼吸、心跳、体温，闻到妈妈身上的香味儿，听着妈妈的声音，这时候孩子的感觉，和看电视或者听光盘给他讲故事，绝对是不一样的！他知道电视机不会爱他，光盘也不会爱他。

我们家孩子说：家里阿姨做饭做得再好，都不如妈妈做的饭好吃。这绝非客观的评价，而是带了主观的感情色彩。父母亲口给孩子讲故事，亲手给孩子做饭，孩子感受到爱，这样才能形成特别密切的亲子关系。我在《小巫厨房蜜语》里也说过：淘气小男孩儿在外边野，肚子饿了的时候，他知道好吃的在哪里，肯定会飞奔回家吃妈妈做的饭。

家里要有吸引孩子的东西。什么东西能吸引孩子呢？不是塑料玩具、不是电视、不是光盘，不是花钱可以买来的东西。用钱买不到的情和爱，孩子知道在别的地方不可能找到，只有在家里才能找到，妈妈是最爱他的。无论如何，哪怕天塌下来，回到家里，有了妈妈，就有了一切！这种感觉，工业化制造出来的东西是无法给孩子的。

我认识一名从事音乐教育的瑞典老师，拥有一家乐器制造坊，曾跟我们说起他的爸爸。他爸爸是一个工程师，不苟言笑，平时说话办事一板一眼，很"闷"的一个人。瑞典老师说，他爸爸缺乏音乐细胞，只会唱一首歌里边的一句，是一部电影里的一首插曲，其实还算不上一句，只是一个调儿，一个词——"洛拉"。他小时候，爸爸每天晚上都给他唱，"洛拉（i6-），洛拉（i5-），洛拉（i6-），洛拉（i5-）……"。瑞典老师快60岁了，一米八五健壮挺拔的汉子，回想起小时候爸爸天天给他唱的这一句时，他对着我们学爸爸的歌声，一边唱一边抹眼泪。

爸爸唱的一个调儿，这位老师从小到大记了几十年，电视机和光盘没有这样的功用，而爸爸天天为孩子哼唱的一个调儿，却让孩子记住了一辈子，还把孩子唱成了音乐家！神奇吧？事实上，所有的父母都具备这种神功。

我希望大家都能试一试，像那位爸爸一样，坚持为孩子讲故事，哪怕一句话、一首歌，你都会收获始料不及的神奇。

我小时候得过一次严重的心肌炎，险些丧命。漫长的治疗和康复期间，每天必须老老实实地躺在床上，除了看书、听广播之外，什么都不能做，特别无聊。每天早晚，我妈妈给我打针，两边各两针，打得肌肉僵硬，疼痛难忍。每天晚上，我妈妈陪我躺着，给我把着脉监督心律，我爸爸则坐在床边，给我讲故事，讲《三国演义》《水浒传》《西游记》《封神演义》中的故事。

长大之后看看，我爸爸并不是那种能说会道、富有戏剧表演才能的人，他的普通话还有明显的苏北口音。但我小时候每天最盼望的时间，就是傍晚躺在床上听爸爸讲故事；那个时候觉得我爸特会说书，抑扬顿挫、跌宕起伏、引人入胜。要是我爸听见我这么夸他的口才，一定会说我搞错了！但这就是孩子的视野。现在我这点儿编故事、讲故事的本事，估计就是那时候被我爸熏陶出来的。

《财富》杂志做过一个调查，对象是以世俗的标准来衡量的成功人士，结果显示，一个人成功的因素，不在于他小时候拥有多少个玩具，最关键的是每天晚上陪伴他、给他讲睡前故事的那个人。

◎ 故事是开发智力的最佳途径[1]

故事在孩子生命中的作用不可或缺，其他教育形式无法取而代之。

---

[1] 节选自小巫新浪博文《小小的教学实践，大大的惊喜震撼》。

一位叫列娜的瑞典华德福老师，拥有几十年的教学经验，曾经教过有诵读障碍的孩子，他们在词汇量和说话方面都比普通孩子慢很多。列娜老师对这些孩子也没有施展什么特殊手法，就是进行华德福教育的流程。

有一次，瑞典国家医疗机构给某个智障孩子进行测评，先做了语言和词汇量的测试，说这个孩子一点问题也没有，太正常了，而且词汇量比正常孩子更丰富，语言表达更清晰。但是用医疗设备去检查的时候，发现孩子还是有非常严重的诵读障碍。

医生不禁问：你怎么让孩子记住这么多词汇？是不是每天拿一沓卡片让他回家背？列娜老师回答说，那种背诵卡片的事我是绝对不会给孩子做的，我也没做什么特殊的事情，就是每天给他讲故事。

2009年，我女儿开始上小学，就读于一所双语学校，班主任都来自英语国家。一年级的主班老师苏菲小姐是一位英国女郎，金黄色的头发、宝石绿的眼睛，长得很漂亮，业余时间还参加话剧演出。她是该校一年级四个班的老师中最优秀者，不仅对孩子很温暖，对家长也拥有开放的态度。因我去她班里进行过一次教学实践，孩子们都很喜欢，她就邀请我每周都去给孩子们上课。这个传统一直保持了三年，每年我都挑选心态最开放的老师，请求学校把女儿分配到那个班。几年来，我给孩子们带去了几十首歌曲、歌谣、律动、美术活动和各类游戏（包括数学游戏、运动游戏和社交游戏），还讲了好多个故事，包括格林童话中最经典的原型故事。

一年级那年，我带去了格林童话 *Mother Holle*（汉译《风雪婆婆》或《霍勒婆婆》）。这个故事我曾听列娜老师在讲座当中示范过一次，她那种讲故事的方式，完全是让听众跟着她深入童话世界。当时她讲完，我就可以逐字重复。我又买了原版的《格林童话》，把故事记下来，在女儿班里一共讲了四次。

最后一次讲完，我给孩子们留了一项作业：把这个故事分小组复述一遍，然后画出自己最喜欢的情节来。

过了几天，女儿果然在家庭作业里画了一幅《霍勒婆婆》的画。

当时我正在参加列娜老师夫妇的工作坊，每天早晨都是丈夫送孩子，我还盘算着哪天我去送的时候，跟班主任苏菲小姐讨来孩子们的画看一看，看看他们都记住了哪些情节。因为班里大部分孩子的母语都不是英语，我想即便有些孩子根本没有听懂这个故事，也是情理之中的。

当然，后面发生的事情，远远地超出了我的意料，给我的震撼，难以用语言述说。

我当时了解到，女儿班在这个阶段的语言学习是熟悉过去时的动词变化，并用于写作中，每天的作业是一篇日记，在一个本子里记录今天发生了什么事情，写多少都没关系，写完了再配上画。

一天上午，我送孩子进教室，刚要离开，苏菲小姐叫住我，说要给我看一样东西。说着她递给我厚厚的两摞纸，一摞是孩子们的画，另一摞更厚的是孩子们写的 Mother Holle。

我本来穿着外衣准备马上离开的，但是翻看了几页之后，感觉我必须脱掉外衣，坐下来好好看，心里只有一个声音在不断地说："天啊！天啊！天啊！这是真的吗？我简直不能相信呀！"陆续进班的孩子看见我坐在那里翻看他们的作业，都纷纷围上来："看我的！""这张是我的！""这篇是艾米写的。""卡蒂写了 7 页！是我们班写得最多的！"

苏菲小姐在一旁说："我原先并不知道他们都是如此了不起的作家！（I had no idea they were such fantastic writers! All of them!）"苏菲小姐说这话的时候，绿色的眼睛瞪得大大的，嘴巴也张得大大的，很富戏剧性。当然，如果有一面镜子在照着我，我也会看到和苏菲小姐一样的震惊神情，事实上，我当时处于瞠目结舌、哑口无言的状态。

因为，不可思议地，每一个孩子——每一个孩子——都洋洋洒洒地写了好多页纸。就连刚刚上学、英语水平最差的一个中国女孩，也写了足足四页。

每个孩子都一丝不苟地这样开始：Once upon a time, there lived a widow with her two daughters. One was beautiful and diligent while the other was ugly and lazy.（从前，有一个寡妇，她有两个女儿，一个美

丽又聪明,一个又丑又懒惰。)这是我讲故事的原话,孩子们写的不一定每个字都一样,拼写也时有差池,但是所有的孩子都讲述了同样的意思。

那个手快的卡蒂,是意大利和中国的混血儿,家里主要语言是意大利语和中文,英语并不是她的强项。她的作文里,很多拼写都是错的,但这并不妨碍她认真地把这个故事讲完。她的画也很独特,大部分孩子画一幅,里边包含一个或者几个场景与情节,凯蒂却画了21幅小图,组成一本连环画。

孩子们告诉我,谁谁写了5页,谁谁写了6页。上课铃响了,他们排好队上楼去上中文课。我还在如痴如醉地翻看着,而后像捧着金子一般地问苏菲小姐:"我可不可以把这些作品带给我的老师看?"苏菲小姐说当然可以,但是孩子们还没有写完,明天我可以来把完成的作品带走。

"事实上,我们准备把这些作品装订成册,送给你做礼物的。但是我太骄傲了,我想先在楼道里展示一下,然后再给你。"苏菲小姐告诉我。

第二天,我早早地带着两只文件袋,去班里取了画和作文,仔细地装进袋子里,像气球一般飘到工作坊现场,迫不及待地与大家分享了我的惊奇和喜悦。

孩子们的作品里,超纪录的是一个叫北北的男孩,写了整整10页(其中一个原因是他的字大)。有几个小姑娘,包括我女儿,写得秀气的小字,虽然页数少,但从字量上来说也很可观。我都能脑补出来:写到最后,北北的小手都酸了,最后两页的字也歪了,可他还是坚持着把故事写完了。最有趣的是,他基本上把我讲述的每个字都写了下来,像个小录音机一样,逐字逐句地复述了一遍。

但是,北北并不是在背诵。

如果有个老师告诉他:"现在请你写10页字!"北北肯定把笔一摔——"不写!我写不了!太多了"!甚至如果老师在黑板上写了这么多字,叫他抄下来,他也会拒绝的,因为他会觉得这太多了,也太无趣了。我们大家都知道，要一年级的孩子主动写作业其实蛮困难的。他们会很不情愿："这么多的作业呀！"我女儿则会"我手疼，我腿疼，我头疼，我困了，我累了"的推托。尤其是老师布置的中文作业，他们真的不愿意写。学校里好多孩子妈妈都是我的朋友，大家一致反映孩子们不爱学中文，不喜欢中文作业，尽管他们都是纯粹的中国孩子。

苏菲小姐没有要求孩子们写多少页，她告诉我："我放着贝多芬的音乐，孩子们都异常安静地在那里认真地写，我讶异极了，他们从来没有如此心甘情愿地、悄无声息地写过任何作业，而这一次，他们仿佛着了魔一样，停都停不下来。"

还是以北北为例，他的叙述是所有孩子中最完整的，没有错过任何一个细节，连遣词造句都和我讲的一模一样，这和他的土相气质有关。然而，他并不是在背诵。他只是跟着我，走入了那个童话世界，亲身经历了所有的场景，形成了他内心的图像，随后他把这些图像还原成文字，一笔一画地写了下来。这是他发自内心写出来的，像泉水一样地喷涌而出，所以他写得不知疲倦，所以它如此完整又完美。如果只是让孩子背诵的话，他肯定是背不下来的。

就像列娜老师看到这些作品时说的一句话那样：孩子们被赋予灵感才会这样。（They must be inspired.）

因此，聪明的教育，不会让孩子死记硬背，而是把教育内容巧妙地化成生动的图景，送进孩子的内心，让孩子以灵魂中强大的生命力，拥抱这些图景，把这些图景变成内心的一部分，需要取出来的时候，易如反掌。

接受了优秀教育的孩子，即便在需要记忆信息的时候，也不会愚蠢地死记硬背，而是会想一些办法，把需要记住的内容化成有生命的图景，以更加巧妙的方式来储存记忆。

的确，给孩子讲故事，从最浅表最简单的效果来说，孩子的词汇量是跟着故事走的。但是很多成年人的思维却失之偏狭，误以为记单词就是拿一摞卡去背，甚至还给小婴儿闪卡。每个故事都有自己的语言风格，列娜老师曾经说过，给孩子讲经典童话的时候不能用平常的语言去讲，而是应该有点儿古旧、书面、文绉绉，这样孩子可以区分童话世界和现实世界。

因而，孩子们的作文风格也比较文气，他们并没有完全复制拷贝我说的话，而是加上了自己的演绎。比如，所有的孩子都没有复述"掉进井里失去了意识"这个情节，而是演绎为睡着了。我女儿则说："When she woke up she found herself in the middle of a magical world。"（她醒来时发现自己在一个魔幻世界里。）这些演绎并非误解，而是孩子们联结上了内在的远古智慧，真实地呈现了故事画面。

那个学期的期中报告发下来后，家长们集中在一个晚上约见老师，互相交流。我去一年级的楼道里，看见女儿班这次的作文全部展示在墙上，占据了整整8个展板。其他班孩子的作品则各自只有一两个展板。同样是写作，其他班的孩子被施以流行的普通手法，跟着老师照葫芦画瓢地写了几行字。我问苏菲小姐："其他的老师是不是觉得你们班孩子很了不起？"苏菲小姐挺着身子板，翘着脑袋，夸张地说："她们都嫉妒死啦！"

她告诉我，一名五年级的老师跑下来参观孩子们的故事，狐疑地问她："Diligent？一年级的小娃娃居然会用这个词？"苏菲小姐骄傲极了，对他说："那是！只要你讲故事的方式是恰当的，孩子们能学会任何一个词！"

我相信，苏菲小姐作为一年级的老师，这将是她教师生涯中最辉煌的成就——如果她不成为一个华德福老师的话。

苏菲小姐激动地对我说："这是因为你啊！你好像是把故事送进了孩子们的灵魂，他们像是被施了魔法一样！"

我知道，这绝不是我的功劳。当年我还从未教过一年级的孩子，也尚未参加系统的华德福教师培训，我只是从华德福教育这深邃浩瀚的海洋里偷了一滴水珠，撒给孩子们。这结果也是出乎我意料的，只能说，这就是故事的魅力和魔力吧！

讲故事，讲艺术
——怎样给孩子讲故事

◎ 不要依赖书本

我曾经在讲座上向观众提问："你是怎样给孩子讲故事的？"

有的观众回答："每天晚上抱着孩子，给孩子念书，6本，都得读一遍。"

还有的观众回答："每天晚上念最少10本书，最多得20本吧。"

想想看，有多少妈妈是跟孩子一起*念*书的？

的确，我们给孩子讲故事，习惯依赖书本，市面上流行跟孩子一起看书，名曰亲子阅读，我以前也曾奉行过。这种方式有点像用奶瓶给孩子喂奶，不是从妈妈身体里给孩子的，中间隔了一个东西。

又因为孩子都会模仿成人，如果成人只是给孩子念书，孩子也会模仿成人进行阅读，而7岁之前的孩子并不适合阅读。

可能大多数人没有意识到：人类并没有阅读基因。虽然科技发展日新月异，但是人类的生理进化是非常缓慢的，我们现在能够读书，占用的是脑的哪个部分呢？大脑中并没有一个专门管阅读的区域。在远古时代，人类狩猎、种植、采集的时候，一眼望去，前面有一条细细长长绿颜色的东西，人要立刻分辨这是一种豆子的藤还是一条毒蛇，当年做这件事所使用的脑的区域，如今用来阅读。

也就是说，人类阅读的能力并不像我们想象的那么厉害。脑科学家会告诉你，我们需要身体其他的能力来辅助我们阅读，单纯的阅读是没有意义的。从儿童发展角度看，有效的阅读除了视觉之外，还需要运用另外的感官：运动觉、平衡觉、语言觉和思想觉，这些感官在幼小的孩子那里尚未发育成熟，不可提前透支。

人类文字出现得很晚，即使是文字出现之后，识字率也不高。能念书的是少数人，比如有钱人或者贵族，大部分普通人不识字。再往前走，没有文字的时候，人类的历史和文化怎么传承下来的呢？靠的是口口相传：唱歌、口述史、绘画、讲故事。

到现在，有些民族还是没有文字，而他们的历史和文化并没有失传。我们怎么了解他们的呢？是他们讲给我们听的。

◎ 帮助孩子形成内在图景

从学习这个角度来说，凡有形者皆固化，无形者更具生命力。文字是典型的固化有形者，甚至可以称为死的东西。文字必须在内心唤起相应的画面才是有意义的，如果不能唤起相应的画面，这些文字对我们来说就是乱码。

如果你给我看俄文，我能看出这是文字，但是我不懂它们所传递的具象信息。或者给我看西班牙文，我可以念出来，因为这类语音语素文字，看见字就可以发音，但是我没有学过西班牙文，那么就根本不懂自己念了什么。

对孩子来说也一样，哪怕他认识所有的字，能够念得很流利，听上去好"聪明"，但是如果这些文字不能于他内在唤起相应的画面，就是没有意义的，甚至是有害的。

相比视觉刺激，听觉刺激对孩子来说更有效。前边说过，听故事的时候，脑处于积极主动的状态，有23个区域积极活动，解码他听到的话，任何其他的活动都不能如此有效地调动孩子的智力。尤其当我们把灯光调暗，孩子没有受到其他环境因素的干扰，他会把听到的话结合以往的体验，在心中形成一幅专属于自己的画面。这远远胜于看文字，或者看别人创作的一幅图画。

这幅画面称为 内在图景（inner picture），是人类思考的基本元素。孩子通过听故事，积累了属于他自己的、独特的、丰富的内在图景，这对他的心理发展和智力发展至关重要。塑造有形的内在图景必须动用无形的想象力，想象力和内在图景相辅相成，而想象力则是创造力的源泉。

如果孩子只是跟着成年人看了图，甚至是认了字，但是没有形成自己的内在图景，那么他的精神世界就会比较荒芜，在形成自我意识的时候，就会产生障碍，也难以建立起独立的思维和判断。

简而言之，内在图景是思维的原料，对内在图景的加工形成思想，同时帮助孩子形成自我意识。

如果我给200多人讲故事，这200多人会各自运用自己独特的想象力，形成200多种不同的画面——这个世界多么丰富多彩！如果这200多人看同一幅插图，200多人就形成了同一幅画面，而且这幅画面还不是他们自己创作的，是插图者创作的——这个世界多么单一枯燥！

我曾经在讲座上给听众讲格林童话《甜粥》，请大家闭上眼睛放松，即便听着听着睡着了也没关系。

> 从前，有一个善良的小女孩跟妈妈住在一起，母女俩非常穷，经常饿肚子，没有一口饭吃。有一天，小女孩到了家旁边的森林里，遇到了一个老婆婆。老婆婆递给她一口锅，告诉她，拿回家对着锅说"煮吧，小锅，煮吧"，这口锅就可以煮出甜甜香香的粥来给她和妈妈吃。如果吃够了，说"不煮了小锅"，小锅就停止煮粥。
>
> 小女孩把锅带回了家，和妈妈一起每天煮香香甜甜的粥吃。从此，她们再也不挨饿了。有一天小女孩外出，妈妈觉得肚子有些饿，对着小锅说"煮吧，小锅，煮吧"，小锅开始煮甜甜香香的粥。妈妈吃着吃着，觉得吃饱了，想让小锅停止煮，可是她忘了该说什么。这只锅就不停地煮

> 粥，甜甜香香的粥溢出了锅，填满了厨房，填满了房子，往外流，填满了另一所房子，又流到了下一所房子……一直流下去，好像要把全世界饿肚子的人都喂饱一样。
>
> 就在粥要填满最后一所房子的时候，小女孩回来了，对小锅说"不煮了小锅"，小锅才停止煮。这些甜粥已经填满了镇子，所有在镇里的人都要一边走一边吃。

讲完以后，我问："这里有没有第一次听到这个故事的人？如果有，谁可以完整地复述下来？"十多个妈妈举起了手。

给孩子讲故事也一样。当人进入黑暗的场景，眼睛不再受周围景象打扰，他的心灵就打开了，在故事场景中走上一遭，仿佛他是故事主角，亲自出演了这场大片，轻而易举地牢记一切，阅读则不会有这样的效用。

女儿小学一到三年级，我给她的班级每个星期上一次课，每四周一个单元。文学单元先做晨圈，包括晨颂、唱歌、游戏等律动活动，最后是坐下来讲故事。

我们把窗帘都拉上，小朋友围成一个圈，点上蜡烛，我拨弄着莱雅琴，给他们讲格林童话里的故事。一年级讲的是《霍勒婆婆》，二年级讲的是更加深层的原型故事《牧鹅姑娘》。

每个故事一共讲4个星期，也就是4次。根据孩子4种不同的气质类型，《霍勒婆婆》是每个气质类型讲一遍，每种气质类型的孩子都会感到我专门给他们讲了一遍。《牧鹅姑娘》则是根据故事里人物的气质类型，用不同的语调来讲[①]。

一年级的孩子们把我讲的《霍勒婆婆》完整地写了下来，我相信，这个故事的意义深深地进入了孩子们的心灵，而其功用不是我们马上

---

① 关于气质类型的详解，请见本书第5部分"气质类型故事：因孩子而异的故事"。

能看到的。可能几十年之后，它会发挥作用，也可能在他们的一生中的关键时刻发生作用。

《牧鹅姑娘》讲了3个星期，一共讲了两遍。因为这个故事比《霍勒婆婆》长，先分两次讲完，第三周整个讲一遍，第四周则让孩子们自己复述，方式如下：地板上坐成一圈的孩子们自愿举手，说出情节来，说到再也想不起来的时候，就坐到另外一边的凳子上；依次按情节顺序复述、坐下；如果有人认为中间遗漏了哪个情节，就叙述出来，然后座位插到两个相邻的凳子中间。

接下来的4周是美术单元，我带着孩子们用色粉画笔绘画，在掌握基本技巧之后，我安排孩子们两个人一组，把《牧鹅姑娘》用绘画形式表现出来。16个孩子，8幅画，每幅画都闪动着独特的灵气，每幅画都是孩子们的原创，毫无雷同。我将这些画拍下来，发表在我的博客上，引来在澳大利亚的华德福老师李靖发表评论说：

"那些画效果很好啊，看出来每个孩子对故事的感受点都不一样，说明课上得超级好！主流课程所展示的作业都基本雷同，两相对比，就能看出华德福教育在课程、老师、方法上都绝对不一样。这些画不仅美，更能说明每个孩子对故事都有内在的图景，这个图景不需要具象，不需要细节，朦胧中带给孩子更多的想象空间。这个课不是美术课，大家可不要看歪了，这个重点不在画，而在故事。"

◎ 注重故事让孩子入睡的功能

我们大部分讲故事的时间是不是都在睡觉之前？故事有一个功用，就是辅助孩子安然入睡。有的妈妈发现，睡前跟孩子进行亲子阅读，越读孩子越兴奋，一个不够，再读还不够，最后把自己讲累了，孩子还是毫无睡意。

而当你关了灯，孩子安安静静地躺在床上，讲一个适合他年龄段的故事，内容和意义也都适合他，他会安然入睡。就像我给母亲们讲故事一样，让她们闭上眼睛，睡着了没关系，因为故事的功效之一就是让听众的心灵进入睡眠状态。

不要小看孩子的睡眠，睡眠不仅仅是我们惯常理解的休息，而是与清醒一样重要的状态，因此孩子需要健康、有规律的作息。睡觉的时候脑也在活动，在对白天的活动进行梳理，吸收有益的养分，摒弃无益的垃圾。

由于脑是人类身体唯一需要 **休眠** 的器官，科学家对睡眠研究了多年，意在透彻理解人类睡眠的真正意义。在2011年发表的一篇研究报告里，科学家经实验发现，人的脑中接收新信息的区域在夜间会产生强烈的睡眠活动；而志愿者脑波的对比显示，越是费力学习某项手工技能的人，睡眠时该区域的慢波活动就越激烈。也就是说，越是需要付出劳作才能掌握的知识，其学习效率越高。

科学家总结，是学习活动而非用脑活动引发了睡眠，这还意味着，睡眠不是简单地帮助脑从疲劳中恢复，而是改善学习，脑的神经回路在睡眠中发生了重新整合。可以说，睡眠并非休息，而是另一种形式的 **工作**。

孩子清醒的时候需要做有意义的工作，睡觉之前需要听到有意义的故事，孩子会把生活、故事带入梦乡，脑和心灵会在梦里进行下一步的梳理工作。因此，我们让孩子带着什么去睡觉是非常重要的。

◎ 讲故事重质量，轻数量

每天给孩子讲一个故事，这个故事起码讲3次，最好讲一个星期，小一些的孩子听一个星期都听不够。重复的故事形成一种天然的韵律，辅助孩子的健康成长。

相信大多数家长有过类似的经历：孩子一本书看不够，看了100遍，你都看吐了，他却乐此不疲。其实大人也一样，好看的书，咱们也看不止一遍，比如《红楼梦》《水浒传》，还有三毛的书，我都看了好几十遍了！

给孩子讲故事，重在质量而非数量。一个故事重复几遍，越小的孩子重复的频率越高，讲到上一个情节，孩子马上就能想到下一个情节，你可能觉得好无聊啊，都讲得滚瓜烂熟了，孩子怎么还要听？但这给了孩子健康的身体、心灵以及安全感，意义重大。

在0～12岁，尤其是刚生下来的时候，宝宝的心跳和呼吸是不规律的。小婴儿有可能在睡觉的时候忘了喘气；心跳也是乱的，频率很高。孩子在12岁以前，身体有一个非常重要的工作，就是调整心跳和呼吸的比例，让呼吸、心跳变得规律，并借此强健免疫系统、开发智性思维。

讲重复性、可预见、没有意义的故事，能够有效地辅助孩子建立呼吸和心跳的规律，尤其是对非常小的孩子。

除了故事以外，还要有规律的生活：每天按时起床、吃饭、睡觉，并进行睡前仪式，比如讲故事、唱歌、按摩、亲吻、说晚安等。

◎ 不要急于求成灌输知识

儿童只有到了12岁，调整好呼吸和心跳的比例，即一次呼吸四次心跳，才可以运用抽象思维进行智性思考。到那时，7岁解不开的奥数题，12岁解开易如反掌；等40岁的时候，7岁会解奥数题还是12岁会解是没有差别的。但强迫7岁的孩子进行12岁的思维，则是伤害，因此要把事情留到相应的年龄段去做——万物皆有时嘛！

很多时候，故事的素材和养分在孩子心里留存着，一时半会儿暂且用不上，但它们绝非毫无意义，可能数年之后才有机会派上用场，更大的可能是这些养分伴随孩子终身。

我们对孩子心灵的滋养，是在给孩子的一生打下坚实的基础。不能急于求成，给孩子一堆不能消化的符号，尤其是所谓的"科学"知识和概念，会给孩子造成紊乱。

孩子的发展是分阶段的，学龄前的孩子，思维和行动是一体的，你会发现，给他讲故事，他会手舞足蹈，一定要把动作做出来才行。

到了 6~7 岁，他已经可以在内心形成一些画面了，你给他讲故事，他可以提取内心的画面，进行图解式思维。比如，讲王子挥剑把龙杀死，他不用起身"哗"的一下做挥剑斩杀的动作，而可以在心里想象出王子挥剑屠龙的画面。

◎ 创造不同故事的环境和氛围

有了好的故事，还要配合上适合的环境和氛围。

例如，睡前故事肯定是要关灯讲。为什么呢？为更好地发挥孩子的想象力。在黑暗中听故事，想象力是信马由缰、无边无际的。看书时，注意力仅仅局限在这本书的页面上。但是关了灯讲故事，想象力就飞到遥远的宇宙，宇宙是多么大，书是多么小！就像小时候我爸爸给我讲《水浒传》《西游记》《三国演义》《封神演义》，虽然这些名著早就已经有书有连环画了，但我爸爸却是把这些故事给我讲一遍，而不是让我自己去阅读文字或是看连环画。因此，浮现在我内心的，不是别人画的图像，而是我在黑暗中听故事过程中想象的画面。

有一次，我给三年级的孩子们讲《圣徒克里斯托弗的传奇》（见第 74 页），可惜气氛不够理想：没有拉上窗帘，没有点上蜡烛，没有弹起莱雅琴，没有形成应有的气场。结果故事刚讲完，有个比较清醒的孩子很快说了一句"谢谢"，把深深沉浸在另外一个世界里的其他孩子也弄醒了，他们站起身来走动，而不是静静地坐在那里继续生活在故事当中，直到心灵获得应有的满足，自主醒来。这十分可惜，浪费了故事辅助心灵入睡、进入梦幻状态、让想象力尽情工作的功能。

还好，女儿上三年级时，我又把这个故事带到她班上。那一次的气氛很理想，孩子们深受震撼，久久不愿离去。虽然已经到了午餐时间，但没有一个孩子起身，而是要求看我带去的道具，一只精美的十字架，小脸上带着崇敬的表情，轻轻地抚摸它。

◎ 道具的配合

讲故事时，可以加上道具的配合。比如，我第一次在女儿班进行教学实践时，讲的是格林童话《甜粥》。那天，我用一只扇贝的贝壳当锅，用我儿子手指编织的毛线发带当粥，发带很长，从贝壳里流淌出来，成为粥河。给其他小朋友讲数学故事时，曾经用手偶来表现加减乘除小精灵。

除了道具之外，还可以用上乐器。我在女儿一年级班里用不同气质类型口气讲格林童话《霍勒婆婆》时，就尝试配合了不同的乐器。给土相和水相的孩子讲述，配的是莱雅琴；给风相和火相的孩子讲述，配的是钟琴。水相还可以配弦乐，风相可以配笛子，火相可以配鼓或者其他敲击乐器。

◎ 语气语调的讲究

给孩子讲睡前故事，语气语调应该比较舒缓，这样更有助于调整孩子的呼吸和心跳。而给不同气质类型的孩子讲故事，语气语调也有讲究。

还是拿给一年级孩子讲的格林童话《霍勒婆婆》为例吧。我当时讲了一个单元，4个星期，恰好对应孩子拥有的4个气质类型，一个气质类型讲一次。

第一次用土相/抑郁质的口气讲，讲得比较和缓，注重细节，带一些凝重和沉思，并且尽量不着痕迹地略为强调主人公受苦受难的情节；第二次用风相/多血质的口气讲，比较欢快，不那么沉重；第三次是用水相/黏液质的口气讲，语气舒适安详，享受美景美味，没有大起大落的戏剧性冲突；最后一次是用火相/胆汁质的口气讲，语调铿锵有力、抑扬顿挫，强调一切行动和冲突。

用水相口气讲的那一次，我坐在朋友的儿子查理旁边，他是一个典型的水相孩子。讲到一个细节，美丽勤劳的女儿回家，她的后母和异母姐姐看到她特别喜欢，因为她身上盖满了金子。全班同学都没有笑，就他一个人，嘿嘿嘿地笑，我知道这个故事讲到他心里去了。

据当时在场的另外一位家长反应，火相那次讲得最精彩，因为跟我的气质相吻合，有很多行动，时时引起哄堂大笑，笑得最欢快的都是班里火相气质突出的孩子。

◎ 儿歌、诗歌、歌曲的穿插

给孩子们讲的故事往往会穿插儿歌、诗歌或者歌曲，这是故事中很重要的部分，不但能增加故事的艺术色彩，渲染故事中需要的情景和气氛，而且它的韵律和叠加，既能帮助孩子在心里描绘影像、记忆故事，又有助于词汇的发展，尤其是对年龄比较小的孩子。

想想看，我们许多人都是因为记住了一两段儿歌或者几句歌词，就能回想起当年听过的故事，包括听故事时的场景。故事中的儿歌，可以按韵律念出来，但是如果故事情节中提到是 唱歌 ，就要配个曲子唱出来，根据儿歌的不同，配的曲子可能是舒缓的，也可能是轻快的。我讲童话故事，只要里边有歌，比如《牧鹅姑娘》《三朵小花》《湖心的羽毛》，我都会把里面的歌配上曲子唱给孩子听。

有些妈妈担心自己缺乏口才和音乐天赋，不敢开口唱歌。事实上，你不需要像帕瓦罗蒂那样唱得美妙动听，你也不用跟孙敬修一样讲得抑扬顿挫，你的歌喉是否圆润婉转，甚至你是不是唱走了调儿，孩子们都不讲究，他们会仅仅因为你肯给他们讲故事而死心塌地地爱你。

熟能生巧，只要你肯迈出第一步，剩下的道路就好走多了。

不同的孩子，不同的故事
——怎样为孩子选故事

一位作家在她写的一本书里，提到她给自己的两个孩子讲故事，这固然很好。遗憾的是，从两方面来讲，她给孩子挑错了故事。

一是故事内容，她给两岁的孩子讲《水浒传》《西游记》，后来她自己也讲不下去了。的确，两岁的孩子不适合听这种内容。

二是她给孩子讲童话，但是没有理解童话的意义。比如"灰姑娘终于嫁给了王子，快乐幸福地过一生"让她觉得别扭，因为她误以为"所谓的王子，就是一个漂亮的男生，有钱，有国王爸爸"。作家是女权主义者，她把女权主义也用在这里了，对这种结局嗤之以鼻，横加批驳——"狗屁王子！"这是什么时代了，现在的女性那么独立，干吗还非要嫁给王子，灰姑娘不需要依靠"嫁给王子"的恩典来获得幸福，如果生了女儿一定要告诉她这是假的，等等。

实际上，这位作家并没有理解童话，尤其是民间故事。《格林童话》是格林兄弟搜集的民间传说，少说都有上千甚至是几千年的历史。这些民间传说其实是人类意识发展的原型，里面所有的人物、情节、对话，甚至道具，都是有着深邃寓意的。

有些家长问，它那么血腥，怎么给孩子讲啊？或者改成比较温和的结局吧！其实，所谓"暴力、血腥"的成分，都是不可或缺的隐喻，有着深远的意义；如果我们擅自修改，则会大大削弱故事的教育功用。如果孩子不看根据这些故事改编拍摄的绘本或者动画片，没有看过血腥的画面，就不会感到恐怖，而是会理解其真实含义。

王子和公主代表的不是人的肉体，他们的婚姻不是现代世俗理解的白富美嫁给了高富帅（富二代），从此锦衣玉食、高枕无忧，而是灵与魂的结合，人作为身、心、灵的融合，体现在王子和公主的婚配上。王子是要继承王位的，是未来的国王。国王是成熟的智慧和灵性，王后是成熟的情感和心魂。当国王和王后拥有幸福的婚姻时，王国是稳定统一的，我们的发展是稳定和谐的。王子不能单枪匹马，公主必须匹配王子，双方缺一不可，否则王国将失去平衡。

《小红帽》里，小红帽给外婆带的食物是隐喻，猎人把狼肚子切开、装上石头、缝合起来再丢到井里，皆是隐喻。《霍勒婆婆》里面的纺锤非常重要，那亦是一个隐喻。

今天的我们，思维已经变得很狭窄了，理解不了这些童话的真实内涵。我们顶多看到冰山上的一小角，整个冰山是怎么回事我们看不到，即便模模糊糊看到了也理解不了。那没关系，只要明白我们自己的理解有限，懂得的仅仅是九牛一毛（还不一定准确）就行了。带着谦卑的心态，不要自以为是地把我们的僵化思维机械地推给孩子。孩子在大概九岁之前都能本能地理解故事的意义，而且理解得比我们深。

我女儿全班20个孩子，没有一个忘记《霍勒婆婆》中纺锤的事情。但是她的班主任反而没有理解故事的深层含义，以为就是个勤劳致富的故事——好女儿得了一桶金子，坏女儿得了一桶沥青[1]。

不同年龄段的孩子身体和心灵的发展、接受能力等都不同，他们能听的故事当然也不同。

◎ 0~3岁

0~3岁的孩子的语言能力尚未开发成熟，没有长期记忆，记不住整个故事，他们的形象思维尚未建立起来，更没有抽象思维，他们是

---

[1] 更多详细论述，请参阅第53页"粗探民间传说和童话里的隐喻"。

活在当下的，所以要给他们讲简单易懂的故事。又因为他们的呼吸和心跳是不规则的，需要规律的生活、韵律型故事和游戏来辅助他们建立呼吸与心跳之间的最佳比例，所以这个年龄段讲故事，最好是用歌谣的形式，有韵律和节奏感，琅琅上口。一首歌谣，既讲了好玩儿的故事，又培育了孩子的语言能力，还调整了孩子的呼吸和心跳，一举几得。

3岁左右，可以讲叠加故事，故事本身可能没有什么意义，只是重复性的情节，这就是一种韵律，反复地讲，让孩子可以预知下一步将要发生什么，带给孩子愉悦的体验和安全感。

乌克兰童话《一只手套》是一个典型的叠加故事。森林里怎么可能有手套呢？手套里怎么能住进那么多动物呢？这时就别用科学或者逻辑来思考了，给小小孩讲的故事往往显得无厘头。该童话有好几个版本，其中一个是这样讲的：

> 有一天，一只小鼹鼠在森林里发现了一只手套，它小心翼翼地爬了进去，并决心住在里面了。接着，一只兔子也跳跃着奔过来钻了进去；一只小刺猬钻进来取暖了；一只猫头鹰用力地挤了进去；一只獾也来凑热闹，爬了进来；一只狐狸一头钻了进来；然后，一只大熊大声吸着气，不管怎么样也要爬进来。大熊一进去，一屁股就把手套给坐塌了。大家都受不了了，于是鼹鼠搬出来了，兔子搬出来了，然后是小刺猬……最后大熊也灰溜溜地出来了。

这是一个典型的叠加故事，相同的情节不断地重复，讲的时候可以根据动物的特性有所演绎。我自己创作的《三朵小花》（第96页）也属于简单的叠加故事。慢慢地讲，孩子的呼吸就会平稳下来，就会有睡意，渐渐地睡着了。四五岁之前都可以讲这样自编的、无意义的叠加故事。

◎ 3~6岁

3~6岁的孩子可以听一些简单的童话故事、自然故事、气质类型故事和回忆性故事，还可以根据故事情节给孩子演手偶戏。因为这个年龄层的孩子尚处于前图像思维时期，手偶戏能帮助他们建立图像思维。

给3~6岁的孩子讲格林童话，需要挑选那些甜蜜而简单的故事，不要讲《小红帽》《白雪公主》之类的原型故事。比如可以讲《甜粥》，这个故事既简短又美好。讲的时候做两只小手偶，一只是小女孩，一只是她妈妈；另外的道具可参阅前文的叙述。

注意不要在睡觉之前给孩子演手偶戏，要在白天给孩子讲故事的时候演。因为睡觉之前演手偶戏会令孩子过于兴奋，影响入睡。

自然故事，顾名思义，取材于大自然，将植物、动物以及自然现象拟人化，讲述他们之间的关系和故事。孩子天生对大自然有亲近感和好奇心，有些家长忍不住抓紧"教机"给孩子灌输所谓的"科学知识"，却不知道这样做伤害了孩子。在童年期，孩子和世界是一体的，在儿童眼里，万物皆有灵，连一滴小小的露珠都有感情、会说话。所谓的"科学知识"却是把孩子生硬地与世界割裂开，用冰冷、客观、固化的概念看待它，这会给孩子造成痛苦和分裂。

华德福教育创始人鲁道夫·史泰纳博士指出，当生命的秘密以自然法则的面孔出现之前，应该让孩子以隐喻和图景的方式接收它。自然界蕴含了大量生命的秘密和智慧，孩子需要的，不是枯燥冷硬的"科学原理"，而是充满活力、美好动听的故事。

编撰自然故事，一个原则是注意符合自然规律，因为自然故事是科学课程的基础；另外一个原则还是简单、重复、有韵律，可以根据情节编成歌谣吟唱。

回忆性故事，则是成年人回忆自己的生活经历中一些有趣的场景，由"我小时候啊""记得当年"等引出回忆，这些简单的描述，在孩子那里就是好玩的故事。

◎ 6~8岁

6~8岁的孩子基本上已经开始小学教育，至少是学前班教育，可以听一些更加复杂的故事，比如《格林童话》、寓言（7岁以上）、传奇和神话故事（8岁以上）。**适龄**是最重要的原则之一，提前给孩子不恰当的养分，会造成消化不良，甚至带来危害。

这个时期，我们继续给孩子们讲自然故事，这也为今后高年级学习植物学、动物学、地理、地质、天文等科目，打下科学基础。自然故事是科学课程的基础，低幼年龄和低年级接触自然故事，高年级再接触科学道理，衔接得自然而巧妙。本书中《爬到树上看天空》《蒲公英的梦想》《一片叶子》《月季花圃》等都是自然故事（后边3个既是自然故事，又是治愈系故事）。

下面这个故事，是悉尼一所华德福学校的老师创造给低年级孩子的一个自然故事的梗概，到了高年级则会进入真正的科学学习[1]。

> 有一颗小水滴在天空里和其他小水滴一起玩耍，突然一阵风吹来，他觉得有点冷，打了个喷嚏，"哗"的一下就和其他小水滴一起掉到了地面上。小水滴穿过大大小小的石头、钻过很多缝隙，来到了一条很宽的路，接着他的兄弟姐妹们也到了，原来他们到了一条小溪。他们一路向前奔跑，越跑越快，越跑越快，听到了呜呜的汽笛声音，和硬硬的冰冷的东西擦肩而过，后来嘴巴里还有了股咸咸的味道，原来他们到了大海。暖暖的阳光照得他们很舒服，于是小水滴睡着了，做了一个长长长长的梦，梦到了太阳在和他招手让他过去。当小水滴醒来的时候，一看，原来他又跑到天上去了。

[1] 李靖提供。

寓言会牵涉到人性中比较卑劣的品质，怎么战胜这些邪恶？或者是遇到邪恶的时候，怎么运用小小的技巧和智慧战胜它？寓言中的动物代表我们灵魂中不那么光彩的方面：比如狼的残忍、狐狸的狡猾、猪的贪婪，还有不属于动物特质的片面、高傲、霸道、自私、说谎、偷盗等。品德方面的训诫比较直接，最好用框架故事的形式讲寓言，让训诫与孩子之间有安全的距离（范例见第188页《爱说话的国王》）。

传奇的内容、作用和寓言正好相反。在西方学校会讲圣徒传奇，他们放弃人间奢侈繁华，不追名逐利，甚至过着清苦的日子，出于对人类的大爱，忠诚地服务于更加宏伟的目标。传奇中的人物努力克服自身的局限性，净化不够高尚的品质，做一个理想的人、一个圣贤的人。东方则有罗汉和菩萨的传奇，和西方的圣徒传奇有异曲同工之妙。

从这些故事里，孩子可以看到有两条道路可以选择：高尚的道路 vs 低劣的道路，相信他们会有自己的判断。但是不要灌输概念和逻辑，不要将道德理念从故事中抽出来，单纯地让他们接受，更不能拷问他们或者用问卷测试。

9~11岁

9岁左右，孩子开始与世界真正分离。在此之前，孩子与世界是浑然一体的，典型的表现包括不许你跟他有不同的观点。9岁来临，孩子突然意识到，他是他、你是你、世界是这个世界；妈妈不是永生的，人是会死亡的。这是一个重要的里程碑，标志着孩子作为个体进行思考的起始，第一步就是把自己和世界、和他人分开。

也就是说，孩子在9岁会经历一场危机，我们称之为"卢比肯河年"。一个典型的表现就是他们开始不相信童话和传奇，会感到孤独、恐慌、无助，甚至会由此而产生一些身体方面的微恙。

这个时期，须给孩子讲创世纪的故事和传说，比如盘古开天辟地、女娲补天、夸父追日等，比如《圣经·旧约》的相关故事、希腊神话和英雄故事。

孩子开始客观地看世界，会思考世界是怎么来的？谁造的？我们人类从哪里来？我从哪里来？我是谁？我在这个世界上应该是什么位置？等等。

讲《圣经·旧约》故事不必以宗教为基础，就像希腊神话或者任何民族的神话传说一样，这些故事也是人类历史积累的宝藏，不必拘泥于宗教的狭隘定义。就好比无论你是不是相信王母娘娘的存在，都可以在七夕给孩子讲牛郎织女的故事，无论你是不是佛教徒，都可以给孩子讲罗汉和菩萨的传奇。神这个形象给孩子的教育意义，远远超出他是否真实存在的论证。

这个时期，孩子开始不再相信仙子、童话，会追问故事是不是真的，里面的角色是不是真的。以前他们的思想都是飞在天上的小精灵，现在开始降落人间了。

那么我们在编故事的时候，角色是可以编的，但是里面的内容，特别是空间地理位置、动物生活习性等，要尽量做到符合物理现实，而不能继续天马行空，比如桌子会飞、茶杯变成飞船之类的，需要做淡化处理了。

另外，9岁开始，孩子需要偶像，真正值得崇拜和效仿的人物。英雄故事、圣徒传奇、神话传说等，满足了儿童这个时期心灵发展的内在需求。

我女儿四年级时，探索课程有一个板块，是学习世界各地的创世纪故事，尤其是澳大利亚土著传奇，而后孩子们各自编写自己的创世纪故事，画一条蛇的图腾形象，并剪出来，把故事誊写在图腾身上。下边是我女儿编撰的创世纪故事：

> I am a spirit. Wherever I walk, I become part of the world. My feet are the grass, my legs become trees, my knees are hills and mountains. My left tummy is lakes, my right tummy is oceans. My thighs are fish and other water creatures. My chest will

become land animals. My head creates humans. And finally my hair is weeds and snakes. When my body disappears, it just grows back. I see nature, I smell flowers, I taste the wind and I hear animal noises. I feel great! The sun is happy and I name this ball of nature: "EARTH!" Now I am going back to heaven. If you need me, just call my name!

中文大意：我是一个神。我走到哪里，就变成世界的一部分。我的脚是草，我的腿变成树，我的膝盖是丘陵和高山。我左边的肚子是湖泊，我右边的肚子是海洋。我的大腿是鱼儿和其他水族。我的胸膛变成陆地上的动物。我的头创造出人类。最后，我的头发是野草和蛇。我的身体消失后会再长出来。我看到大自然，我闻到花的香气，我尝到风的味道，我听到动物鸣叫。我感觉棒极了！太阳很快乐，我将这一团自然命名为："地球！"现在我要回到天堂去了。如果你需要我，就呼唤我的名字！

◎ 12～14岁

12～14岁的孩子开始系统学习本土历史和世界历史，可以听历史人物传记，像孔子或者恺撒大帝。这个年龄段的孩子，呼吸和心跳的比例稳定下来，可以开始进行抽象思维，理解事物之间的逻辑因果关系，从童话、神话传奇的灵性世界，逐渐过渡到现实现世的物质世界，在入世的旅程上，跨越又一个里程碑。

除了年龄以外，也可以按年级分类：一年级、二年级讲童话，二年级讲寓言和圣徒传奇，三年级讲创世纪，四年级讲希腊神话，五年级讲英雄故事，六年级讲历史传记。这个划分不是绝对的，要因人而异、因地制宜。

有一次，我作为志愿者妈妈去孩子学校，在图书展销活动上，给低年级孩子们讲故事。上午给一年级3个班、下午给二年级和三年级的孩子讲故事。

我准备了3个格林童话故事，两个儿童版的希腊神话和两个圣徒传奇。当然，没有忍住小小的私心，给女儿班讲了更长篇的希腊神话——《回声和水仙的传说》。也是因为这个班的孩子更熟悉我，班主任苏菲小姐又鼎力配合，所以可以讲比较长的故事。另外两个班因为在展厅逗留时间短暂，只好讲最短的格林童话《甜粥》。

给二年级的孩子们讲的是儿童版的希腊神话——《农业女神德米特和女儿珀塞福涅的传说》，也是四季的由来，孩子们听得很入神，特别是一个小男孩，跟着我的讲述，一会儿睁大眼，一会儿倒吸凉气，一会儿惊呼"真的吗"。如此积极而富戏剧性的回应，令人不由自主地被吸引过去，更多地要对着他讲，但我尽力做到跟每一个孩子对视，把故事送到每一个孩子那里，不落下任何一个孩子。其实，可以看出来，即便那些没有明显反应的孩子，内心也是在认真地听呢。

最后给三年级的孩子们讲《圣徒克里斯托弗的传奇》，恰逢没有其他班级的零散孩子和老师在展厅里转，整个屋子安静下来，全体孩子围着我，班级老师、参加书展的工作人员和家长委员会的志愿者都坐在各自的位子上，专心地听我讲。这是我最喜欢的故事之一，每次讲完，自己内心都深受感动。这一次，我的听众最多（20来人），讲到最后，又一次，全场鸦雀无声，孩子们眼睛里流露出来的神情，真正让人明白什么叫作"着了魔"，透过他们的眼睛，仿佛能够看到他们的心灵处于一种完全敞开的状态，又是那么梦幻而沉醉，那绝对不是给他们阅读书本能够获得的效果。

有两个小姑娘还不舍地一个劲地问我："是真的发生过的吗？"这是典型的三年级孩子会提出的问题，在这个年龄段，他们开始追究故事的真实性。我回答她们："当然了！"姑娘们睁圆了眼睛："哇！不是童话呀！"我相信她们俩不会忘记这个故事。

好的故事具备旺盛的生命力，这个故事后来给七年级十三四岁临近青春期的孩子讲，有的孩子还被感动得热泪盈眶。

好父母，都能成为故事大王
——怎样给孩子编故事[1]

我特别想做的一件事情，就是让中国的爸爸妈妈们自己编故事、写绘本。市面上流行的绘本，相当一部分是翻译过来的，是其他国家、其他文化、其他语言的创作。虽然经典故事是人类共通的财富，但是本土的原创故事，其养分更容易被本土的孩子吸收。更何况是聚集了本土文化、语言、风俗精髓的，凝聚了爸爸妈妈智慧和爱心的，美好的故事呢？

我们家曾经编过好多故事，我先生是编故事大王，有时候天天晚上给孩子编，还是情节曲折的连续剧，比如一只蚂蚁骑着哈雷摩托车游历世界，最后还去了月球。儿子说："其实我爸爸就跟 J. K. 罗琳（《哈利·波特》的作者）一样，只不过他的故事没出版。"这大概是一位父亲可以得到的最高评价了！

孩子会给我们出题，有一阵总给我们出三只小动物的命题，我们会根据孩子的要求编。有一天他们给爸爸出了"三只海豚"的题目，爸爸就开始讲一个特别无厘头的故事，但很有趣，他们听得津津有味。我已经把这个故事收进这本书了（第99页）。

有的时候，父母想帮助孩子改变某种行为或者渡过某个难关，也可以编故事，这种故事叫作治愈系故事。但是一定不要编得太露骨，

---

[1] 关于各类故事如何编撰，以及多期工作坊里家长学员编撰的故事范例和创作过程，请参阅《做孩子的故事大王：小巫教你给孩子编故事》（以下简称《做孩子的故事大王》）。

让孩子一听就是说他呢，那他就不听了，对他来说这故事就没有意义了。故事要编得巧妙隐晦，要运用智慧给孩子讲故事。

本书第165页的《淘气的小熊》，就是我们家编的一个治愈系故事，说的是有一只小熊特有主意，老爱自己出去玩，还总不跟妈妈说，结果一次又一次地受伤：把腿摔断了，掉进池塘里差点淹死了，消化不良生病了，被猎人抓到动物园里了……编这个故事时，我根据孩子的情况，留了个开放性的结局，看孩子有什么反应，然后让孩子自己来编。这样，一来不会将教育目的编得太露骨，二来让孩子参与编故事，而且是编结尾这样重要的部分，他们会动脑筋思考，从而起到潜移默化的作用。

其实，我编这个故事的目的还真不是让孩子听我的话，而是让他们去哪里、做什么时，记得要告诉我，不然我不知道他们去哪儿了，找不到他们，我会很着急，万一出了什么情况，我也没法帮助他们。果然，两个孩子不但都很投入很认真地给故事编了大团圆的结尾，而且后来去哪里都事先通知我，不再脑筋一热，私自外出，忘记告诉妈妈了。

在编这个故事的时候，我听说有幼儿园的老师前两天因为班里孩子太乱了，就给孩子编了个故事，说一个老奶奶在外面捡了很多流浪猫回家，那些猫儿很不听话，总是打架，自相残杀，最后就剩下一只猫，因为它不跟其他的猫打架。听了这个故事，有个爸爸特别着急，写信跟我咨询，说这个老师不应该这么吓唬孩子。

这个爸爸说得对，治愈系故事要编得巧妙，而不能威胁恐吓孩子，让孩子出于恐惧而不敢做什么。

◎ 多读多看，充分挖掘已有的故事宝藏

自己编故事，是许多爸爸妈妈觉得特别困难的问题，很多人都说不会编。睡觉前孩子要求讲故事，做父母的煞费苦心，有时候自己都睡着了，孩子却还意犹未尽。

编故事不能着急，要循序渐进。刚开始学讲故事，编不出原创的时候，可以先把一个现成的故事熟记于心讲给孩子听，即先讲别人的故事。前提是自己先消化了这个故事，然后用自己的表达方式讲给孩子听。这就需要父母们多看，扩大阅读面，通读格林童话、希腊神话，或者中国的童话、神话、传说故事，等等。

正所谓"熟读唐诗三百首，不会作诗也会诌"，多看别人的创作，多讲别人的故事，然后慢慢开始自己编。先编睡前故事，简单温馨，情节可以重复。我编故事一开始就是这样，心里特没底儿，胆子也不大，渐渐地，受到孩子们的鼓舞，越编越有感觉，后来连《狮子与臭鼬》这种寓意深刻、《Freddy历险记》这种曲折复杂并且有明确教学计划的故事都能编了。

张开想象的翅膀，没有什么不可能的事情。小孩子都相信万物有灵，我们编故事时也应该有孩子的想象力，给所有的东西都赋予生命，让所有的东西都能说话。

编动物故事比较容易，可以先从这类题材入手。要注意几点：

首先，看看故事中的动物角色是什么气质类型。例如：狮子、老虎是火相的；猴子、百灵鸟是风相的；那种胖胖的、动作不是很快的，像大象、河马、蜗牛、蛤蟆都是水相的；像鼹鼠、丹顶鹤、乌龟这些非常敏感的动物都是土相的。

然后想想，狮子会怎么说话？老虎怎么说话？牛怎么说话？羊怎么说话？不同的动物说话都是不一样的，还有猫、狗、鸡这些动物说话，肯定也都不一样。想象这些动物都有什么样的语气，编一个很简单的故事，能讲个两三分钟就行了。比如《三朵小花》就是我最早编的故事之一，它是一个叠加故事，情节不断叠加，语言不断重复，非常简单，没有什么情节，只是温馨美好，孩子们非常喜欢。

一旦孩子接受了你的故事，你就会有信心继续编下去，以后慢慢再编长的。编故事，可能一开始觉得难，而一旦进入了，编上几个以后，你会信心大增，很可能会文思泉涌，一发不可收拾呢！

我的朋友于淑芬特别会编故事，她给她的女儿朵朵编了好多美丽动人的故事。本书第一版 2012 年截稿时，朵朵 7 岁，她从两岁半上幼儿园开始听妈妈讲故事。于淑芬从孩子三岁半左右开始给孩子编故事，一开始也是编非常简单、重复性强的故事，小鸭子找朋友之类的，还根据一些现成的故事进行改编，后来越编越有灵感。趁着写这本书，我向她要来一些她的得意之作，分别收集在不同的分类里①。

说到编故事讲故事，于淑芬很有体会，她告诉我们：

"每天晚上和孩子讲故事，基本上成了一个惯例。讲故事不仅能够滋养孩子，也同样能够给讲故事的爸爸或者妈妈以心灵的滋养。

"我每天晚上给朵朵讲故事。其过程不是很复杂。基本上流程就是：到时间洗漱，然后上床，关灯，最后开始讲故事。虽然看上去很简单，但是中间也会挑战妈妈的耐性和想象力。我们家的故事基本上都是朵朵突发奇想，想出来一个无厘头的名字，然后我就按照这个名字，开始发挥想象力，讲下去。

"讲故事也有很多的讲究。晚上睡觉前的故事基本上都会讲一些温馨的、安静的故事。这样不至于让孩子在睡觉前越来越兴奋，而同时那种美好温馨的图景就会出现在孩子的眼前，让孩子的整个身心都进入故事的场景中，让孩子能够体味到温暖、爱和关注。对于妈妈来说，讲故事的时候，根据孩子的题目编故事的时候，自己就能够看到故事里面的色彩、角色、感受，仿佛自己就在这个场景中。当讲故事的人能够享受这个过程时，孩子才能够得到滋养。而如果讲故事的人自己都不能够享受这个过程，孩子会聪明得很，他／她会有反应的。有那么几次，朵朵听得索然无味，说不好听，让重新讲。"

艾拉妈是位编辑，以前也经常会为艾拉编故事，她在编辑本书第一版的过程中深受感动，备受启发，编故事可以说是着了魔！真的是文思泉涌，佳作不断。她总是遗憾地对我说，艾拉已经 6 岁了，如果在艾拉更小的时候她就编了这本书，肯定能让艾拉听到更多妈妈编的好故事。最高兴的当然是艾拉，她不但越来越喜欢妈妈，也认为自己

---

① 温馨提示：于淑芬的故事更适合 9 岁以前的孩子，9 岁以上的孩子则需要另外的风格了。

更能干了，因为每个故事里都有她的创作。我鼓励艾拉妈也把自己编的故事收进这本书里，为自己喝彩，为大家鼓劲。

我最开始写这本书的初衷，是抛砖引玉，给读者一些启发和鼓励。我一向信任大家的想象力和创造力，这在多期工作坊里得到过无数次印证，甚至这些结晶已经组成了这本书的续集《做孩子的故事大王》。

◎ 巧妙利用自身资源编故事

当代父母有不少专业、学识、阅历上的优势，很多人天南海北都去过。编故事时可以充分利用自身的优势，把自己的经历编进去，比如你去过哪些地方、小时候养过什么动物、听到看到过什么有趣的事。一个很简单的方法就是把自己小时候的故事回想出来，孩子可爱听父母小时候的故事了。

不同气质类型的父母也有各自不同的优势，男人编的故事和女人编的故事也肯定是不一样的。我们家孩子评判说，爸爸讲的故事都很搞笑，妈妈讲的故事都很美好。男人比女人更大胆，更能讲冒险故事，也更会耍无厘头。不过我丈夫有时候讲得太搞笑，孩子们放声大笑，无比兴奋，起不到让他们沉静下来安睡的作用了，我不禁就要劝阻，让他把情节收敛一下，控制一下故事的气氛。

讲故事是父母亲的共同责任，孩子会记得爸爸讲的故事是这样的，妈妈讲的故事是那样的，父爱的力量和母爱的力量渗透在不同的故事中，也有不同的作用。

◎ 因孩而异编故事

编故事还有一个基本原则：针对自家孩子的气质类型、年龄层次、天性爱好来编故事。

一定要注意年龄层次，不能跨越年龄段，提前给孩子讲不恰当的故事内容。比如，给 0～3 岁的孩子编故事，要注意他们还听不了情节复杂的故事，应该以歌谣为主，要有韵律，白天讲故事时则可以配合演手偶戏。

前边说过睡前不要演手偶戏，并非意味着睡前故事不可以讲，这些故事也可以在白天讲，加上手偶表演；睡前再讲一遍，孩子有了对手偶的印象，辅助他们内在画面的形成。

相反的问题也要注意，不要给 9 岁左右的孩子编特别小儿科的故事，让他们听了觉得没劲；也不要编太多超自然的情节，因为他们已经开始不相信童话了，而应该在忠实于自然现象的基础上编撰。大孩子可以接受关系复杂、情节曲折、动作幅度比较大的故事，不必局限于小猫小狗出去玩，而是可以加一些重量级的元素。

针对不同气质类型的孩子，要按照他们能接受的方式编和讲。比如，编给水相孩子的故事，句子要短一些，有一些停顿，故事发展比较平缓；编给土相孩子的故事就须是长句子，有曲折的情节；给风相的孩子编故事，元素要多，情节一环扣一环，但是每个情节不要太细太长，而是发展要快，叙述速度也要快；给火相的孩子编故事，就需要大量动词，情节曲折，有行动力和动作感。

故事可以一边编一边讲，信马由缰，但是如果你对自己不是很有信心，那就先把一个故事前前后后都编好了，再想想有什么不合适的地方，修改一下。

◎ 和孩子们一起编

我们家给孩子编故事，特别是睡前故事，很多时候是孩子自己出主题，孩子来决定故事有什么主人公，它们叫什么名字，是什么颜色，所以会有些成人无法想象的动物品种出现，例如绿色的小狗、紫色的兔子。正因为孩子参与了编故事，他们感觉这故事特别亲切，听起来就更加投入。

现在的孩子信息量很丰富，在听故事的过程中，他可能会突然提一些问题，让你觉得很难应付。聪明的家长，可以顺势来个脑筋急转弯，靠平时的智慧积累，修正思路，和孩子一起把故事编下去。也许你的故事能绕个小弯，回到自己一开始编的大结局，但是也有可能南辕北辙，编到后来完全不是那回事了。这都不要紧，重要的是孩子参与其中，这样的故事起到的作用会是事半功倍的。

前面提到，有时候可以给故事留一个开放性的结尾，让孩子去编，这在治愈系故事中往往能起到更好的疗效。还可以和孩子一起，先画画，然后再编故事。这样做不能是在睡前，而是白天。

总而言之，编故事并不难。让我们都来学学火相的风格，"Just do it"！

经典故事

丰富孩子灵魂深处的内在王国

我第一次在女儿班上讲格林童话《霍勒婆婆》时，我们那美丽、聪慧、善良的苏菲小姐犯了一个严重的错误。

故事讲完了，当故事从我的心魂里流淌出来，进入孩子们的心魂里时，他们进入了童话世界，处于一种梦幻般沉睡的状态。我熄掉蜡烛，继续弹着莱雅琴，孩子们还沉浸在另外一个世界里。

这时，苏菲小姐突然问："Now, who wants to be the beautiful and diligent daughter and receive a barrel of gold?（现在，谁要当美丽勤劳的女儿，并能够收获一桶金子？）"有的孩子就懵懵懂懂地举起手来。

苏菲小姐又接着问"谁要当又丑又懒的女儿"，有的孩子懵懵懂懂地又举起手来。那个水相的男孩查理两次都没有举手，苏菲小姐还特地问他为什么不举，他只是摇摇头。

我看着这一幕，心里大叫糟糕！但我坐在她对面，没法制止她，只好说："好，我们结束了，起来吧。"苏菲小姐和孩子们排队离开那个屋子回自己的教室。我压低嗓门对苏菲小姐说："千万千万别问孩子们故事的意义！"她显然吃了一惊，向我保证再也不了。

后来，我找了一个时间跟苏菲小姐仔细地谈了谈，告诉她，《霍勒婆婆》这个故事绝对不是我们狭隘的成年人所肤浅地理解的，是一个"勤劳致富"的故事。故事的意义不是说只要努力干活，你就能收获金子，就可以发财；不努力干活就发不了财。这个故事的意义远远深于现代人所能够从表面上理解的那些显而易见的道理，它真正的意义，我们成年人理解不了，但是孩子却本能地能够理解。

向孩子解释童话的意义，或者拷问孩子故事的中心思想，用列娜老师的话说，无异于让孩子把吃下去的东西再呕吐出来。这会造成不恰当的唤醒，会让孩子心智紊乱。

的确如此。从孩子们的作品中可以看到，基本上所有的孩子都记住了一个细节，就是纺锤。霍勒婆婆将纺锤还给了美丽勤劳的女儿，没有还给丑陋懒惰的女儿，孩子们都没有忽略这个至关重要的细节。

这才是故事的核心，霍勒婆婆有没有还给姑娘纺锤，这是比给金子还是给沥青更重要的事情。孩子都记住了。我们成年人关注的和他们关注的确实不一样。

浅谈经典童话的意义[1]

童话是需要我们用 心 来感受的，而不是用我们的脑来分析的，童话的含义只可意会，不可言传，属于"不能说、不能说、一说就是错"。

鲁道夫·史泰纳博士在1913年发表了一篇题为《灵性研究启迪下对童话的理解》的演讲。他说，从灵性角度谈论童话是有风险的，风险之一在于这个问题本身就很有挑战性，很困难。真正的 童话意境 （fairytale mood）的源泉需要从人类心魂深处去探寻，而史泰纳倡导的灵性研究方法，需要走上一条扭曲的道路才能发现这些源泉。风险之二在于，就童话蕴含的魔力而言，智性的理解和概念化的分析都会摧毁我们对童话最本真、最原初、最基本的感受，或者说摧毁童话的本质。

童话带给我们的是一种有生命力、活性的体验，而一旦赋予解释和说明，这些活性就死掉了。史泰纳博士说最好的方式是让童话 作用 于我们，这种作用是 无意识 的。那么我们也就会发现，我们并不愿意让

---

[1] 节选自"小巫养育学堂"的"童话的智慧"板块第一节课部分内容。请登录小鹅通平台，搜索并进入"小巫养育学堂"，即可订阅"童话的智慧"及其他相关课程。

解说来取代童话本身那种微妙的、富有魔力的品质。如果我们运用自己的评判来侵犯人类心魂深处涌现的清纯品质，就好比在摧毁一株植物的花朵。

然而我们现代人已经非常愚钝了，已经无法通过直觉来领悟这上天赠送的礼物了，而必须靠头脑分析、讲道理，这就会损伤童话的完整性和深邃性。但是为了消除当今流传甚广的误会和歪曲，为了挽救正在消亡的童话传统，为了让我们的下一代重新受到他们应得的教育，我们也只好让童话本身做出一些牺牲。

在当今的世界里，留存最广、保存最完整的童话是来自德国的《格林童话》。最终版的全集里收录了211个童话和民间传说。据说是19世纪初欧洲浪漫主义的领军人物之一布伦塔诺（Brentano）找到身为语文学家的格林兄弟，委托他们收集德国以及欧洲的民间传说。兄弟俩之一当年是卡塞尔图书馆的管理员，出版的第一本童话集基本上都来源于卡塞尔图书馆的文字记录，从第二部开始加入了口述记录。

从1811年到1857年，格林兄弟一共再版了17次他们收集、整理和修订的成果，其中大合集有7个版本，为孩子们编辑的小合集有10个版本。他们在这个领域里将近半个世纪的耕耘，也奠定了现代民俗学这门学科的研究法。格林童话被翻译成100多种文字，影响了一代又一代的人，这部童话集的流行度仅次于《圣经》。

格林兄弟收集的童话虽然都是德语的，但根源并非仅限于德国民间，而是欧洲各地都有。有人误以为这些童话来源于农民，实际上给格林兄弟提供童话的人，基本上都来源于中产阶级家庭，甚至是贵族家庭，其中也包括弟弟威廉的夫人。他们都是受过良好教育的人，因而保持这些民间传说的过程也是维护德国语言文学的过程。

格林兄弟把这部童话集称为教育书籍。《青蛙王子》是第一个童话，这样的安排是大有深意的，反映出格林兄弟深刻理解童话体验的本质。

在很久很久以前的远古时代，那个时候人们许愿还是可以实现的。有一位国王，他有好几个女儿，每一位公主都貌美如花，但是最小的的公主是最美丽的,就连见多识广的太阳每次照耀她的面庞时都会惊艳不已。短短几句话,就将我们带入了一种梦幻的情态当中,即史泰纳博士提到的童话意境,一种内在的图景式、画面式的境地。这篇童话作为整部合集的开端,让那种沉睡在我们心魂深处的记忆,甚至只是一种记忆的感觉,从水潭里缓缓地升起。

大家可能都发现了,几乎每篇童话都从这样一句话开始:Once upon a time,中文把它翻译为"很久以前",而实际上它的意思是"曾几何时",也就是说没有时间限制,任何时间都可能发生。

鲁道夫·史泰纳博士在谈到这一点时甚至强调,我们讲童话要这样开始:"曾几何时,什么时候发生的呢?可又什么时候没发生过呢?"也就是说,虽然童话的起源在古代,虽然讲的好像是远古时期的故事,而实际上这些故事无时无处都在发生着;童话不仅描述的是发生过的事情,它还是一个预言家,预告了人类发展的未来。

有些人可能会说,格林童话来源于欧洲文化,跟我们有文化差异,云云。实际上,真正的童话都是同宗同族,来源是同一个,是人类共同的宝藏,没有那些世俗的现代人所定义的文化差异。这些童话都有着共同的基本元素,在所有不同文化的经典里,我们都能见到相同的图案。

史泰纳博士说,要想真正理解童话,就必须摒弃一个流行的误解——童话是人们幻想出来、杜撰出来的,或者像现代人说的,是大人们编出来哄骗小孩的。真正的童话的起源在远古时代,那个时候的人类还没有发展出智性思考,因而都拥有高度的灵视,可以直接体验灵界真相。那个时候的人类处于图像意识(picture consciousness)阶段,无须通过整齐明确的概念或者逻辑思维去获取知识,解开宇宙之谜。因为所有的实相都是通过流动的画面和富有生命的形象展示给他们的,他们可以直接梦见宇宙之谜的答案。

随着人类的发展,原始灵视能力越来越罕见。随着宇宙的进化,随着人类智性思维能力和现代科学观念的发展,人类逐渐丧失了这样原初而质朴的天赋,绝大多数人都失去灵视能力,这是人类发展所必须付出的代价。

事实上，人类越进化，与灵界的直接联络就越弱，以至于当今世界里大部分人都与灵界失联，越来越物质化。虽然我们的心魂每时每刻都生活在灵界、与高层灵互动中，但是我们自己却对此毫无知觉。就好比我们自己身体里无时无刻不在进行着化学反应过程，而我们却毫无觉知。

童话的源头是人类心魂深处与灵界的互动。最开始是由拥有并保持了灵视能力的人类口口相传，在他们漫游世界的过程中，童话也流传到了世界各地，被不同的语言传诵着。这些童话在人们的内心唤起了某种感觉、某种回忆、某种共鸣，尤其是对儿童来说，这些感觉和共鸣是最强烈的。人们本能地保存了这些画面，而像格林兄弟这样的人，就具备了某种敏感的直觉，把这些珍贵的财富收集了起来。

威廉·格林曾经说，童话的共同之处在于可以追溯到最远古时代某种信念的残留，通过画面的形式讲述超感官世界。这种神性元素好比是一件珠宝的细小碎片，散落在泥土里，被青草和花朵遮盖着，只有具备敏锐的辨别力才能一眼看到，它们的重要意义早已失传，但依然可以感知到，童话绝对不是虚无缥缈的幻想在玩色彩的把戏。

大部分童话的结尾都这样说"他们幸福而快乐地生活着"，仿佛童话的人物一直永生。史泰纳博士说，我们的结尾都需要这样讲："我曾经亲眼看到这一切，而如果发生在灵界的这一切并没有停止存在，没有去世，这依然在发生着。"

这实际上是为我们敲响了警钟，因为在当今世界里，对童话的理解和重视在消亡，这对人类的心灵来说是一个重大的灾难。史泰纳博士说，对于大部分迷恋物质世界的人来说，灵界的实相早已经死亡了。

那童话到底在讲什么呢？如果一定要一言以蔽之，就是**通过想象力展示高层真相**，或者是史泰纳博士说的灵性实相（spiritual realities）、宇宙事实（facts of the universe），这是整个童话世界的基调。

当今的人们对想象力有着极深极深的误解，误以为那是某种头脑活动，也狂妄自大地设计了很多荒唐的活动，美其名曰"开发想象力",而实际上都是瞎掰。真正的想象力是一种灵性体验,是一种更高层级的认知能力。

在童话里我们经常看到被施了魔法的角色,比如《青蛙王子》里的王子(其实他是国王)。而童话世界一个最重要的观念就是——在我们四周的一切物质现象,都是被施了魔法的灵性实相,人类必须打破物质世界的魔咒,才能触摸到真相、真理。

就像孩子的成长过程一样,我们整体人类也是从胚胎期、童年期一路发展过来的,无论是外在的形式还是内在的进化,都经历了天翻地覆的改变。当我们描绘童年的时候,往往会把它叫作黄金时期或者天堂般的童年。在天堂里,自由玩耍的时期非常梦幻,非常美好,但是孩子又必须逐渐离开梦境般的天堂,逐渐清醒,发现自己的个体性,成为独立自由的人。

这个逐渐清醒、克服自身阻碍的过程,在童话里通过充满想象力的比喻或者隐喻来展示人性的内在发展历程,既有整个人类的发展历程,又有个体人类的发展历程。史泰纳博士说:"童话贯穿整个人类发展历程,在每一个纪元都充满魔力地对我们诉说。"

童话对于人类心魂的作用力是最原初、最根本的那种,属于无意识的作用力。我们在童话中所体验的,与某个人在某个生命境况中会遭遇的事件完全不同。这些不属于特定范围里的人类体验,而是深深植根于人类心魂的、属于全人类共通的人性体验。人类心魂内在的搏斗远远超出任何大悲剧、大史诗可以描绘和传达的,我们无法说这是某个具体的人、在某个具体的人生阶段、在某种具体的境况中,会遭遇这种体验。

恰恰相反,童话体验会深深地植根于我们的心魂,我们无论在童年、中年,甚至老年,都会与之产生共鸣,它们在我们心魂最深处,伴随我们终生。

只是童话往往用的是一种看似随心所欲,好玩而又图景式的表达方式。那么对它们美好性、艺术性的赏识就远离了我们内在实际上发生的相对应的体验。

史泰纳博士用了一个很有趣的比喻，他说，吃东西的时候，我们舌尖对食物的体验与这个食物进入我们身体后所经历的复杂而又隐蔽的过程（包括它是如何被消化、被吸收、又如何辅助我们身体的成长等），两者看起来毫无关联。人自身的体验只是这个食物很好吃，却无法确认这个食物对于人体的整个生命进程有着什么样的价值。

这样看来，我们现代人对童话产生深深的误解也是情有可原的了。而且即便我们努力去解析童话，也是很难看到它真正的实相的。不过我们还是必须尝试去理解。

粗探民间传说和童话里的隐喻

以中国壮族民间故事《一幅壮锦》为主例，几个流传甚广的格林童话为辅例，我试图给大家粗浅简单地介绍一下民间传说和童话里的一小部分隐喻。

《一幅壮锦》不是一个简单的故事，而是像格林童话里的《小红帽》《牧鹅姑娘》《白雪公主》等一样，是一个 原型故事（archetypal story）。这些故事并不像安徒生童话那样，是某个想象力丰富的文学家编写的，而是经久流传的 民间传说（folklore），表现的是人类心灵进化的过程。这种故事里，所有的人物、物品、情节乃至动作，都是隐喻，都包含了深刻的寓意。看这样的故事，如果仅以我们现代的思维方式，物质地、表面地诠释，必定会误解得一塌糊涂。

《一幅壮锦》里的妈妈妲布是一个 寡妇。如果你熟悉格林童话，就会发现很多故事里的母亲都是寡妇（比如《牧鹅姑娘》里的老王后、《霍勒婆婆》里的后母）。寡妇代表着人类长久以来与神界分离的集体心灵；失去丈夫的寡妇具备悲剧意义，意味着人类失去了从神界那里得到的智慧和力量。但这是人类进化的必经之路，是一个转折点：人与神分离，通过长期艰苦的跋涉，逐渐获得独立性和个体化。原型故事里的寡妇往往会将自己的孩子（独立的、个体的心灵）送上一条充满艰难困苦的陌生道路，去寻找自由个体的强大力量。

妲布在故事里的工作是织锦。纺织 这个动作代表人类的思维，并且是通过勤奋的劳动而获得的思想。纺织物是由经纬线织成的，我们的思维也是由纵横交错的线组成的。英语中有 thread of thought，中文也有"思绪、心绪、思绪万千"（绪的原意就是丝的头）这样的词，即反映了这种古老的智慧。

在《霍勒婆婆》里，美丽勤劳的女儿每天坐在路边织布，表达的就是这种象征意义，因此你也就明白了为什么 **纺锤** 是这个故事里至关重要的一件道具，霍勒婆婆是否将纺锤交还给这两个女儿，也是一个关键的情节。

织锦象征着人类通过勤奋的劳动而获得的智慧。壮锦里所表现的美丽图景，则是人类所追求的最高智慧境界，甚至可以说代表了人类的精神生活，作为个体而努力与神界再次融合。

妲布的鲜血滴到壮锦上。**鲜血** 作为隐喻，有着多重意义，其中之一是代表人类古老智慧的记忆。《牧鹅姑娘》里，老王后刺破手指滴在手帕上的三滴血，即是这个象征意义，因此它们赋予公主力量；而当公主丢掉手帕时，她也丢掉了远古的智慧，与人类的神圣力量失去联系，因而变得软弱无力。

在其他情景里，鲜血或代表通过亲身体验和经历而获得的知识。唯有通过这种途径而获得的知识在神界里才有意义，而没有经历过心灵鲜血体验而获得的知识是无效的，不具备照亮人类心灵的功能，甚至会让我们的心灵变得黑暗。所以你可以看到，妲布的血滴在壮锦上，化为红红的太阳，即照亮人类心灵的光。

转化到教育来说，唯有通过亲身体验和勤奋努力而获得的知识才是有滋养作用和精神意义的，因此华德福教育通过身体和情感的体验让孩子获得知识，即通过心灵之血的温暖来获得知识；而通过灌输现成的答案、闪卡、上网搜查和死记硬背而获得的"知识"，或曰头脑记忆，是毫无用处与意义的垃圾，甚至是有害的。因为一个人持久地作为独立的个体而存在所需要的力量，来源于感官世界里获得的记忆所赋予的力量。

《霍勒婆婆》里那个丑陋懒惰的女儿并没有进行纺织工作，她走了一条捷径：把手指头伸到荆棘丛里刺破，把纺锤扔进井里，自己跟着跳了进去。她的丑陋与懒惰并非生理相貌，而是心灵的投射，即这种懒惰走捷径的人，心灵是丑陋的，虽然她遇到了霍勒婆婆（智慧的化身），但好逸恶劳使她的心灵变得更加黑暗——她收获的是一身沥青，一辈子都洗不掉。

看到这里，我们不难理解为什么壮锦被风卷走后，妲布告诉儿子那是她的"命根"。两个儿子都不回家，妲布失明了，在人类进化最初，**眼睛**具备看穿一切的超级功能，随着人类的进化，眼睛这个古老的天赋逐渐消失，因而妲布失明而生活在黑暗当中。她需要孩子帮助她重获智慧和光明，即完成古老智慧与新生智慧的交接。

男性代表人类本性里活跃的一面，年轻男性或者**男孩**（儿子）意味着人类灵性懵懂的奋斗。在获得智慧的路途上，必须具备直面死亡的勇气，超越并挣脱物质感官的束缚（火山与海水／热与冷的考验），才能到达真知的彼岸。

同时，男孩要成长为一个男人，需要从成人那里接过责任。穿越艰难险阻获得力量和勇气并创造结果的过程，就是成长成熟的过程，也是通过感官体验唤醒灵性觉知的过程。成人传递责任给孩子，也代表一种死亡和复活的过程。

儿子们遇到了**百岁老奶奶**，在很多童话里都会出现这样的形象。她代表在人类进化过程中，由于过分追求物质满足而被遗弃掉的古老智慧，以及与神界相通的媒介（巫婆），比如《霍勒婆婆》里的霍勒婆婆，她长长的牙齿代表原始的智慧。

马代表我们与生俱来的本能的理解力，但在童话中，马这个形象的含义比较复杂，它是人类智力进化过程中的一个重要环节。远古时代的人类还不能够把握自由的思维，而依赖于一种上天赋予的本能性智慧，因此古人想象出**人头马**这种形象，作为智慧的导师。但其本能具备狡猾的特质，容易被魔鬼利用。人类必须超越这一阶段才能继续发展，因此我们必须骑上马，驾驭它。

如果 马插上双翅 飞翔，则代表着我们的想象力。想象力可以挣脱物质世界的重力，自由地飞翔，飞往更高层的境界。

小儿子勒惹需要把自己的牙齿敲掉，换到马的嘴里。儿童成长的关键时刻之一，就是幼齿与恒牙的交替：母亲赋予的乳牙脱落，孩子自己的牙齿萌生，儿童的心智亦有了飞跃，他的智慧与能力足以支撑他离开家庭去求学了。全世界都把上学年龄定在7岁左右，因为这个时候孩子开始换牙。马拥有智慧，但石马则意味着智慧已经僵化。勒惹把深深植入他生命中的东西舍弃，并给予了马，产生了新的能量，僵化的智慧有了生命。我们需要这样的智慧，经历心灵要经受的考验。

老奶奶给大哥和二哥的 金子，并不代表物质财产。在原型民间传说中，金子代表智慧，代表灵性体验与转化，即灵性财富。拥有它，我们会获得超感官灵性知识，得到心灵的满足和幸福；失去它，我们的心灵会变得黑暗。但这些金子必须通过艰苦卓绝的努力才会属于我们，别人赠予的则会逐渐消失。大哥和二哥没有勇气超脱物质感官世界，他们不劳而获的金子也终于挥霍殆尽，他们变成了精神上的乞丐。

《牧鹅姑娘》里，公主的金色长发代表着人类意识古老而神圣的力量，在代表神界的太阳的照耀下闪闪发光，意即她捕捉到了智慧流动的光芒。《霍勒婆婆》里，美丽勤劳的女儿收获的金子，亦是灵性财富，而并非我们世俗理解的那种可以购置产业的金钱。

现在你可以理解《一幅壮锦》结尾的寓意了吧？小儿子不畏艰辛把织锦从仙女那里要回来，神界照亮了妲布的心灵，使她重获光明。母子二人从此拥有丰足的灵性财富，获得了更高的智慧，自由地生活在美丽的灵性世界里。在天体与地球之间做媒介的仙女，与独立自由的人类个性（小儿子）相结合，心魂与灵性相结合，这是所有人都应该努力达到的境界。

虽然故事中的妲布与三个儿子是四个独立的个体，但从整体来看，他们又代表了同一个人的不同方面。我们可以思考一下：是谁在经历死亡？是谁在更高层的境界里经历死亡和重生？是妈妈还是小儿子？妈妈和小儿子之间的关系是什么？

在关于神界知识的故事中，所有的人物都是我们灵魂的一部分，比如小儿子，于我们内在就是愿力、行动。从字面上看，妈妈的生命被织进壮锦，被带走了，儿子努力又帮她找回来了；从大图景来看，则是人类整体经历了这个过程。

3个儿子仿佛是3个独立的人，但其实可能是一个行动的3个阶段：第一次和第二次都失败了，因为没有准备好；第三次准备好了，则成功了。

同样，《牧鹅姑娘》里的角色，表面上看是分离的个体，实际上是同一个人灵魂里的不同特质，无论是公主、王子、国王等人类，还是马、鹅等动物，都是人性的一部分。公主和侍女不是针锋相对的两个人，而是分别代表同一个人的灵魂里高尚与卑下的两个极端。

公主远嫁王子，走上了一段旅程，大部分原型故事里的主人公都会经历一段旅行，这代表着我们心灵成长的历程，旅途中所发生的一切都与主人公的成长息息相关，因此这段旅程从来不会一帆风顺，而是跌宕曲折，险象丛生，往往邪恶会暂时占据上风，高尚则需要艰苦的努力才能击败邪恶，获得圆满的结局。那些到处乱跑、嘎嘎乱叫的鹅，代表人类散漫不羁的感官，需要井然有序地对它们进行管理和控制，才不至于杂乱无章，严重影响理性思考。

说到这里，不妨想一想——如果这些角色都是一个人，这个人又是谁呢？

当然是我们自己啦！妲布、勒惹、勒堆厄、公主、侍女、法拉达、鹅、康拉德，等等，"亲爱的，没有别人，只有你自己"。

烤炉 在《霍勒婆婆》和《牧鹅姑娘》里都出现过，它代表着我们的心，通过它，我们的感官经历可以转化成灵性力量，或者相反，灵魂必须探入内心最深处，才能把超感知的智慧转化为人类经历并起作用。

最后说一下令诸多父母纠结的惩罚。综观世界各地的民间故事，都有惩恶扬善的传统，格林童话里的惩罚以"暴力、血腥"而倍受家长诟病，有些出版社甚至因此而擅自修改结局，使得故事失去了最重要的养分之一。

《牧鹅姑娘》对侍女的惩罚，如果用物质的眼光看会觉得血腥残暴，但如果理解背后的意义，则非此而不能显现出力度。不妨先思考一个问题：为什么侍女没有认出再次穿上皇宫华服的公主呢？公主原来也穿过宫廷礼服的，而且是侍女逼迫她脱下来的呀！这里有什么隐喻？

只能说，公主通过牧鹅、通过在铁炉里的倾诉，她的灵魂发生了转化，她不是原来那个公主了，所以侍女不能"认"出她来。

侍女自己宣布了惩罚方式，如果当她是人，用现代眼光评判，的确令人感到血腥。如果不当她是人呢？我们如何处理灵魂中低下卑劣的品质呢？插满钉子的木桶象征我们的消化系统，可以彻底摧毁任何物质，并将其转化为有价值的养分。

原型故事里的隐喻和深层寓意还有很多很多，此处只能给读者朋友们介绍一些皮毛，挂一漏万。想了解更多详情，请登录小鹅通平台，搜索并进入"小巫养育学堂"，订阅"童话的智慧"课程板块。

在给孩子讲故事的尝试过程中，我们先不必急于掌握这些故事的全部寓意，而是带着敬畏，把故事原原本本地呈现给孩子们，相信他们会吸纳其中的养分。

1. 给孩子讲故事，千万不要说穿故事的寓意！你自己心里带着这些理解，会赋予故事更加深层的意义，孩子则会本能地理解。甚至可以这样说：每一个孩子出生的时候，都长着金色的头发，但必须经过梳理和滋养，才能够使神界的阳光在他们身体里产生思考的能量。

拜托，千万不要把这篇文章的内容透露给孩子！

2. 像格林童话这样的民间传说，有一些在现代人眼里显得很"血腥、暴力"的情节，有些出版社认为这属于儿童不宜，并擅自删除或者修改。比如，流传的《牧鹅姑娘》版本，老王后不是将手指刺破，滴血在手帕上，而是割下一绺头发。有些《小红帽》现代版本的结尾，猎人不是把狼的肚子剖开，放进石块，缝上后把它丢进井里，而是把狼赶跑了。虽然看上去缓和了，但却大大削弱了故事的力量，甚至取消了原来的意义。建议父母们在挑选书籍的时候，认准是从原版翻译过来的，而不是改编过的。我手头的《格林童话全集》，是最权威的版本，由美国兰登书屋旗下的 Pantheon 出版社 1944 年出版第一版，我买的是 1972 年的加印版。

经典故事小屋

霍勒婆婆

来源：格林童话
校译：小巫

从前，有一个寡妇，膝下有两个女儿，一个既漂亮又勤劳，而另一个则又丑又懒。寡妇却格外疼爱又丑又懒的那一个，因为那是她的亲生女儿；另一个呢，不得不什么活儿都干，成了家里名副其实的灰姑娘。可怜的姑娘每天必须坐到大路旁的水井边纺线，不停地纺啊纺，一直纺到手指磨出了血。

有一天，纺锤全让血给染红了，姑娘打算用井水把它洗干净，不料纺锤脱了手，掉进了井里。姑娘一路哭着跑到继母跟前，对她说了这件不幸的事。继母听了，把姑娘臭骂了一顿，无情地说："既然你把纺锤掉到井里了，你就必须把它捞出来。"

姑娘回到井边，不知如何是好。她悲恸欲绝，就跳进了井里。在井里，她失去了知觉，等苏醒过来时，发现自己躺在一片美丽的草地上，草地沐浴着灿烂的阳光，四周环绕着万紫千红的花朵，各自争妍斗艳。她站起身来，向草地的前方走去，在一座烤炉旁停下了脚步，发现烤炉里装满了面包。面包对她说："快把我取出来，快把我取出来，不然我就要被烤焦啦。我在里面已经被烤了很久很久啦！"姑娘走上前去，拿起面包铲，把面包一个接一个地全取了出来。随后，她继续往前走，来到一棵果实累累的苹果树下，果树冲她大喊大叫："摇一摇我啊，摇一摇我啊，满树的苹果全都熟透啦。"

于是，姑娘用力摇动果树，苹果雨点般纷纷落下，直到树上一个也不剩了，她才停下来；接着她又把苹果一个个捡起来堆放在一起，然后又继续往前走。

最后，姑娘来到一幢小房子前，只见一个老太太在窗前望着她。老太太长着长长的牙齿，姑娘一见心惊胆战，打算赶快逃走。谁知老太太却叫住她："亲爱的孩子，你害怕什么呢？就留在我这儿吧！要是你愿意在这儿好好干家务活儿，你会过上好日子。你千万要当心，一定要整理好我的床铺，使劲儿抖我的床垫，要抖得羽绒四处飘飞，这样世界上就下雪了。我是霍勒婆婆。"

老太太说这番话时，和颜悦色，姑娘于是鼓起勇气，答应留下来替她做家务事。她尽力做好每件事情，使老太太心满意足。抖床垫时，她使出全身力气，抖得羽绒像雪花儿似的四处飘飞。因此，她们俩生活得很愉快，从来不生气；每天盘中有肉，要么是炖的，要么是烤的。

就这样和霍勒婆婆过了一段时间之后，姑娘渐渐变得忧心忡忡起来，一开始她自己也不明白是怎么回事，后来终于明白了，原来是想家啦。在霍勒婆婆家里的生活比起在继母家里的生活，真是一个天上，一个地下，可尽管这样，她依然归心似箭。最后，她对霍勒婆婆吐露了自己的心事："我现在很想家。在这下面，我事事称心如意，可我再也待不下去了，我得回到上面的亲人身边。"

霍勒婆婆听后回答说："你想回到家人身边，我听了很高兴。你在我这儿做事尽心尽力，我很满意，那么我就亲自送你上去吧。"

说罢，霍勒婆婆牵着姑娘的手，领着她来到一扇大门前。大门洞开，姑娘刚刚站到门下，金子就像雨点般落在她身上，而且都牢牢地黏附在她衣服上，结果她浑身上下全是金子。

"你一直很勤劳，这是你应得的回报。"霍勒婆婆对她说，说着又把她掉进井里的纺锤还给了她。

忽然，大门"砰"的一声就关上了，姑娘又回到了上面的世界，她就站在她继母家附近。她走进院子的时候，蹲在辘轳上的大公鸡咯咯地叫了起来：

"咯……咯……咯……咯……

咱们的金姑娘回来啰！"

她走进继母的房间，因为浑身上下粘满了金子，继母和妹妹亲热地接待了她。

姑娘跟她们讲述了自己的经历。继母听完了她获得这么多金子的过程，就打算让她那个又丑又懒的女儿也享有这么多的金子，于是她把这个女儿打发到井边去纺线。为了使纺锤染上血污，这个姑娘就把手伸进刺篱笆里，将自己的手指扎破。然后，她把纺锤投入井里，自己也随即跳了进去。

在井里，她像姐姐一样，先是来到一片美丽的草地，然后顺着同一条小路往前走去。她走到烤炉前时，面包冲着她大声叫喊："快把我取出来，快把我取出来，不然我就要被烤焦啦。"可这个懒惰的姑娘听了却回答说："我才不想弄脏我的手呢。"说完继续往前赶路。

不大一会儿，她便来到苹果树下，果树跟上次一样喊叫着："摇一摇我啊，摇一摇我啊，满树的苹果全都熟透啦。"

她回答道："可苹果落下来会砸着我的脑袋。"说完继续赶路。

来到霍勒婆婆的小房子前时，因为她听姐姐说过老太太牙齿很长，所以见了面一点儿也不感到害怕。第一天，丑姑娘心里始终惦记着作为奖赏的金子，所以强打起精神，装成很勤快的样子，而且事事都照着老太太的意愿来做。可到了第二天，她就懒起来了；第三天呢，她懒得更加不像话，早上甚至赖在床上不想起来，连整理好霍勒婆婆的床铺这件事也给忘记了，更不用说抖床垫，抖得羽绒四处飘飞了。几天下来，老太太已经受够了，就预先告诉她，她被解雇了。懒姑娘一听，满心欢喜，心里想道：该下金雨啦！

霍勒婆婆领着她来到那扇大门前,可当她站到门下时,并没有金子落下来,劈头盖脸地泼了她一身的却是一大锅沥青。"这就是你应得的回报。"霍勒婆婆对她说,说完便关上了大门。

懒姑娘就这样回到了家里,浑身上下糊满了沥青。蹲在辘轳上的大公鸡看见了她就咯咯地叫了起来:

"咯……咯……咯……咯……

咱们的脏姑娘回来啰!"

懒姑娘身上的沥青粘得很牢,无论怎样冲洗也无济于事,她只好就这样一辈子啦。

牧鹅姑娘①

来源:格林童话
校译:小巫

很久以前,有一个老王后,她的国王丈夫已经死了许多年,她有一个美丽的女儿。女儿长大以后,与很远的国家的一个王子订了婚。到了快结婚的日子,她要启程去王子所在的国家。老王后为女儿收拾了很多值钱的金银器皿、金银首饰,总之,一切皇族应备的嫁妆。因为老王后全心全意地爱她的女儿。她还安排了一个侍女陪同一道前往,把她的女儿送到新郎手中,并为她们配备了两匹马作为旅行的脚力。公主骑的一匹马叫法拉达,这匹马能够和人说话。

---

① 收录该故事的过程中,我发现网上流传的版本存在很多谬误,诸多重要的隐喻都被替换了,比如,老王后刺破手指滴在白色手帕上的三滴血变成了一绺头发;公主的一头金发变成银色的;烤炉也不见了。缺少这些隐喻,这个故事的精神力量则大打折扣。此处是我根据美国 Pantheon 出版社 1944 年版的《格林童话全集》整理出来的版本。

到了要出发的时候，老王后到自己的卧室里拿出一把小刀，把自己的手指刺破，滴了三滴鲜血在一块洁白的手帕上，拿给她的女儿说："好好地保管着，我亲爱的孩子，它可作为你的护身符，保佑你一路平安。"

她们伤心地互相道别后，公主把手帕揣进了怀里，骑上马，踏上了前往新郎王国的旅程。上路走了一段时间后，公主觉得渴了，对侍女说："请下马，到那条小溪边，用你行李里我的金杯给我舀点水来，我想喝水了。"侍女说道："要是你渴了，你自己下去趴在水边喝就是了，我又没自愿做你的侍女。"公主渴得难受，只得下马来到小溪边跪着喝水，也不能拿出自己的金杯来用。她叹息道："老天呀！"她怀里的三滴血回答她说：

"要是你的母亲知道了，
她的心会碎成两半。"

公主一贯都非常谦卑，没有说什么，只是不声不响地骑上马赶路。她们向前走了不少路之后，天气变得热起来了，太阳火辣辣地热得灼人，公主感到又渴得不行了。好不容易来到一条河边，她忘了侍女对她的粗暴无礼，说道："请下去用我的金杯为我舀点水来喝。"但侍女对她说话的口气比上次更加傲慢无礼："你想喝就去喝吧，我可不是你的侍女。"干渴使公主不得不自己下马来到河边，俯下身去。她面对河水叹息道："啊，天哪！"怀里的三滴血又回答她说：

"要是你的母亲知道了，
她的心会碎成两半。"

当她探头到河里喝水时，那块手帕从她怀里掉了出来，由于心情低沉，她一点也没有察觉，手帕随着河水漂走了。但她那位侍女却看见了，她非常兴奋，因为她知道一旦公主丢失了护身符，会变得软弱无力，这位可怜的新娘就可以在自己的掌握之中了。所以当新娘喝完水，准备再跨上法拉达时，侍女说："我来骑法拉达，你骑我的羸马就行了。"公主不得不和她换马骑。侍女又出言不逊，要公主脱下她的公主服装，换上侍女的装束。侍女还要挟公主，让她对天起誓，不向任何人提起发生的事，否则就要将她杀死。可是法拉达把一切都看在眼里，记在了心头。

侍女骑上法拉达，真正的新娘却骑着侍女的马，沿着大路，终于走进了王宫大院。大家为她们的到来欢呼雀跃，王子飞跑出来迎接她们，他把侍女从马上扶下来，以为她就是自己的未婚妻，带着她上楼到了王宫内室，却让真正的公主待在下面的院子里。

但是，老国王从窗户望出去，发现站在下面院子里的她看上去是那么漂亮，气质是那么超尘脱俗，立刻进内室去问新娘："与你一同来的，站在下面院子里的姑娘是什么人？"侍女新娘说："她是我带在路上做伴的丫头，请给她一些活干，以免她闲着无聊。"老国王想了一会儿，觉得没有什么适合她干的活，最后说："有一个少年替我放鹅，就请她去帮助他吧。"这样，真正的新娘就被派去帮助那个少年放鹅了，少年的名字叫康拉德。

不久，假新娘对王子说："亲爱的丈夫，请帮我做一件令我称心的事吧。"王子说道："我很愿意效劳。""告诉你的屠夫，去把我骑的那匹马的头砍下来。因为它非常难以驾驭，在路上它把我折磨得够苦的了。"但实际上她是因为非常担心法拉达会把她取代真公主的真相说出来，所以才要灭口。她成功地说服了年轻的国王答应她杀死法拉达。当真公主听到这个消息后，她拿出一块金子，乞求那个屠夫把法拉达的头钉在城门黑漆漆的大门洞里，这样，她每天早晨和晚上赶着鹅群经过城门时仍然可以看到它。屠夫答应了她的请求，砍下马头，将它牢牢地钉在了黑暗的门洞里。

第二天凌晨，当公主和康拉德从城门出去时，她悲痛地说：
"唉，法拉达，
在这里悬挂！"
那颗头回答说：
"啊，年轻的王后，

你的命运多舛，

要是你的母亲知道了，

她的心会碎成两半。"

他们赶着鹅群走出城去，来到乡下。当他们来到牧草地时，她坐在那儿的地埂上，解开她波浪一般卷曲的头发，她的头发都是纯金的。康拉德看到她的头发在太阳下闪闪发光，便跑上前去想拔几根下来，但是她说道：

"吹啊吹啊，轻柔的风儿，听我说，

吹走康拉德的小帽儿，

让他追着到处跑，

直到我将辫子编理好

再盘卷上我的发梢。"

她的话声刚落，真的吹来了一阵大风，一下子把康拉德的帽子给吹得远远的，康拉德不得不追去。等他找着帽子回来时，公主已把头发梳完盘卷整齐，他再也拔不到她的头发了。他非常气恼，绷着脸始终不和她说话。俩人就这样看着鹅群，一直到傍晚天黑才赶着它们回去。

第三天早晨，当他们赶着鹅群走过黑暗的城门时，可怜的姑娘抬眼望着法拉达的头说道：

"唉，法拉达，

在这里悬挂！"

那颗头回答说：

"啊，年轻的王后，

你的命运多舛，

要是你母亲知道了，

她的心会碎成两半。"

接着，她赶着鹅群来到牧草地，又坐在草地上和前一天一样开始梳她的头发，康拉德看见了跑上前来，又要拔她的头发，但她很快说道：

"吹啊吹啊,轻柔的风儿,听我说,

吹走康拉德的小帽儿,

让他追着到处跑,

直到我将辫子编理好

再盘卷上我的发梢。"

风马上吹过来了,吹落了康拉德的帽子,吹到了很远的地方,他只好跟着追去。当他回来时,她已经盘起了自己的头发,他又拔不到了。他们和前一天一样,一起看守着鹅群,一直到天黑。

晚上,他们回来之后,康拉德找着老国王说:"我再也不要跟这个姑娘放鹅了!"国王问:"为什么?""因为她整天戏弄我。"老国王要少年把她做的事情都说出来。康拉德说道:当我们早上赶着鹅群经过黑暗的城门时,她与挂在城墙上的一个马头交谈:

'唉,法拉达,

在这里悬挂!'

那颗头会回答说:

'啊,年轻的王后,

你的命运多舛,

要是你母亲知道了,

她的心会碎成两半。'"

康拉德把发生的所有事都告诉了国王,包括在放鹅的牧草地上,他的帽子如何被吹走,他被迫丢下鹅群追帽子,等等。但国王要他第二天还是和往常一样和她一起去放鹅。

当早晨来临时,国王躲在黑暗的城门后面,听到了她怎样对法拉达说话,法拉达如何回答她。接着他又跟踪到田野里,藏在牧草地旁边的树丛中,目睹他们如何放鹅。过了一会儿,她又是怎么打开她那在阳光下闪闪发光的头发,然后又听到她说:

"吹啊吹啊,轻柔的风儿,听我说,

吹走康拉德的小帽儿,

让他追着到处跑，
直到我将辫子编理好
再盘卷上我的发梢。"

话音刚停，很快吹来了一阵风，卷走了康拉德的帽子，姑娘及时梳理完头发并盘卷整齐。一切的一切，老国王都看在了眼里。看完之后，他悄悄地回王宫去了，他们俩都没有看到他。

到了晚上，牧鹅姑娘回来了，老国王把她叫到一边，问她为什么这么做。她说："我不能告诉你，也不能对任何人说起我的哀伤，因为我已经对天起誓守口如瓶，否则我会被杀死的。"

但是老国王不停地追问她，逼得她不得安宁，但她还是不肯说。老国王说："那你爬进那边的炉子里，把你的故事告诉炉子吧！"说完他就走了。她钻进铁炉子里，开始哭泣和哀诉，将心底的一切倾倒出来，最后说："我在这里，被全世界抛弃了，可我是国王的女儿；而一个弄虚作假的侍女胁迫我，我不得不把王室的衣服脱掉，她取代了我的位置，嫁给我的新郎，而我必须当牧鹅姑娘，做低等的服侍活计。要是我的母亲知道了，她的心会碎成两半。"

老国王其实此时站在炉子的烟囱旁边，听到她说的一切。他令她爬出炉子，给她换上王室礼服，她真是太美了！老国王叫来自己的儿子，告诉他现在的妻子是一个假冒的新娘，她实际上只是一个侍女，而真正的新娘、曾经的牧鹅姑娘，就站在他的旁边。年轻的国王看到真公主如此漂亮，听到她如此谦卑容忍，欢喜异常，传令举行一个盛大的宴会，邀请所有的亲朋好友。新郎坐在上首，一边是假公主，一边是真公主，侍女在真公主的光彩照耀之下，花了眼睛，没有认出来。

当他们吃着喝着时，客人们都非常高兴，老国王把他所听到的一切作为一个谜语讲给大伙听了。又问真正的侍女，她认为应该怎样处罚故事中的那位侍女。假新娘说道："最好的处理办法就是把她装进一只里面钉满了尖钉子的木桶里，用两匹白马拉着桶，在大街上拖来拖去，一直到她在痛苦中死去。"老国王说：

"正是要这样处理你!因为你已经很公正地宣判了对自己罪恶的处理方法,你应该受到这样的惩罚。"

年轻的国王和他真正的未婚妻结婚了,他们一起过上了幸福美满的生活,共同治理着国家,人民安居乐业。

一幅壮锦

来源:壮族民间故事

古时候,大山脚下有一块平地。平地上有几间茅屋。茅屋里住着一个叫妲布的女人,她的丈夫死去了,剩下三个孩子。大孩子叫勒墨,二的叫勒堆厄,最小的叫勒惹。

妲布织得一手好壮锦。锦上织起的花草鸟兽活鲜鲜的。人家都买她的壮锦来做背带心、被窝面、床毡子。一家四口就靠妲布的一双手来过日子。

有一天,妲布拿起几幅壮锦到圩上去卖。看见店铺里有一张五彩的画,画得很好。画上有高大的房屋、好看的花园、大片的田地,又有果园、菜园和鱼塘,还有成群的牛羊鸡鸭。她看了又看,心头乐滋滋的。本来打算卖锦得的钱全都买米的,但因为爱这张画,就少买一点米,把画买了回家。

在回家的路上,妲布几次坐在路边打开画来看。她自言自语地说:"我能生活在这么一个村庄里就好了。"回到家,她把图画打开给儿子们看,儿子们也看得笑嘻嘻的。

妲布对大仔说:"勒墨,我们要能住在这么一个村庄里多好啊!"勒墨撇撇嘴说:"阿咪,做梦吧!"妲布对二仔说:"勒堆厄,我们住在这么一个村庄里才好啊!"勒堆厄也撇撇嘴说:"阿咪,第二世吧!"妲布皱着眉头对小仔说:"勒惹,不能住在这样一个村庄里我会闷死的。"说完,她长长地叹了一口气。勒惹想了一想，安慰妈说："阿咪，你的锦织得很好，锦上的东西活鲜鲜的。你最好把这张图画织在锦上，你看着看着，就和住在美丽的村庄里一样了。"妲布想了一会儿，喷喷嘴说："你说的话很对，我就这样做吧！不然我会闷死的。"妲布买起五彩丝线，摆正布机，依照图画织起来。

织了一天又一天，织了一月又一月。勒墨和勒堆厄很不满意妈这样做。他们常拉开妈的手说："阿咪，你尽织不卖，专靠我们砍柴换米吃，我们太辛苦了！"勒惹对大哥、二哥说："让阿咪织吧，她不织会闷死的。你们嫌砍柴辛苦，由我一个人去砍就好了。"于是一家人的生活，就由勒惹不分日夜地上山砍柴来维持。

妲布也不分日夜地织锦。晚上用油松燃烧起来照亮。油松的烟很大，把妲布的眼睛也熏坏了，红巴渣的。可是，妲布还是不肯歇手。一年以后，妲布的眼泪滴在锦上，她就在眼泪上织起了清清的小河，织起了圆圆的鱼塘。两年以后，妲布的眼血滴在锦上，她就在眼血上织起了红红的太阳，织起了鲜艳的花朵。织呀织的，一连织了三年，这幅大壮锦才织成功。这幅壮锦真美丽呀！几间高大的房子，蓝的瓦，青的墙，红的柱子，黄的大门。门前是一座大花园，开着鲜艳的花朵。花园里有鱼塘，金鱼在塘里摆尾巴。房子左边是一座果园，果树结满红红的果子。果树上有各种各样的飞鸟。房子右边是一座菜园，园里满是青青的菜、黄黄的瓜。房子后面是一大片草地。草地上有牛羊棚和鸡鸭笼。牛羊在草地上吃草，鸡鸭在草地上啄虫。离房子不远的山脚下，有一大片田地，田地里满是金黄的玉米和稻谷，清清的河水在村前流过，红红的太阳从天空照下来。

"喷，喷，这幅壮锦真美丽啊！"三个孩子赞叹着。

妲布伸一伸腰，擦着红巴渣的眼睛，咧开嘴巴笑了，笑得好痛快。

忽然，一阵大风从西方刮过来，"劈卜"一声，把这幅壮锦卷出大门，卷上天空，一直朝东方飞去了。

妲布赶忙追了出去,摇摆着双手,仰着头大喊大叫。啊呀!转眼壮锦不见了。妲布昏倒在大门外。三兄弟把她扶到了床上。灌了一碗姜汤后,她慢慢醒过来。她对长仔说:"勒墨,你去东方寻回壮锦来,它是阿咪的命根啊!"勒墨点点头,穿起草鞋,向东方走去,走了一个月,到了大山隘口。大山隘口有一间石头砌的屋子,屋子右边有一匹大石马。石马张开嘴巴,想吃身边一蔸红红的杨梅果。屋门口坐着一个白发老奶奶。她看见勒墨走过就问他:"孩子,你去哪里呀?"勒墨说:"我去寻一幅壮锦,是我妈织了三年的东西,被大风刮往东方去了。"老奶奶说:"壮锦是东方太阳山的一群仙女要去了。她们见你妈的壮锦织得好,要拿去做样子。到她们那里可不容易哩!先要把你的牙齿敲落两颗,放进我这大石马的嘴巴里。大石马有了牙齿,才会活动,才会吃身边的杨梅果。等它吃了十颗杨梅果后,你跨到它的背上,它就驮你去太阳山。途中要经过熊熊大火的发火山,石马钻进火里,你得咬紧牙根忍耐,不能喊痛;只要喊一声,你就会被烧成火炭。越过了发火山,就到了汪洋大海。海里风浪很大,会夹着冰块向你身上冲过去。你得咬紧牙根忍耐,不能打冷战;只要打一个冷战,浪头就把你埋下海底。渡过汪洋大海,就可以到达太阳山,问仙女要回你妈的壮锦了。"

勒墨摸摸自己的牙齿,想想大火烧身,想想海浪冲击,他脸"刷"地青起来。

老奶奶望望他的脸,笑着说:"孩子,你经受不起苦难的,不要去吧!我送你一盒金子,你回家好好过日子吧!"

老奶奶在石屋里拿出一小铁盒金子交给勒墨。勒墨接过小铁盒转身走了。

勒墨一路走回家,一路想:"有这一小盒金子,我的生活好过了。可不能拿回家呀,四个人享用哪有一个人享用舒服呢?"想着想着,他就决定不回家,转身向一个大城市走去了。

妲布病得瘦瘦的,躺在床上等了两个月,不见勒墨回家。她对第二个儿子说:"勒堆厄,你去东方寻回壮锦吧。那幅壮锦是阿咪的命根啊!"

勒堆厄点点头,穿起草鞋,向东方走去。走了一个月,到了大山隘口,又遇着老奶奶坐在石屋门口。老奶奶又照样对他说了一番话。勒堆厄摸摸牙齿,想想大火烧身,想想海浪冲击,他的面孔也"刷"地青了。老奶奶交给他一小铁盒的金子。他拿着小铁盒,也和大哥的想法一样,不肯回家,向着大城市走去了。

妲布病在床上,又等了两个月,身体瘦得像一根干柴棒。她天天望着门外哭。原来是红巴渣的眼睛,哭呀哭的就哭瞎了,看不见东西了。有一天,勒惹对妈说:"阿咪啊!大哥二哥不见回来,大约在路上遇到了什么不好的事情。我去吧,我一定要把壮锦寻回来。"妲布想了一想,说:"勒惹你去吧!一路上留心自己的身体啊!附近的邻居会照顾我的。"

勒惹穿起草鞋,挺起胸脯,大踏步向东方走去。只消半个月他就到了大山隘口,在这里他又遇见老奶奶坐在石屋门前。

老奶奶照样对他说了那番话,接着说:"孩子,你大哥、二哥都拿一小盒金子回去了。你也拿一盒回去吧!"

勒惹拍着胸脯说:"不,我要去拿回壮锦!"随即拾起一块石头,敲下自己两颗牙齿,把牙齿放在大石马嘴里。大石马活动起来,伸嘴就吃杨梅果。勒惹看它吃了十颗后,立刻跳上马背,抓住马鬃毛,两腿一夹,石马仰起头长嘶一声,"必里卜碌"地向东方跑去。

跑了三天三夜,到了发火山。红红的火焰向人、马扑过来,火烫着皮肤,嗞嗞地响。勒惹伏在马背上,咬紧牙根忍受着。约摸半天才越过发火山,跳进汪洋大海里。海浪夹着大冰块冲击过来,打得又冷又痛。勒惹伏在马背上咬紧牙根忍受着,半天工夫才跑到对岸。那里就是太阳山了。太阳暖暖烘烘地照在勒惹的身上,好舒服啊!

太阳山顶上有一座金碧辉煌的大房子,里面飘出女子的歌唱声和欢笑声。

勒惹把两腿一夹，石马四脚腾空跃起，转眼到了大房子的门口。勒惹跳下马来，走进大门，看见一大群美丽的仙女围在厅堂里织锦。阿咪的壮锦摆在中间，大家依照它来学织。

她们一见勒惹闯进来，吃了一惊。勒惹赶紧说明来意。一个仙女说："好，我们今晚上就可以织完了，明天早上还给你。请你在这儿等一晚吧。"

勒惹答应了。仙女拿了许多仙果给他吃。仙果味道真好啊！勒惹身体很疲倦，靠在椅子上呼呼睡着了。

夜里，仙女们在厅堂上挂起一颗夜光珠，把厅堂照得明亮亮的。她们就连夜织锦。

有一个穿红衣的仙女，手脚最伶俐，她一个人首先织完。她把自己织的和妲布织的一比，觉得妲布织的好得多：太阳红耀耀的，鱼塘清溜溜的，花朵嫩鲜鲜的，牛羊活灵灵的。

红衣仙女自言自语地说："我若是能够在这幅壮锦上生活就好了。"她看见别人还没有织完，便顺手拿起丝线，在妲布的壮锦上绣上自己的像：站在鱼塘边，看着鲜红的花朵。

勒惹一觉醒来，已经深夜，仙女们都回房睡觉了。在明亮的珠光下，他看见阿咪的壮锦还摆在桌子上，他想：明天她们若是不把壮锦给我，怎么办呢？阿咪病在床上很久了，不能再拖延了啊！我还是拿起壮锦连夜走吧。

勒惹站起来，拿起阿咪的壮锦，折叠起来，藏在里衣袋里。他走出大门，跨上马背，两腿一夹，石马趁着月光，"必里卜碌"地跑了。勒惹咬紧牙根，伏在马背上，渡过了汪洋大海，翻过了发火高山，很快又回到大山隘口。老奶奶站在石屋前笑哈哈地说："孩子，下马吧！"勒惹跳下马来。老奶奶在马嘴里扯出牙齿，安进勒惹的嘴里。石马又站在杨梅树边不动了。老奶奶在石屋里拿出一双鹿皮鞋，交给勒惹说："孩子，穿起鹿皮鞋快回去吧，阿咪快要死了！"

勒惹穿起鹿皮鞋，两脚一蹬，一转眼就到了家。他看见妲布睡在床上，瘦得像一根干柴，有气无力地哼着，真的快要死了。

勒惹走到床前，喊一声"阿咪"，就从胸口拿出壮锦，在阿咪面前一展。那耀眼的光彩，立刻把阿咪的眼睛照亮了。她一骨碌爬起来，笑眯眯地看着她亲手织了三年的壮锦。她说："孩子，茅屋里太黑了，我们拿到大门外太阳光下看吧。"

娘儿俩走到门外，把壮锦展铺在地上。一阵香风吹来，壮锦慢慢地伸宽，伸宽，把几里宽的平地都铺满了。

妲布原来住的茅屋不见了。只见几间金碧辉煌的大房子，周围是花园、果园、菜园、田地、牛羊，像锦上织的一模一样。妲布和勒惹就站在大房子门前。

忽然，妲布看见花园里鱼塘边有个红衣姑娘在那里看花。妲布急忙走过去问。姑娘说，她是仙女，因为像绣在壮锦上面，就被带来了。

妲布把仙女邀进屋里，共同住下。

勒惹和这个美丽的姑娘结了婚，过着幸福的生活。

妲布又邀请附近的穷人也来这个村庄住。因为她在病中，得到了他们的照顾。

有一天，村里来了两个叫花子。他们就是勒墨和勒堆厄。他们得了老奶奶的金子跑到城里去大吃大喝，不久，金子用完了，只得做叫花子，讨乞过活。

他们来到这个美丽的村庄，看见阿咪和勒惹夫妻在花园里快快乐乐地唱歌。他们想起过去的事情，没脸进去，拖起讨乞杖跑了。

圣徒克里斯托弗的传奇

来源：《圣徒故事》和列娜老师讲述
编译：小巫

从前，在一个叫迦南的地方，住着一个巨人，他的名字叫作奥弗罗斯。他身材高大，体魄健壮，迦南的国王很想收他做仆人，因为他力大无穷，而且在打仗的时候，勇往直前，所向披靡。但是奥弗罗斯自己却有另外的想法，他想找到最伟大的君主，给最伟大的王当仆人。

奥弗罗斯游历了很多国家，走了很多地方。有一天，他来到了一个国家，据说这里的国王是最伟大的。国王在人群当中看到高大的奥弗罗斯，非常高兴，收下他来做仆人，因为国王总是需要很强壮的仆人。

奥弗罗斯就在这里工作了。有一天晚上，王宫里举行盛大的宴会，国王也邀请了奥弗罗斯来参加。大家酒足饭饱之后，一位游吟诗人给大家弹唱了一曲，一边弹琴一边讲故事，故事引人入胜，大家都非常仔细地聆听着。但是奥弗罗斯观察到，听故事的时候，国王画了几次十字架！每次游吟诗人提起"魔鬼"这个名字的时候，国王都要画十字架。"国王难道在害怕什么吗？"

宴会结束的时候，奥弗罗斯就去找国王，问他为什么要画十字。国王不太想回答他，但是奥弗罗斯说他一定要知道，如果国王不告诉他答案的话，他就不再给国王工作了。国王没办法，只好承认：他的确是害怕魔鬼，而且他是用画十字这种办法来保护自己。

"这么说，魔鬼比你还伟大啦？"奥弗罗斯问。国王只好承认：的确是这样子。"那我就不能再给你当仆人了，"奥弗罗斯说，"因为我要服侍最伟大的国王。"

奥弗罗斯跟国王道别，然后出发找魔鬼去了。他很快来到了一个荒凉偏僻的地方，眼前有一条小路蜿蜒在充满沙砾的山丘上。突然奥弗罗斯看到了一群骑士，当中的一个看上去既狂野又可怕。这个骑士走到奥弗罗斯跟前，凶狠地问他："你需要什么？"奥弗罗斯回答："我在找魔鬼殿下。""噢！"这个骑士回答，"那你就找对人了，因为我就是魔鬼。你想做什么呢？"

奥弗罗斯回答："我想为最强大的王服务，我相信，你就是那个最强大的王。"

这个自称魔鬼的骑士做了个鬼脸，说："噢，那当然我就是啦。好！你跟我来吧。"于是，奥弗罗斯跟着魔鬼走了。

过了没一会儿，他们走到一条笔直的大路上，魔鬼看到路边竖着一座十字架，他退缩了一下，随即离开大路，走上一条崎岖的小路，小路上到处都是大石头，他得艰难地爬过去。走了很长一段弯路，魔鬼才回到大路上继续走。"嘿！"奥弗罗斯跟在魔鬼后面，问道，"你告诉我，你干吗要绕着道走呀？是有什么事让你感觉不对劲吗？"

"我？有什么事让我感觉不对劲？你这是什么意思！"魔鬼咆哮起来。但是他们继续上路的时候，魔鬼就左顾右盼，看看路上还有没有别的十字架。奥弗罗斯明白了："哈！你是害怕十字架呀！为什么呀？"

现在魔鬼没办法再否认什么了，他只好承认：十字是基督的符号，他受不了这个符号。

"这么说的话，基督比你还强大。"奥弗罗斯说，"我决意服侍最强大的王，所以我要离开你，我要去找基督。"每次魔鬼听到奥弗罗斯说"基督"这个名字的时候，他脸上的表情就很怪，心怀恐惧地四处张望，听奥弗罗斯说了这么多遍"基督"，魔鬼慌不择路，一溜烟地跑了。

奥弗罗斯继续上路去寻找。他找了很久，可一直没找到。有一天，他来到一座山上。这里的人对他说："山里住着一个隐士，如果能找到这个隐士的话，他可以帮助你。"奥弗罗斯就上了山。隐士坐在山顶上，闭着眼睛在打坐，他没有睁开眼睛就知道奥弗罗斯来了。奥弗罗斯到他跟前的时候，他睁开了眼睛，把奥弗罗斯带进了他的小茅草屋。

小茅草屋太矮了，奥弗罗斯个子那么高，他得弯着腰才能进去。进去以后，他坐到了草席子上，他巨大的身形把整个屋子都塞满了。尚未开口，隐士已经知道奥弗罗斯的来意，他说："如果你想找到基督，你就要断食很长时间。"

"断食？"奥弗罗斯很着急，一下子坐了起来，整个屋子摇摇晃晃、吱吱作响，"我不能断食！"

"那你就必须认真地祈祷。"隐士又说。

"啊，我从来不知道祈祷是怎么回事。"奥弗罗斯又叹了口气，"我想为基督服务，我想为他做事情。"

隐士沉思起来。过了一会儿，他对奥弗罗斯说："你跟我到外面去吧。"

他们站在山顶上，看着山下，山谷里有一条奔腾的大河。隐士指着那条河说："你看那条河，很多旅行者都想渡过那条河，但是河上没有桥，河水又特别湍急，这条河吞没了很多人。你是一个高大健壮的人，你可以把人背到河对岸。如果你做这件事情时间够长的话，终有一天，基督就会是这些旅行者中的一个，这样的话，你就可以遇见基督了。"

"嗯，这个听上去是一个很好的计划。"奥弗罗斯赶紧走下了山，来到河边。河水的确非常湍急，打着漩涡，翻滚着白色的泡沫，但是奥弗罗斯并不害怕。他自己动手在河边搭了一座茅草屋，砍下了一根长长的树枝当作手杖，来帮助他渡河。奥弗罗斯就这样开始了他的工作。

在接下来的很多年里，奥弗罗斯每天都勤劳地把需要过河的旅行者带过河，保证他们安全地渡到河对岸。奥弗罗斯非常能吃苦耐劳，什么样的工作他都不怕，别人为答谢他，送给他什么，他也不计较，都心怀感激地收下，以维持日常生活。

这么长时间还没有碰到基督，有时候他也会感到不耐烦，甚至失望。每当这个时候，隐士就会来安慰他，告诉他："你还要继续你的这项工作，并且坚持下去。"

在此期间，奥弗罗斯也结交了一些朋友，有两个朋友经常到他的茅屋来，一起陪他说说话、聊聊天。这两个朋友也知道奥弗罗斯是在等基督，他们就问："你怎么知道你遇到的就是基督呢？"奥弗罗斯告诉他们："嗯，那个隐士告诉我了，当我这根用来帮助别人渡河的手杖长出叶子、结出果实的时候，就说明我遇到基督了。"

又是很多年过去了。有一天夜里，下起了滂沱大雨，奥弗罗斯心想：像这样大雨的夜晚不会有人渡河的，于是他准备睡觉了。突然，他听到一个孩子的声音在屋外喊他："请您出来，请您带我过河。"

奥弗罗斯赶紧冲出了门，他左右看看，却谁也没看到，只好回到了屋子里。但是一进屋，他就听到同样的声音又在叫他，他又出去了，但是在大雨中他还是谁也没看到。当这个声音第三次叫他，他再次出去的时候，他终于看到了，站在他面前的是一个小孩子，这个小孩子请求奥弗罗斯把他带过河。

奥弗罗斯把这个孩子背到了肩膀上，拿起他的手杖，开始向河对岸渡去。但是当他走到水里的时候，河水急剧上涨，开始发大洪水了！水越涨越高，越涨越高。同时还有一件奇怪的事情，就是这个孩子变得越来越重，越来越重！奥弗罗斯越往河心走，河水就涨得越高，肩膀上的孩子也就越重。他当时心里有些害怕，很担心真到河心的时候会给淹死！但是他还是坚持一步一步往对岸走，终于到了！到了对岸的时候，他已经精疲力竭。他把这个孩子放下来，说："你刚才让我的生命受到了威胁，你好重啊，整个世界在我的肩膀上也不会比你更重了！"

这个孩子回答道："这并不奇怪，奥弗罗斯，因为你不仅仅把全世界扛在了你的肩膀上，并且把世界的缔造者也扛到了你的肩膀上。现在你应该知道了，我，就是基督，你的王，你的工作就是服侍我。因为你把我带过了河，现在我要给你一个新的名字。一直到现在，人们都叫你奥弗罗斯，这个名字的意思是'承载者'。那么从现在开始，你要叫克里斯托弗，意思是'基督的承载者'。我请你回到家的时候，把你的手杖插到地上，你就能看到我说的是实话：明天上午，这根手杖会长出叶子，结出果实。"

话音刚落，孩子就消失了。

克里斯托弗回到了河的另一边，回到了自己的小茅屋，把他的手杖插到了地上。

一夜过后，雨过天晴，克里斯托弗的小茅屋里一片寂静。他的两个朋友来找他。他们敲门，门怎么也不开，没有人来回答，他们很奇怪：奥弗罗斯去哪儿了？他每天都非常忠诚地守在河边，从来不出去，因为就怕有谁要来求他过河时他不在。两个人敲了很久没敲开门，他们就把门推开了。走进屋里，他们发现克里斯托弗躺在床上。他们走过去，发现他已经停止了呼吸，好像睡着了一样。两个朋友又奇怪又难过。但是再仔细看看，克里斯托弗脸上的表情既快乐又安详。这到底是怎么回事呢？

两个朋友走出屋门，他们看到屋边的地上竖着克里斯托弗的手杖，上面长出了叶子，结出了果实。两个朋友恍然大悟："啊！原来他真的遇到了基督，他去服侍最伟大的君王了！"

小英雄除妖

来源：朝鲜族民间故事

从前，有老两口，60多岁还没儿没女。

有一天，一个和尚来化缘。老两口将攒下的钱全都给了和尚。和尚看老两口心肠好，听说他们没儿女，就对老头说："你用坛子装上酱油，拿到地里，喝了酱油就干活，准能有个孩子。"

老头就按和尚的话，将坛子盛上酱油，带到地里。他喝了酱油，放下坛子，就干起活来。干了一会儿活，他回到放坛子的地方，一看，哟，坛子没啦，只有根木棒。他气得把木棒捡起来扔了出去。

棒子落地，就传来孩子"哇哇"的哭声。老头又惊又喜，连忙奔了过去。孩子说话了："爸爸，你老了，用不着再干活了，我养活你吧。"老头乐得直流泪，抱起孩子亲了又亲，乐颠颠地回家了。

到了家，孩子看到老太太就叫她妈妈。老太太心里乐开了花，问老头："怎么得了个儿子啊？"老头把事情从头到尾说了一遍。老太太说："咱给儿子起个名字，就叫坛子吧。"

坛子像气吹的似的，几天就长成小伙子了。他说："爸爸，妈妈，我去给你们准备一年用的水、一年烧的柴。"说完就上了山。他不用斧子砍，也不用锯拉，把袖子一撸，就用手拔树，"喊里喀嚓"，一会儿工夫，拔的树就堆成了小山。柴有了，他又准备水。他搬来一块房子大的石头，用手抠吧抠吧，抹吧抹吧，做了个大水缸，装满了水，用盖子盖上。他跟爸爸妈妈说："柴有了，水也有了，我要到外面去开开眼界，见见世面，一年后才能回来。"说完就走了。

坛子走着走着，看见路边一棵大松树，倒下，起来，又倒下，又起来。"哎，怪呀，树怎么会倒了又起来呢？"再仔细一瞧，原来松树边有个小孩儿睡觉，他一呼气，大松树就倒下了；他一吸气，大松树又直起来了！坛子把小孩儿叫醒，就问他叫什么名字，小孩儿说叫松树。小孩儿又问："你叫什么名字啊？"他说："叫坛子。"两个人就拜了把兄弟。坛子是哥哥，松树是弟弟，两个人约好了一块儿出去开开眼界，就搭伴走了。

走了一天，天快黑的时候，他们看到前面有排大瓦房，有九十九道门。他们从第一道门叫起："主人在家吗？"没人答应，他们又敲第二道门，还是没人回答。他们一直敲，敲到九十八道门的时候，门开了，出来个漂亮姑娘。坛子说："我们是过路的，想借个宿。"姑娘说："借宿倒可以，不过我们这儿每天夜里都给抓走一个人，要不怎么那么多家都空了呢。"

哥俩啥也不怕，就进了院子。姑娘请哥俩进屋，就坐在凳子上梳头。坛子问："谁来抓人哪？"姑娘说："九头妖怪！一到晚上，'咚'的一声，他就到门口，抓了人就走了。"松树问："有没有铁锤或铁连枷？"姑娘讲："要这玩意儿干吗啊？"坛子看姑娘有点怕，就安慰她道："姑娘别怕，九头妖怪来了，我们得有家伙对付它。"姑娘找来了铁锤、铁连枷。

这时，就听着"咚咚咚"响了三声，哥俩知道九头妖怪到门口了，一左一右藏在门后。九头妖怪刚把头伸进来，坛子运足力气，抡起铁锤，照九头妖怪的头"当啷"一锤。这劲儿非常大，就是石头也打碎了。可九头妖怪却挠挠脑袋说："哟，今天怎么还有草爬子（蜱虫）咬人呢？"松树也运足力气，抡起铁连枷，照着九头妖怪的头"当啷"又一家伙。九头妖怪又揉揉脑袋说："哎呀，这草爬子还挺多呢。"说完扭头走了。

哥俩赶走了九头妖怪，姑娘赶快安排他俩休息。坛子问："'咚咚'的声音从哪儿来的？"姑娘说："从西边来的。你们可不能去啊，去了就没命了。"松树说："我们一定要找到它。"

第二天，哥俩告别了姑娘，就朝西走。走着走着，看见路边有根挺粗的线伸到地下。他们顺着线进了洞，往里走，越走越宽敞。前边有个大院，院里有楼房，从院里传来狗咬声、马叫声，门口还有个看门的。院外还有水井，井边有棵大柳树。哥俩就爬到树上去了。这时，有个姑娘来顶水，她把水罐灌满水，刚要走，哥俩扔下几片树叶，姑娘抬头一看，惊奇地问："你们来干什么？"坛子说："找九头妖怪。"姑娘叹了口气说："咳，小兄弟，快走吧，要不就没命啦。"她说完，把水罐顶在头上就走了。她一边走，一边就想：这两个孩子，怎么到这儿来了？说话还这么大口气，我再问问他们。

过了一会儿，她走出院子，又来顶水。姑娘问："小兄弟，你们是怎么来的？"哥俩就把来龙去脉说了一遍。姑娘说："院里就住着九头妖怪，他抓来上百人，都关起来了。现在他正睡觉，一睡就睡三个月，醒了也三个月。你们想进院子里，穿上我的衣服,狗就不咬了。"姑娘说完,又打了一罐水,顶在头上,走进了院子。姑娘很快又出来了,拿了一套衣服,坛子穿上,进了院子。姑娘又把衣服送出来,松树穿上,也进了院子。

姑娘领哥俩进了一间房子,打开一个柜子,让哥俩藏起来,她给他们送饭吃。

过了两天,坛子问:"大姐,你能不能烧一斗桑树的灰?"姑娘说:"能啊。"松树问:"九头妖怪有剑没有?"姑娘说:"有,一千多斤重,放在一间房子里。"坛子说:"大姐,你领我们把剑取来。"

姑娘领哥俩去取剑。剑有一丈多长,一尺多宽,锃明瓦亮,照亮了全屋。坛子走上去刚要伸手拿剑,剑就嗡嗡地响起来,他停住手,剑就不叫了,他又伸手去拿,剑又嗡嗡响起来。姑娘说:"将军用剑,怎么能叫呢!"坛子再伸手拿剑的时候,剑才不叫了,他轻轻地把剑拿起来。姑娘说:"九头妖怪天天练剑,前面有一根一抱粗、一丈长的铜柱,他一剑下去,就能从头劈到尾。你去试试,看有没有这么大的力气。"坛子走到铜柱跟前,用了全身的力气,挥剑朝铜柱劈去,"喀嚓"一声,却只劈了一半。姑娘说:"小弟弟,力气还不够啊!"

她领哥俩又到一间房子,房子里有一口井,她说:"这井水叫噶纳水,是九头妖怪喝的,你们可劲喝,能喝多少,就喝多少。"哥俩你一罐我一罐喝起来,就觉得一边喝,浑身就一边长劲,四肢轻松,越喝就越想喝,越喝越有劲,一会儿工夫,他俩把井水就给喝干了。

姑娘说:"九头妖怪练功,他把像小缸大的石头放在手掌上,用手指一弹,弹出一丈远。你们再试试力气。"松树把大石头轻轻拿起来,放在坛子的手掌上,坛子用手指一弹,"咚"一声,弹出十几丈远,松树也能用手指把大石头弹出十几丈远。姑娘高兴地说:"这回力气够了!咱们收拾九头妖怪去!"她带着桑树灰,坛子拿着宝剑,直奔九头妖怪睡觉的屋子。

到了门口,只见门"哗啦"开了,一会儿"喀嚓"又关上了。原来,九头妖怪睡觉,他一呼气,门就开了;一吸气,门就关上了。他们进了屋,坛子挥起剑,"刷"!砍下九头妖怪一个头,转眼,它又长上了!坛子说:"大姐,我砍下一个头,你在它脖子上撒上灰,它就长不上了。"他又挥剑砍下一个头,姑娘立刻在它脖子上撒上灰,果然,这个头长不上了,他就"喊里喀嚓"一下子砍掉了八个头。坛子又砍下第九个头,这个头刚落地,"腾"就飞起来,"咕咚"一声穿过房顶就上了天。

坛子和松树跟着也飞上天,跟这个头在空中打了起来。这个头终于被打落下来,死了。

杀了九头妖怪,哥俩把所有门上的锁全砸碎,把抓来的人统统放了出来。大家又蹦又跳,高兴得直流眼泪,都感谢这两位小英雄。

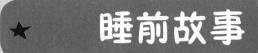

睡前故事

陪孩子步入梦乡

为什么要讲睡前故事

◎ 睡前故事 = 心灵礼物

每当夜幕降临，有妈妈的温暖怀抱相拥，有妈妈的平稳呼吸相伴，悦耳的声音出自妈妈的口，动听的故事、儿歌来自妈妈的心，让故事伴着孩子安然入睡，在梦里和故事里的角色游戏，是妈妈送给孩子最好的睡前礼物。

在媒体不发达的年代，人们在童年能听到许许多多的睡前故事，都是爸爸妈妈或者爷爷奶奶亲自来讲述的。如今信息发达了，各种印刷产品和音像产品多如牛毛，妈妈讲故事的方式也在悄然发生着变化——讲得越来越多，更喜欢跟孩子一起看图讲故事，更在意故事的功利性目的，还有家长干脆用光盘或者音频播放故事给孩子听。形式变了，意义还一样吗？

◎ 睡前故事 ≠ 睡前功课

妈妈们都希望通过讲故事，增加孩子的词汇量、培养孩子对阅读的兴趣、丰富孩子的心灵、启发孩子的智慧，这些想法是好的，但睡前故事带着功利目的去讲，难免会带上灌输的意味，把睡前故事变成睡前功课，是舍本逐末的做法。

　　故事的强大魔力，是很多成年人意识不到的。真正好的睡前故事，不是让孩子增加知识量，也不是让孩子复述出某个情节，而是一种心与心之间、灵魂与灵魂之间爱的交流：故事从妈妈的内心流淌出来，像温暖甜蜜的泉水一样，流入孩子的内心，给他们的灵魂提供丰富的滋养。孩子的想象力、认知、情感，乃至道德的发展都源自故事，这些并不像识几个字、会背诵几首诗词那样可以量化，容易看到成果，它的养分是全面的、潜移默化的，能够让孩子受用一生。

◎ 睡前故事须恰如其分

　　睡前故事的选择，是让有些父母备感头疼的事。有的家长给三四岁的孩子讲《西游记》《水浒传》，遇到比较恐怖的情节，不知道该不该按原文给孩子讲。还有的家长给学龄前的孩子讲格林童话，孩子会被其中的情节吓到。各个年龄段的孩子，听什么样的故事比较好呢？这些我在前面都给大家介绍了，现在重点说说睡前故事。

　　相比其他的故事，叠加故事和无意义故事，更符合学龄前孩子的身心韵律，适宜作为睡前故事。这样的故事情节简单，甚至没有情节，只是动作和语言的不断重复。在重复中，孩子的呼吸和心跳会舒缓下来，也更容易入睡。

　　而格林童话这类民间故事和其他复杂一些的故事，最好放在孩子上学后再给孩子讲，那时孩子的心智已经发展到可以理解故事里复杂的人物关系、激烈的冲突和深层的意义，并且能逐步区分童话世界与现实世界。

如何编睡前故事

睡前故事是编故事的基本功，可以作为入门练手。睡前故事的**情节**一般都比较简单，但是要叠加、要重复；它的**基调**一般都比较温馨，充满孩子们喜欢的色彩；它的**语言**一般比较舒缓，可以穿插有韵律感的诗歌、儿歌。

总之，了解了睡前故事的主要作用，即辅助孩子的呼吸、调整平稳孩子的心跳、为孩子助眠；也了解了自己孩子的睡觉习惯和入睡的难易程度，妈妈们就完全可以自己编睡前故事了，只要故事内容美好、友善、温暖，并不需要法则和意义，不强调科学依据，也不要求与真实生活一样，还可以进行适当的夸张。

我的编故事生涯就是从睡前故事开始的。我女儿小的时候，每天晚上睡觉之前都会给我出一个主题，那个时候她总是要求故事要有三只动物，她会说"今天晚上讲三只小羊的故事"，我就开始给她讲《三只小羊》的故事。后来就又有了《三只小兔子》《三朵小花》，还有《两只小狐狸》《三只小鸭子》《三只小鸡》等，她爸爸讲了《三只海豚》《马鸭赛跑》。这些都是很温馨的故事，适合学龄前儿童。

我们编过很多故事，有些我已经忘记了，这里收集的是我记录下来梗概的一部分。某些细节可能与当初讲的不完全一致，但既然是编故事，我们都可以任意发挥。

我们这样讲睡前故事

◎ 开灯拿着书讲 vs 关灯娓娓道来

你是怎么给孩子讲睡前故事的呢？拿起一本故事书，坐在宝贝的床前，或是跟宝贝并肩倚在床头，一边给宝贝念故事，一边指指点点，教宝贝认字或是看故事书里的绘图。你设想，孩子一边听故事，一边看图画、认字，这真是一举多得。

可是，你会不会也有这样的苦恼呢？宝贝经常注意力不集中，有的时候还会来抢书；讲完故事后也不容易入睡，经常越听越兴奋……

你有没有试过关上灯，或者点上一根蜡烛，把你熟识于心的故事讲给孩子听？相信那样孩子会听得更入神，也更容易进入梦乡。有的妈妈贪心地想让孩子既记住故事，又记住文字，并能从画面中加强记忆，但对即将入睡的孩子来说，这样的信息量太大了，也不利于孩子对故事内容的吸收。

◎ 每天讲 N 个 vs 只讲一个

讲睡前故事其实是一件很简单的事，却让有些妈妈搞复杂了。比如把睡前故事列入孩子的阅读计划，认为孩子读书越多越好，听故事当然也是听得越多越好。在一些家庭，每天晚上给孩子讲 2~3 个故事甚至更多是很正常的事。

妈妈们可能会有体会，故事讲多了，孩子反而不容易满足。如果故事没有进入孩子的心灵，孩子会表现得浮躁，永远期待有新故事。但这么多故事，对孩子并没有太多真正的影响。孩子不断地想听新故事，只是为了寻求新鲜的刺激，这些刺激对于孩子来说，是嘈杂的，是不被利用的。

妈妈们可能会发现，本来计划讲一两个故事，孩子就睡觉了。没想到孩子越听越兴奋，没完没了地要求："再讲一个！再讲一个！"大人讲得口干舌燥，孩子却毫无睡意，妈妈不禁有些烦躁。

的确，睡前故事应该辅助孩子安然入睡，让他们把故事带入梦乡，脑和心灵在梦里进行下一步的工作。所以，讲什么、怎么讲，就是很有讲究的了。

辅助孩子入睡的最佳手段就是重复性故事。想想看，当我们喜欢一本书时，也不是只看一次，而是反复地读，越读越有感觉、越有味道，成人尚且如此，何况是孩子。所以，给孩子讲故事，最重要的不是数量，而是质量，要多注意重复，一个故事起码要重复5~6遍，甚至可以一周都讲一个故事。重复的频率要根据孩子的年龄做出相应调整，越小的孩子重复率应该越高。

妈妈在讲述重复性故事的时候，孩子马上就能预见下一个情节是什么，大人可能觉得无聊，但对孩子来讲是建立安全感的极佳途径。成长中的孩子呼吸和心跳是不稳定的，而有规律的生活和重复性的讲述，可以增进孩子呼吸与心跳的和谐，而只有当孩子调整好呼吸和心跳时，才能进行智性思考。不认真打好这个基础，而是急于求成地给孩子塞一堆他不需要也不能消化的符号和"知识"，会造成他心智的紊乱。

下面这些睡前故事都是原创的，有我自己编的，有我先生编的，也有其他妈妈爸爸编的，其他作者的作品都有署名。故事里穿插了一些简短的文字，作为贴士，为的是帮助大家理解编故事的出发点、过程、得到的效果和其他的一些注意事项。

睡前故事小屋

≈ 三只小羊 ≈

有一天，三只小羊一起出去玩。她们走啊走啊，到处找有什么好玩儿的，越走越远。

走着走着，她们来到了一个岔路口，这个岔路口有三条路，通往不同的三个方向。三只小羊就商量说："咱们分头走吧，看看这每条路通向什么地方，然后再回来告诉大家都看到了什么，谁找到的地方更好玩儿我们就去她那儿。"

于是，她们就分开走了。

第一只小羊走啊走，走到一片草地上，草地上开着特别美丽的黄颜色的花，在黄色的花丛中还有黄色的蝴蝶飞呀飞，整个一片草地都是美丽的黄颜色。这只小羊很高兴，就在这片黄色的花里玩啊玩，跳起来追逐蝴蝶，趴下来使劲儿闻闻花香。玩累了，她就在黄色的花丛里睡着了。

> 这些颜色可以根据孩子的喜好来编，让孩子参与创作。

第二只小羊走啊走，也找到了一片草地，她也看到草地上开着很美丽的花，是紫色的花，在紫色的花里边还有紫色的蝴蝶飞呀飞，整个一片草地都是美丽的紫颜色。第二只小羊在这片紫色的花里玩得真高兴。玩着玩着，她也在紫色的花丛里睡着了。

> 这种重复性的情节带有自然的韵律，辅助孩子调整呼吸并且帮助孩子入睡。

第三只小羊走着走着，也走到了一片草地。她看到那上面开着粉颜色的花，粉色的花很美丽很漂亮，也有粉色的蝴蝶飞呀飞，整个一片草地都是美丽的粉颜色。第三只小羊在这片粉色的花里跑来跑去，玩得特别高兴。玩累了，她就在粉色的花丛里睡着了。

因为这种故事意在辅助孩子呼吸和睡眠，所以会加入一些睡觉的情节。

她们正睡得香呢，天阴了，飘来了一片云彩，下起了瓢泼大雨，把三只小羊全给浇醒了。她们睁开眼睛一看："呀，下大雨了！快回家！"

三只小羊就往回跑，跑回那个岔路口。"咚！咚！咚！"三个脑袋撞到一起，三只小羊全摔倒了，摔得晕晕糊糊的。原来大家都回来了，于是她们就一起往家走。

像这样有趣的情节可以一边讲一边编。

走到半路，雨停了，这只是一场过路雨。三只小羊再回头看她们刚才去过的地方，发现从草地上开始一直到天上再到草地上，有一道特别漂亮的彩虹，有好多好多种颜色，像一座巨大的桥横跨在空中。她们不禁惊呼："哇，好美呀！"

这么美这么大的彩虹是怎么来的呢？她们看了又看，发现彩虹和刚才她们去过的那些草地连在一起。大家说："咱们分头回去找找吧！"于是她们又回到那个岔路口分别去找。

这是符合儿童思维逻辑的想象。在这里他们不需要科学根据，你讲科学原理，他们会觉得没意思。

第一只小羊发现，那一片黄色的草地、黄色的花，发出的光芒照到天上形成了彩虹的一道黄颜色。

第二只小羊找到那片紫色的草地、紫色的花，发现紫色的花发出来的光到了天上，形成了彩虹的紫颜色那部分。

第三只小羊发现粉颜色的草地和粉颜色的花也是这样，它们的光到了天上，形成了彩虹的粉颜色那部分。

啊！原来天上的彩虹和地上的花的颜色是这样形成的。

三只小羊特别高兴，又回到岔路口，然后一起往家里走。在路上，她们一直议论着这件事情：

"我发现了彩虹黄颜色的光是我的黄花向上送上去的！"

"我发现彩虹里面紫颜色的光是我的紫花向上送上去的！"

"我发现彩虹里面粉颜色的光是我的粉花向上送上去的！"

啊！原来彩虹里的颜色都是我们的花向天上送上去的呀！

> 这里也可以编成天上的光让花改变颜色。如果在白天讲这个故事，可以讨论一下。但作为睡前故事，就不要与孩子讨论了，越讨论越清醒，遑论睡觉了。

≈ 三只小兔子 ≈

三只小兔子一起出去采蘑菇。她们提着小篮子，到了一片森林里，看到好多好多蘑菇，各种各样的蘑菇：有白白胖胖的"纽扣"蘑菇；有长得像喇叭一样的"喇叭菌"；有撑着一把小伞的"黄伞菌"；有顶着蒜头一样脑袋的"鸡㙡"；有穿着蕾丝裙子的"竹荪"；还有松茸、茶树菇什么的……大大小小的蘑菇，既有长在地上的，也有长在树干上的。

> 女儿给出三只兔子的"命题"，老妈赶紧脑筋急转弯，给三只兔子找事情做，还要急中生智，想出挫折、矛盾和解决方案来，又不能太复杂，让当时仅五岁的孩子能够理解。而且讲述还要流畅，别让孩子听出来卡壳……对于初学者来说，做到这一切，真够不容易的！

看到这么多蘑菇，小兔子们乐坏了，就拣自己喜欢的采。采啊采，她们把三只篮子都装得满满的。三只小兔子忙了大半天，都困了，就躺在大树底下睡着了。

> 睡觉的情节来了。

她们醒来以后，发现三只篮子摆在一起，三只篮子都是其中一只小兔子的妈妈给编的，都长得一模一样，现在，她们看不出来哪只篮子是谁的了！

　　三只小兔子吵了起来："这只篮子是我的，里面有最大的白蘑菇！""那只篮子是我的，那里面有特别好吃的松茸！""不对！这只篮子才是你的，这里面有你妈妈最爱吃的茶树菇！"她们翻来覆去地吵着，一会儿说那个是我的，一会儿说这个是你的……吵着吵着，大家都哭了。

> 这是典型的孩子面对冲突的反应，尤其是牵扯到自己心爱的物品时，"最大的""最好的""我们家的"，等等，都是争夺的理由。

　　吵累了，哭够了，第一只小兔子说："咱们别吵了，想想办法吧。"

　　第二只小兔子觉得那些蘑菇都像是自己的，就把三只篮子都给拿走了。

　　第三只小兔子追上她，拉着篮子说："你别把篮子都拿走啊，我有好办法了！"

　　第二只小兔子停了下来。大家都看着第三只小兔子。

　　第三只小兔子拿起一个篮子，"哗"的一倒，就把这些蘑菇分成三份；接着倒第二个篮子，也把里面的蘑菇分成三份；然后倒第三个篮子，还是把里面的蘑菇分成三份；最后，第三只小兔子给三个篮子里都重新装满了蘑菇，她分得非常均匀，每只篮里都有大蘑菇，都有松茸，还有茶树菇，不多不少，搭配得非常好。

> 这个故事原来的版本是三只兔子，为了这本书，我又改编成四只兔子，收进"气质类型故事"里（213页）。四只兔子面对难题有不同的反应，也有不同的解决方案。这个故事还可以当作治愈系故事来讲，鼓励孩子和平解决争端，合作分享。

　　最后小兔子们高高兴兴地拎着蘑菇篮子回家了。

〜 三朵小花 〜

有三朵小花，一朵红花，一朵紫花，一朵粉花。

有一天，是特别明朗的晴天，太阳照着很舒服，很温暖。红花、粉花、紫花都在晒太阳。

一只小蝴蝶来了。他飞到每一朵花那里去问好，一边唱着歌，一边跳着舞：

"亲爱的红花，

早上好，

空气多清新，

太阳多美妙。

跳跳舞唱唱歌，

一起玩真快活。"

> 这一类在故事中反复咏唱的儿歌，可以根据需要来编词，最好配上曲调，唱给孩子听。

红花很高兴，也伸展着枝叶跟小蝴蝶问好：

"亲爱的蝴蝶，

早上好，

空气多清新，

太阳多美妙。

今天真温暖，

咱们一起玩。"

小蝴蝶也很高兴，又飞到粉花那儿去问好，一边唱着歌，一边跳着舞：

"亲爱的粉花，

早上好，

空气多清新，

太阳多美妙。

唱个歌跳个舞，

一起玩真舒服。"

粉花很高兴，也舞动起枝叶向小蝴蝶问好：

"亲爱的蝴蝶，

早上好，

空气多清新

太阳多美妙，

天空这么蓝，

咱们一起玩。"

小蝴蝶更高兴了，又飞到紫花那去问好，一边唱着歌，一边跳着舞：

"亲爱的紫花，

早上好，

空气多清新，

太阳多美妙。

跳个舞唱个歌，

一起玩真快活。"

紫花的头耷拉着，叶子也蔫蔫的。紫花刚一张嘴，就打了个大喷嚏！小蝴蝶吓了一跳："亲爱的紫花，你怎么啦？"

紫花说："我感冒啦，头疼。"

小蝴蝶很着急："那怎么办呀？"

紫花说："我需要一些水，我喝了水就能好啦。"

> 这是我最早编的故事之一，可以看到，非常简单，几乎没有什么情节，就是一种温馨美好的感觉，孩子却很喜欢，带着这种美好入睡。相信读者朋友们都能编出一箩筐类似的故事来！

小蝴蝶就说："那好吧，我去帮你找水。"

然后蝴蝶就往天上飞去，越飞越高，越飞越高，因为蝴蝶看见天上有一朵白云。

小蝴蝶飞到了白云那里，说："白云哥哥啊，我的一个朋友，一朵小紫花，她感冒啦，需要喝很多的水才能好，求你下一些雨给她吧。"

白云说："好吧。"然后把雨下下来了！

喝了水以后，小紫花就精神啦，也对小蝴蝶唱起了歌：

"亲爱的蝴蝶，

早上好，

空气多清新，

太阳多美妙。

我的病好了，

真心感谢你。"

两只小狐狸

在森林里，住着狐狸一家，家里有两只小狐狸，狐狸姐姐和狐狸弟弟，姐姐是紫颜色的，弟弟是红颜色的。姐弟俩经常去森林深处玩，那里有很多很多好玩儿的"宝藏"。

> 这个故事的主题是孩子出的，狐狸的颜色也由孩子选定，女儿选了紫色，儿子选了红色。虽然现实中我的两个孩子是兄妹，但有一阵子女儿非常想当姐姐，就安排狐狸为姐弟了。后来女儿和我一起把这个故事画了出来。

有一天，姐姐和弟弟又去森林里玩。他们一边走，一边采采花儿呀，追追蝴蝶呀，看看树啊，和小松鼠玩捉迷藏啊。他们一路走，一路跑，一路跳，还到他们藏着"宝藏"的几个树洞和地洞那儿检查一下，宝藏是不是还在。

> 孩子们经常收集一些我们大人不屑一顾的东西，当作他们的宝藏收藏起来，甚至相信这些宝藏具备魔力。

这些宝藏有香香的松塔、小小的橡子、晒干的鲜花，还有他们精心拣来的各种美丽的小石子，上边有奇特的花纹，据说在月亮最圆的晚上，把这些石子在地上摆成七角星的形状，它们就会变成真正的宝石。但是每次月亮最圆的时候，姐弟俩都在家里睡觉呢，所以这件事情还没有办成。

走着，玩着，他们肚子饿了要回家。但是，突然发现，他们怎么也找不到回家的路了。原来，他们迷路了，回不了家了。

他们又困又饿，在大树底下睡着了。

> 睡前故事都有的睡觉情节。

睡了一觉，两只小狐狸醒来的时候，看见有两只蜻蜓在他们身边飞。他们觉得这两只蜻蜓身上的花纹很漂亮，也就忘了迷路的事，跟着这两只蜻蜓玩起来。

蜻蜓在前面飞，他们在后面追，飞着飞着，追着追着就走出了森林，找到了回家的路。

狐狸姐弟觉得有些不可思议，就又仔细地看了看那两只蜻蜓，原来那不是蜻蜓，是花仙子！漂亮的衣服像是蜻蜓身上的花纹，透明的羽翼像是蜻蜓身上的翅膀。如果不认真看，就以为这是两只蜻蜓呢。噢，他们知道了，原来森林里真的有花仙子！

> 让孩子相信，每当他们遇到困难或者心灵"迷路"的时候，会得到神灵世界的帮助，这对他们来说是一种极丰富的滋养。

两只小狐狸跟花仙子交了朋友，以后去森林玩，每当找不着回家的路的时候，他们就趴在大树下睡觉，醒来时花仙子就会出现，给他们带路。

≈ 三只海豚 ≈
作者：尼克

在辽阔的大海里边，有三只海豚，他们是好朋友，他们天天在海里游玩。这片大海靠着一座高山，山特别高，从海里往上看非常壮丽。海豚们很想登上山顶看一看，但是他们只能在海里边生活，没办法上山啊！

山脚下是一个港口，三只海豚经常会去那里玩。港口停靠着很多大轮船，大轮船都装着很多货物，卸货的时候常常要请直升机来帮忙。看到了直升机，三只海豚就想了一种办法：让直升机把他们带到山顶上去。可是海豚是离不开海水的呀，直升机怎么样才能把他们带到山顶上呢？

> 这三只海豚是不是很有创意？谁能把海豚和直升机联系到一起呀？海豚怎么才能坐上直升机呢？小朋友都想知道答案。

三只海豚继续想办法。他们采集了好多海藻啊、海草啊，编了一只大大的箱子。箱子编好了以后，又在里边盛满了海水，还盛满了他们需要吃的东西。

然后三只海豚就游到港口那儿，找到一名直升机的驾驶员。他们送给驾驶员很多海鲜，说："我们把这些海鲜送给你，你可不可以把我们带到山顶去，看看山顶的风景？"

> 用对自己有意义的物品去交换，也是儿童惯常理解的社会交往手段。

驾驶员怎么也想不明白海豚怎么可以上山啊！三只海豚告诉他："我们编了一只大箱子，箱子里有海水，有吃的，你只要开直升机把我们吊到山顶看一下风景，再把我们带回来，就行了。"驾驶员看到有这么多美味的海鲜，觉得挺划算的，就说："好吧。"

驾驶员就开起直升机，从海里把海豚箱子吊起来，往山顶上飞。飞呀飞，终于飞到山顶了，驾驶员告诉三只海豚："到了。"三只海豚很奇怪，说："我们怎么还看不到山顶的风景啊？"这时候他们才发现：原来编箱子的时候忘了开窗户！没窗户，什么也看不见！三只海豚说："那咱们只好回去吧。"

> 这是最搞笑的情节，每次我听到这里都会笑懵了。

这个直升机驾驶员是个马大哈，吊箱子的钩子没挂好，脱环了，他也没注意，三只海豚的箱子"扑通"就掉到山上了。山上刚好有一个湖，但里边都是淡水，海豚怎么能够在淡水里生活呢？原来，因为这驾驶员经常丢东西，前天他卸货的时候，刚好把一大箱子的海盐也掉到湖里了，所以这湖水跟海水差不多，海豚在里边还能游来游去的。

> 当爸爸的信马由缰地编着情节，在孩子们的不断追问下，煞费苦心地自圆其说。

三只海豚在湖里很着急："怎么办啊？这是一个湖，我们游不出去啊。"

> 我先生是火相的，行动力强，故事里都是动词。他编的故事老让孩子们笑，笑得睡不着觉。

第二天，山上的森林起了大火，这些直升机又都来救火了。他们用了很大的桶到湖边来盛湖里的水浇到火上。盛着盛着，三只海豚看到机会来了，就钻进了那个直升机驾驶员要盛水的大桶里，对他说："我们得回家去。"

直升机驾驶员就用这种办法把海豚救出来，放到一条河里，让他们顺着河游回了大海。

三只小鸡过河

有三只小鸡出去玩，走到一条小河边。三只小鸡很想到河对岸去玩，但是小鸡都不会游泳，河上也没有桥，没法过河。怎么办呢？

> 女儿出三只小鸡的命题，老妈奉命编故事，想到鸡不会游泳，就难为它们一下吧！

这时候，河里边游来了三只小鸭子。三只小鸡对三只小鸭子说："请问能不能来帮帮忙？我们想到河对岸去玩。"

三只小鸭子说："可以呀，我们可以帮你们呀。"

怎么过河呢？大家开始想办法。其中一只鸭子说："我见过有的人是坐船过河的，咱们造船吧，造一条能让三只小鸡过河的船。"

用什么材料造船呢？大家举目四望，看到岸边有很多石头，不知道用石头来做船行不行呢？

> 讲到这里，往往孩子也会帮你想办法。你也可以顺着孩子想的办法，继续往下编。

说干就干，他们找了一堆石头来，放在河里造船。石头往河里一放，还没造船呢，就全沉下去了，站在石头上的小鸡也险些落到水里！大家都吓了一跳，手忙脚乱地把小鸡拉上来。"哎呀，原来石头不行啊！石头做不了船。怎么办呢？"

另一只小鸭子说："要不然，用土块儿吧？石头太重了，会沉到河里边。土块儿比石头轻，应该可以的。"他们拿土堆了一只船，然后放到河里边。这次他们聪明了，先试一试，小鸡没站上去。土船搁到河里边，被水泡了一会儿就烂了，船垮了。他们发现土也不行。

> 这个故事也是一边讲一边编的。随着孩子的年龄和经验的增长，这些情节可以不断地增加，每次讲都有新的内容。

第三只小鸭子又想了一种办法，说："我知道树叶是漂在水上的，咱们用树叶吧，树叶肯定不沉。"他们马上就弄了一堆树叶，大家一起编呀编呀，编了一只船，编得可漂亮了！

船编好了，小鸭子又站上去试了试，但是他们太沉了，树叶经不住他们的重量，一上去树叶船就散了。怎么办呢？

> 这里又有重复的情节，带有天然的韵律。

后来他们又想了好多办法,每次船造好了,都先让小鸭子上去试一试,因为小鸭子不怕水,如果船沉了他们也没事儿。但是这些办法都失败了,没有一样能成的。

眼看天色晚了,三只小鸡和三只小鸭子都必须回家了,不然他们的爸爸妈妈该着急了。于是大家商量好,明天再接着想办法。

他们都回家好好睡了一觉。

> 睡眠对于解决问题至关重要,给孩子一个小小的暗示。

第二天,三只小鸡又来到河边。三只小鸭子很早就在那里等着他们了。他们在一起琢磨了好久,在岸上走来走去,看看到底有什么材料可以造船,最后大家都发现,树干和树枝都是在水上漂着的,无论多粗的树枝都不会沉到水里。他们高兴极了,大家分头去找,收集了很多树枝和树干,又一起编呀编,编成了一只船。

编好了以后,又是让三只小鸭子先站上去试一试。呀!真好!船在水里漂得稳稳的。三只小鸡也站上去,没事儿,船很结实!就这样,三只小鸭子把三只小鸡护送到河对岸去了。

≈ 三只小狗和水晶球 ≈

三只小狗是最好的朋友,一只紫狗,一只粉狗,一只绿狗。

一天,他们又聚在一起玩,粉狗带来了一只水晶球。这只球可漂亮了,小狗们都特别喜欢,你传给我,我传给你,水晶球在青翠的草地上滚来滚去,闪烁着太阳的光芒,散发出彩虹的颜色,映照在小狗的身上,让他们也变得五颜六色了。

> 这又是我女儿出的题目,包括狗的颜色、玩的是水晶球,都是女儿确定的。

后来,紫狗使劲儿踢了一脚,那只水晶球飞快地滚啊滚啊,小狗在后边使劲儿地追啊追啊,还是追不上。眼看着水晶球滚到一个树洞里去了,他们到跟前看,原来是一个很大很深的树洞,从外边看不到里边有什么，水晶球也不见了踪迹。粉狗一下子急哭了，这只水晶球是爷爷送给她的生日礼物，是爷爷的爷爷送给爷爷的，特别珍贵。那是她最心爱的宝贝，平常舍不得玩，只拿出来跟最要好的朋友分享。要是丢了，可怎么办呢？看到粉狗哭了，大家很心疼，也很着急，是啊，怎么办呢？

> 无论什么故事，都可以加入一些困境，曲折的情节对孩子很有吸引力，因为他们每天的生活也会遇到"难题"，尽管对成年人来说可能小事一桩，但对孩子来说却是天大的事，如何解决问题呢？故事知道怎么办。

那只绿狗胆子最大，他自告奋勇，钻进洞里去找。

绿狗进去了好久好久，总也不出来，另外两只狗在洞口那儿等得特别特别着急：怎么回事呀？绿狗怎么还不出来呢？他是不是在里边迷路啦？或者洞里有魔鬼把他吃掉了？不然就是他找不着那个球啦？是不是出不来啦？紫狗和粉狗想了好多好多场景，越想越担心，粉狗又要开始哭了。

> 这里大家可以继续编下去。我先生编过好多这一类意识流的故事，并且经常用孩子爱玩的玩具来编，孩子更觉得亲切，更能激发孩子的想象力。

忽然间，听到绿狗在他俩身后叫。紫狗和粉狗回头看看，又惊又喜："咦，你出来啦！你怎么出来的呀？"

绿狗说："这个洞可有意思啦，可长啦！我一直在里边找啊找啊找，找到了水晶球，但它还是一直滚呀滚呀滚，我就跟着水晶球，跑啊跑啊跑。当我出来的时候，发现我在你们身后，原来这个洞就是围着这片地绕了一个大圈儿！里边还有好多好看的好玩的，我因为只顾着追咱们的水晶球，都没好好看。咱们一起进去玩好不好？"

于是三只小狗高高兴兴地进洞里探险去啦！

> 洞里有什么新奇的东西呢？且听下回分解。第二天可以继续和孩子一起编"树洞探险记"。

∽ 马鸭赛跑 ∽

创意 / 尼克

编写 / 小巫

> 成人会觉得这是很无厘头的故事，马和鸭子是完全不搭界的动物，根本就不在一起玩的。但是孩子们不这样认为，他们觉得谁和谁都可以一起玩。

在一个农场里，生活着很多动物，有牛，有羊，有马，有鸡，有兔子，还有鸭子。农场很大，平时牛和羊就放养在山坡上吃草，鸡住在鸡舍里，兔子住在兔窝里，白天也出来吃草。主人骑着马到处走，照看这些动物。

> 详细的描述可以帮助孩子在内心形成画面。去过农场的孩子借此巩固记忆，没去过农场的孩子借此发挥想象。

农场的山坡脚下有一条小河，鸭子就养在这条小河里。因为经常载着农场主过河，两匹马跟两只鸭子结成了好朋友。休息的时候，马就来到河边吃草、乘凉，这两只鸭子就上岸来，跟马在一起玩。

有一天，他们决定举行一场比赛。

为什么马要跟鸭子比赛呢？因为，有一次，他们在一起聊天，马说他们跑得快，鸭子却说他们比马更快，马当然就不服气啦，他们觉得很可笑："怎么可能呢？你们更快，我们更慢？我们马多强壮啊，块头那么大，跑起来四蹄生风；你们鸭子个头小，走起路来摇摇摆摆的。我们迈一步你们就得追半天。"

> 精彩开始啦！这是出其不意的转折。

鸭子则反驳说："我们速度也很快！别看你们会跑，我们可是会飞。你跑不过我们，我们飞得比你们快。连人都知道，在天上飞的比在地上跑的快！"

大家争来争去，马说："我们快！"鸭子说："我们更快！"马说："我们一天能跑过10个山头！"鸭子说："我们一口气能飞越3个城市！"马说："10个山头比3个城市大多了！"鸭子说："一个城市就能装下20个山头！"

他们就这么吵了一整天，吵得不可开交。

> 用孩子争吵的方式和争论的逻辑，妈妈们还可以继续发挥。在模仿语气时记住，马是火相的，思路清晰，说话干脆利落；鸭子是风相的，嗓门大音调高，吵吵嚷嚷。

大家最后决定："那咱们赛跑吧。"怎么赛呢？大家又争了起来。马认为和鸭子比赛飞不公平，因为它们没有翅膀，飞不起来。鸭子则说跟马比赛跑步也不公平，因为鸭子并不擅长在地上走。

又是大半天过去了，他们依然争执不下。

最后他们决定去请农场里德高望重的老黄牛来进行裁夺，到底怎样开展这场比赛。老黄牛认真听取了马儿铿锵有力的陈述，也听取了鸭子们叽叽嘎嘎的争辩，闭上眼睛沉思，一边思考一边咀嚼着。

> 出现了智慧而权威的形象。老黄牛同时还代表了公平合理，给孩子安全感。

好半天过去了，马儿和鸭子们都等得有些不耐烦了。老黄牛突然睁开眼睛，慢吞吞地说："既然马儿认为他们跑得很快，鸭子认为他们飞得很快，你们不妨换一种方式，你用我的方式来走，我用你的方式来走，就是说马必须飞，鸭子必须跑，看谁更快。"

大家都愣住了，没想到老黄牛会出这么个主意。这可太困难了！谁听说过会飞的马和健跑的鸭子呢？

> 黄牛是水相的，稳重、沉缓、值得信赖。而且一旦拿出创意，肯定一鸣惊人。

但是既然请老黄牛做裁判，就必须听从他的。分手时，鸭子还在那里咋呼："我们鸭子肯定比你们马跑得快！"马也不屑地回嘴："我们马肯定比你们鸭子飞得快！"

> 赌气嘛。孩子在斗嘴的时候，一般不考虑现实。

然后他们就回去想办法。鸭子当然知道他们自己那两只短短的脚肯定跑不过马。怎么办？怎样才能跑得更快？

马也发愁啊：我们怎么飞呢？又没长翅膀。

> 可以让孩子参与讨论，给动物们出出主意支支招。无论是什么提议，都不要给予否定。

马和鸭子都各自去想办法，忙碌了好多天都没在一起玩，即使互相见了面也不多说话，怕对方知道自己在打什么主意，怕他们把自己的好主意抢走了。

> 竞争破坏友谊，但如果不是当作治愈系故事来讲，这就不是重点，不要过分强调。

鸭子们在找办法的时候，溜达到农场主的院子里。他们看到农场主的自行车，突然灵机一动：我们都看到过他骑自行车走的时候很快！于是他们就找农场主借了自行车。

马呢？他们也想起来农场主那里有热气球！热气球不就能飞嘛！于是他们就去把热气球给借来了。

马用热气球飞，鸭子用自行车跑。比赛开始了！

∽ 小猫咪闯世界 ∽
作者：于淑芬

在一个小山村里面，绿树环山，阳光很暖。有一个小女孩住在这个小山村的小房子里面。这个小房子是黄色的，用长长的茅草盖起来的，很美。

> 于淑芬：一般讲故事的时候，要描述一下环境。对于小小孩子来说，自然的美才是真正的美。这种美能够进入孩子的身心，让孩子得以体会那种温馨、美好。

有一天，小女孩去山上挖野菜，回来的路上发现了三只小猫咪。他们真可爱啊,有一只黑色的,有一只是黄色,还有一只是白色的。黑色的是妈妈,因为她长得最大了。他们好像好久没有吃饱了吧,肚子瘪瘪的呢。

小女孩就把他们领回了家,她喂他们吃菜团子、喝粥,还去池塘给他们抓鱼吃呢。很快他们就变胖了。慢慢地小猫咪又多了五只,他们慢慢地长大。

> 于淑芬:这样的场景就像我小时候经常碰到的事情一样,很真实。朵朵听着故事,把自己当成了山村里的小女孩,体会着小动物因为自己的爱护而能够长大所得到的满足感、成就感。

有一天,一只小黑猫要告别大家了,他说自己要出去闯世界。大家跟他告别,并祝福他快乐。

过了两年的时间,有一天,一只很大的黑猫来了,大家都认出他原来是那只离家去闯世界的小黑猫呢。他走进来,说:"伙伴们,我回来了!我给你们带了礼物。"大家都等着那个美丽的礼物。结果呢,黑猫走到了旁边,他身后是十只小小黑猫哦!他说:"这就是我带给你们的礼物啊!"

> 小巫:这个故事很平实,但是能给小小孩带来平和甜美的情感。而最后那十只小小黑猫的出现,应该会让孩子睡梦中都发出甜笑呢。

大家高兴得跳起舞来!

≈ 鸽子和天鹅 ≈
作者:于淑芬

> 于淑芬:在幼儿园或者学校,孩子们肯定会遇到一些问题,需要相互帮助。在朵朵进入学校后,我编了这个故事,期待孩子们之间有纯真的友爱,在共同完成任务的过程中自然地发展那种情谊。

在一片深蓝色的大湖边上,有一片丛林,那里有很多的绿草,还有很多鲜艳的花朵、彩色的石头。草里边有两所小房子,住家是两家邻居：一所小房子里住着鸽子一家，另一所住着天鹅一家。他们两家总在一起玩。

鸽子家新出生了一只小鸽子。而天鹅家呢也有一只漂亮的小天鹅出世了。他们俩摇摇摆摆地一起玩，一起吃草，一起唱歌，一起玩水。一天又一天，他们身上的绒毛渐渐褪去，他们就要长大啦。

有一天，鸽子爸爸把小鸽子叫过来，递给他一封信，说："亲爱的宝贝，请你把这封信交给大山那边的奶奶吧。你要飞过这个大湖，然后飞过那座山，然后找到一片开着蓝色花的草地，你会看到一个黄色的茅草房子，奶奶家就在那儿。"

小鸽子点点头，把这封信绑在了自己的腿上。他心里很高兴，他还想和好朋友天鹅一起去做这件事情。于是他就去找天鹅。小天鹅也答应啦。

于淑芬：对于大孩子来说，故事有点难度，是能够吸引他们的。如何克服困难，就像鸟儿们一样？故事中鸟儿的执着和坚持，能为孩子们积蓄起坚韧的精神力量。

他们俩一起飞，飞，飞，飞过了大湖，又向山那边飞。突然间狂风暴雨来了，他们仍然努力飞。天鹅的翅膀很大，他让小鸽子趴在他的后背上休息，然后继续朝前飞，边飞边互相鼓劲儿。终于，乌云慢慢散去，太阳露出了笑脸，两个好朋友的羽毛也慢慢变干，飞得越来越轻松啦。

他们飞过了大山，继续往前飞。慢慢地，他们看到了一片绿色的草地，上面开满蓝色的像绣球一样的花丛，也看到了一个尖顶的黄色的茅草屋。小鸽子和小天鹅高兴极了，缓缓地落下来，来到了茅草房前，有一位老奶奶正坐在门口打瞌睡呢。

老奶奶听到了他们的脚步声，睁开了眼睛："哦！亲爱的宝贝，你们终于来啦！快来吧！"

小鸽子把那封信交给了奶奶。奶奶拆开了信，那上面画着一颗心，还写着"Kiss"。原来这封信是这样哦！奶奶把两只漂亮的鸟儿搂在怀里，亲了又亲。

> 于淑芬：这个圆满开心的结局，让孩子在睡前体会到温馨的爱意，能够给孩子心灵的滋养，足以让孩子们安然入睡了。

他们俩完成了这个任务，在奶奶家吃了很多好吃的，玩耍了几天，就飞回家啦！

≈ 茶丽梦中的小猫 ≈
作者：于淑芬

茶丽是个小姑娘，她养了一只漂亮的小猫咪，这只猫咪有一双蓝色的大眼睛，茶丽给她取名叫"蓝眼睛"。每天晚上她们都一起玩耍。晚上睡觉的时候，蓝眼睛会趴在茶丽的背上，非常的舒服。

> 于淑芬：编写故事最重要的一点是要根据孩子的特质。朵朵是一个想象力丰富，又很有创意的孩子。如果故事平淡无奇，就不能够吸引她。故事中主人公多为女孩，也是她的投射。

忽然有一天，蓝眼睛不见了。茶丽找了很多地方，都没有找到她。晚上，茶丽躺在床上，她很想念蓝眼睛，茶丽哭了，哭着哭着慢慢地睡着了。

有一天，是茶丽的生日，她举办了一个生日聚会，邀请了所有的好朋友来参加。大家都带来了很漂亮的礼物，茶丽非常高兴。唯一遗憾的是，蓝眼睛不在自己的身边。

忽然间，茶丽听到大家的惊呼声。她睁大眼睛，发现有一只穿裙子的小猫咪，戴着高高的厨师帽，穿着一双长长的靴子，姿势优雅地走来，手里还托着一个大盘子，盘子里面装满了美味的糕点和饮料。

> 于淑芬：故事中可以增加一些出其不意的情节，会让孩子感到欣喜、满意、满足感。

哇，竟然是蓝眼睛！难道她去学厨艺了吗？茶丽不禁想着。她又高兴又兴奋，冲上去搂着蓝眼睛。

蓝眼睛姿态优雅地为每一个客人送上了美味的食物，朋友们都非常开心，品尝着美味更是赞不绝口。茶丽真的是高兴极了！

> 于淑芬：在孩子眼中，万物有灵，人与动物的内心和行为是相通的。关注自然与和谐，也是这个故事要传达的含义。

蓝眼睛回来了，还学会了做糕点。茶丽真的好幸福啊……

茶丽听到了外面的鸟叫声，她睁开了眼睛，哦，原来是做了个梦啊！她习惯地摸了摸后背的被子，哦，蓝眼睛正眯着眼睛睡觉呢。

原来，蓝眼睛不光出现在茶丽的梦中，而且它真的回到茶丽身边来了！

女王和拇指姑娘
作者：于淑芬

> 于淑芬：有一段时间，朵朵非常喜欢公主、国王、王后等城堡内的故事。或许那个梦幻中的城堡给了孩子很多遐想吧。给大孩子讲些情节稍微复杂的故事，可以满足孩子的好奇心。

在一座高高的山上，树木环绕之中，有一座美丽的城堡。城堡里有一位女王，非常漂亮，非常善良，非常有爱心。她每天晚上都会坐在躺椅上，抬头欣赏满天的星星。

有一天，当满天的星星开始闪闪发光的时候，女王突然发现，有一颗闪亮的流星飞驰而下，天空中留下一道长长的弧线，她惊呆了。

更让她感到惊奇的是，她的手心里落着一位可爱的拇指姑娘。小姑娘也惊讶地看着她,然后突然"哇"的一声哭了起来。

"我是不小心掉下来的,我不小心掉下来了。"

女王也定了下神,连忙问道:"哦,可爱的姑娘,你是谁?从哪里来呢?"

"我是天上的星星,刚才我在天上翻跟头,不小心,就掉下来了!"

> 于淑芬:这个情节充满了神奇,也是为了满足孩子对未知世界或者梦想成真的渴望,因此故事中增加一些现实中不可能发生的情节是必不可少的。

"哦!太神奇了!不过,我非常欢迎你。但是,你怎么会是星星呢?你真的是星星?"

"是的。你看看你的衣服就知道了。"

女王赶紧低头看自己的衣服,突然间,她发现自己的衣服上到处都是星星的闪闪的光芒。真的是呀!

女王高兴地笑了。她邀请拇指姑娘去参观她的宫殿,并邀请她吃城堡里面的好吃的,比如巧克力啦、奶酪啦、美味的汤啦……吃啊吃,拇指姑娘浑身都沾满了美味的巧克力和奶酪。拇指姑娘从来没有吃过这些东西,她觉得太过瘾了,太高兴了,就从口袋里拿出了一颗种子,种到了女王的花园里。

拇指姑娘想家啦。她要求女王用两只手轻轻地摇晃,这样她就能回家了。

女王将信将疑,双手捧着她,轻轻地摇晃起来,"嗖"的一下,小姑娘变成了一道弧线不见了。原来她回到了星星的家。虽然女王有点遗憾,但是从那以后,小姑娘会时不时地"掉"下来,到女王的城堡里做客。

女王几乎每天晚上都会和拇指姑娘见面,她们一起玩游戏,吃甜点,非常开心。

但是,有一天,狂风大作,下起了大暴雨。女王非常担心:拇指姑娘今天不会来了吧?外面下着雨,天空中就不会有星星了吧?

女王坐在窗前,忧愁地向外望着。

> 于淑芬:故事中应该有一些曲折,才能吸引孩子,才会满足孩子的好奇心。尤其是发生了令人担心的事情,但是仍然有完美的结局,会让孩子相当满意。

"哗,哗,哗",暴雨刷洗着城堡的窗户。在一片嘈杂声中,女王隐约听到窗子上有"咚咚咚"的声音,她仔细一看,哦,原来是拇指姑娘呢。她披着一件斗篷,手里还拿着一把雨伞,头发都湿透啦!

女王赶紧打开窗子,让拇指姑娘进来。

拇指姑娘来到了女王的房间,抖了抖头发上的雨水,突然间打了个大喷嚏!她感冒啦!

女王赶紧拿来了大毛巾,给她擦干,然后就带她围坐在壁炉那里,红红的炉火烤得大家浑身暖暖的,真舒服呀!拇指姑娘说,她在狂风暴雨中努力地飞呀飞呀,终于来到了这个城堡。她们一起喝咖啡、讲故事、唱歌,拇指姑娘给女王讲她那个星球的故事,据说那里有一种五彩的石头,而且石头还会唱歌呢!

早上天刚亮,女王就听见窗外有很多鸟儿在叫,她赶紧起床来到院子里。哦,天哪,她看见了什么?一棵大树!是拇指姑娘种下的那颗种子发了芽,长成了一棵大树,树上结满了果实。

> 小巫:种下种子长成大树并结满果实,这就是生命奇迹般的力量,这种图景赋予孩子美好的憧憬和坚实的安全感。

女王对着这棵树许了一个愿望——想要一个漂亮的公主。有一天,她的愿望实现啦,她生了一个金发飘飘的女儿!

> 小巫:还有什么比梦想成真让人满意的呢?种子的细节在前面埋下伏笔,在这里带来了令人惊艳的故事结尾。可见淑芬编故事很用心,绝不是随意为之。

∽ 漂亮女孩和两个小可爱 ∽

作者：于淑芬

在一条小河旁，住着小鸡一家。鸡妈妈把家安在一片绿油油的草丛里面，暖暖活活的，因为她要孵小鸡了。经过漫长的几十天，小鸡们破壳而出。可是，奇怪的是有两个鸡蛋始终没有动静，只是稍稍地变大了些。鸡妈妈都觉得奇怪呢。

> 于淑芬：这是幼儿园阶段的一个故事。故事中的小女孩肯定是朵朵啦！那个时候从奶奶家拿来两只小鸡，只可惜小鸡很难养在楼房中，最后还是被送回来奶奶家。这个故事也因此应运而生。

有一天，从树林里来了一个漂亮的小女孩。她长着长长的黑发，穿着小碎花的衣服和裙子，还穿着一双小碎花的靴子，手里提着一个铺着花布的篮子。她很快乐，唱着悦耳的歌。经过小鸡妈妈的家时，她看到了这两个鸡蛋。

碰巧的是，两个鸡蛋突然间裂缝了，"啪"的一下蛋壳碎了。从里面蹦蹦跳跳地出来两个小人儿。这两个小可爱比小矮人还要小得多。

她们俩抬头看看小姑娘，高兴地一下子跳到了小女孩的篮子里。她们说："亲爱的姐姐，带我们走吧。"

小女孩微笑着看着她们，然后挎着篮子走了。

她来到了森林里。这里有一棵非常大的树，在粗粗的树干里，有一间漂亮的大房子。小女孩带着两个小可爱进入房子里。哦，原来小女孩是这里的树神公主哦。

晚上，满天的星星在眨着眼睛。小动物们出来了，森林里响起了清脆的音乐声。树上的灯笼也亮了，好像在和星星比赛。那些灯笼外面挂着很小很小的裙子，在微风中随风飘动。

> 于淑芬：在乡村，满眼的树木以及晚上璀璨的星星，一直是我们所向往的生活。朵朵对这种大自然的热爱和遐想也非常喜欢，这样的故事可以让她感受到自然的和谐与美丽。

小可爱在小女孩的带领下出来了，她们看到了小灯笼，看到了小裙子，很喜欢，就三跳两跳跳到了灯笼上，把小裙子摘下来，穿到了自己的身上。好漂亮呀！

原来，这里每天晚上都有派对呢。是森林动物派对！小可爱们很喜欢这里。她们每天都和森林里的朋友们尽情地跳舞、歌唱。

夜深了，她们回到了小女孩的树房子里，睡着啦！

∽ 汤姆迪托特与塞拉贝尔的天蓝色水晶球 ∽
作者：于淑芬

> 于淑芬：这个故事的标题，是朵朵在关灯之后突发奇想得来的，然后由妈妈来编故事内容，因此标题很复杂。

汤姆迪托特和塞拉贝尔是一对小兄妹，他们生活在一个小村庄里面。因为没有爸爸妈妈，所以他们俩需要自己来动手获得一些食物。每天过得都很辛苦。

> 于淑芬：舅舅家有个小哥哥，朵朵也一直想象自己有个哥哥可以保护自己。因此这个故事也算是圆她一个梦吧。

汤姆迪托特负责上山砍柴，摘一些蘑菇和野果子，然后把它们带到集市上卖掉，获得一些钱，并买一些食物回家。塞拉贝尔负责在家缝缝补补，做一些针线活，比如一些小包包、衣服，然后也拿到集市上卖给需要的人。

兄妹俩家里养了一头牛。这头牛太老了，有一天，老牛把兄妹俩叫过来说："我要走了。我头上的牛角送给你们俩，把它带到西山的山脚下，你们会得到一些好运气。"说完老牛就闭上了眼睛。

> 于淑芬：浓浓的亲情和关爱是独生子女很难体会得到的。我在故事中加入了一头牛，代表忠诚、亲情和爱。

兄妹俩把老牛埋葬了。他们带着牛角来到了西山脚下。这个地方真的好美啊！这里有一棵高大的树，树叶"刷刷"地响着，山下开满了鲜花，还有美丽的鸟儿。

汤姆迪托特和塞拉贝尔在树底下挖了一个洞，要把牛角埋在里面。挖着挖着，觉得下面叮当作响，于是他们俩小心翼翼地把土挪开，发现了一个天蓝色的水晶球。它闪闪发光，耀眼夺目！

> 于淑芬：付出就会有回报，有爱的人一定会有好运气。在故事中增加这种意想不到的惊喜，会给孩子增加很多信心！

兄妹俩埋好了牛角，然后把水晶球捧在手中。突然，水晶球开口说话了："亲爱的汤姆迪托特和塞拉贝尔，我听说你们俩很勤劳，也很辛苦。所以从今天开始，你们可以把你们的愿望告诉我，我就能够帮你实现啦。"

> 小巫：我发现淑芬的很多创意与思路和我的不谋而合，比如水晶球、花仙子、树神公主、月亮的魔力，等等。虽然她用中文讲故事，我一般用英文讲，但童心都是相通的。

兄妹俩很高兴，妹妹说："我希望早晨有一颗热乎乎的鸡蛋吃。"哥哥说："我希望中午的时候能够有一盘新鲜的水果吃。"兄妹俩还一致同意，晚上需要做一个梦，梦里面需要有天使。

水晶球都答应了。

第二天早上，一盘热乎乎的鸡蛋，还有甜美的粥出现在桌子上；中午呢，真的有一盘新鲜的水果出现了；晚上他们俩都做了一个很美的梦，梦里面有一位天使在给他们俩唱歌……

从此他们俩过上了幸福的生活，一起慢慢长大……

> 于淑芬：幸福的结局。这样的故事带给孩子的不单单是梦中的天使，还有更多的心灵慰藉。

≈ 火山与彩虹 ≈
作者：于淑芬

> 于淑芬：这个故事的题目也是朵朵起的。火山和彩虹排列在一起，会是怎样的情节呢？也许孩子的心中真的有这样一幅图景。

在一片森林里住着一位小女孩和她的爸爸妈妈。在这片森林旁边有一座火山。有一天，火山开始喷发出漂亮的火焰。

小女孩正挎着她那漂亮的篮子在森林中行走，一下子就被对面的火山的景色惊呆了。红红的火焰把天上的云彩都染红了，非常美丽。

> 于淑芬：小女孩面对火山喷发，并没有出现紧张、恐惧的情绪，反而产生充满色彩的美的感受。这符合孩子的思维。

突然间，从火山上喷出来一块亮闪闪的东西，一下子就落到了小女孩的篮子里。那是一颗亮闪闪的小星星，黄黄的透亮的颜色，还能照出小姑娘的影子。

"嗨，你好！"一个声音传出来。

小女孩四处望望，没有发现别人啊。

哦，原来是这颗小星星在说话："嗨，你好！我是从火山底下来的。认识你真高兴！"

> 于淑芬：传说天使都是从星星那里来到人间的。星星美丽又神秘，故事中加入星星的元素，能跟星星对话，是多少孩子的向往。

小女孩说："哦，小星星你好！"

有人跟小星星说话，他真高兴啊："咱们交个朋友吧。我很想很想跟你交朋友。"

于是小女孩就把小星星捧在手心，开始跟他说起话来。

小星星告诉小女孩他居住的那个地方的样子：那里有个漂亮的花园，有很多奇怪的树，有奇怪的山，有彩色的水。最重要的是，那里有无数的、各种各样的彩虹：山顶上是圆形的彩虹圈；树上都是小星星样子的彩虹；两座山之间总是有彩虹桥；花朵的露珠上也有漂亮的小彩虹……总之，一切都非常美丽。

> 小巫：火山！彩虹！淑芬真是编故事的能手，她不但以各种细节为孩子出的题目构建起有趣的故事，而且就借着这题目把故事编得更丰富多彩，更梦幻更唯美。

小星星要求去小女孩家作客。于是小女孩就把小星星带回了家。他们一起睡觉，一起讲各自的故事，一起到山上玩，一起追蝴蝶。

过了几天，他们又走出家门，发现天上有一道长长的彩虹，连接着火山口和小女孩的家门口。小星星说："快看，火山已经不喷火焰了，彩虹出来了。它是来接我回家的。你愿意跟我去我的家看看吗？"

小女孩高兴极了！于是他们爬上了高高的彩虹桥，滑落到小星星的家。

在这里，小女孩真的看到了那个漂亮的花园、奇怪的树、奇怪的山、彩色的水；看到了山顶上圆圆的彩虹圈；看到了树上小星星样子的彩虹；看到了山之间的彩虹桥，还有露珠上的最小的彩虹……更好玩的是，小星星的家竟然是五角星形状的：每个角上都是一个小房间，而中间呢，是铺满鲜花的大客厅，里面点满了小蜡烛……哦，真的是太美了！

> 小巫：在火山里面，竟然有这么漂亮的场景，多么美好！能跟着小星星到火山里面去历险，带给孩子的不仅是开眼界、好玩，还有勇敢、友谊和信任。

小女孩选择了一个粉色的角的房间住下来。

> 于淑芬：听到这里，朵朵说："我也要住这个粉色的房间啊。她怎么和我想得一样呢？"

这个地方的很多小动物都来问候小女孩，他们成了好朋友。

从此以后，小女孩也带着小星星和小动物们走过那个彩虹桥到自己家里来玩。小女孩的爸爸妈妈也会给这些朋友们准备他们从来没有吃过的蛋糕、冰激凌，甚至还有很多的"垃圾食品"……

> 于淑芬：听到这里，朵朵又说了："哎呀，我也想吃……"

∽ 小天使的奇妙事 ∽
作者：于淑芬

在天上，有一位美丽的小天使，在她身上有很多奇妙的事情发生。

> 于淑芬：有一段时间，朵朵对天使着迷，因此出了个和天使有关系的题目，同时还要求要有很多奇妙的事情。

比如，她出生的时候，头发是黑色的，但是长着长着，头发变成了金色；长着长着，头发又变成了黄色，然后又变成了绿色，又变成了……

> 于淑芬：头发能够变来变去，的确很奇妙。那个时候朵朵满脑子都是奇妙的事情吧，要不怎么能出这样的题目呢？

粉色……

> 于淑芬：妈妈正在想颜色的时候，朵朵背对着妈妈说："粉色……"

小天使非常不理解：为什么我的头发总是变来变去的，而其他天使的头发就永远是一种颜色呢？她跑去问那些天使。她们每个人都说："因为你与众不同啊，你是独一无二的嘛！"

哦，这个答案对小天使来说很满意。

有一天，小天使正坐在星星上玩耍，突然看到远处有一颗金灿灿的小星星，她就想飞过去看看那颗美丽的星星。可是她不知道怎么过去，就问身边的天使妈妈。天使妈妈悄悄地在她的耳边说："你只要闭上眼说一声'飞'，你就会到那里。"

于是小天使闭上了眼睛，轻轻地说："飞。""嗖——"的一声，就好像脚下有个东西，让她站在上面稳稳的，她睁开了眼睛，发现脚底下有一根魔法棒。她一下子就穿越了太空，飞到了那颗金光闪闪的星星上。哇！好奇妙啊！小天使开心极了。

又有一天，小天使正坐在月亮上睡觉呢，忽然听到哭声。她很好奇，就想知道是谁在哭。哦，原来是地球上有一个小婴儿出生了。小天使很想去看看这个小婴儿。于是她去找天使妈妈，问："我怎样才能到地球上去呢？"

> 于淑芬：这个故事跟孩子的出生有关，让孩子体会她／他是怎样来到这个星球上，本身就是一件奇妙的事情。

天使妈妈告诉她，你可以在一个下雨天等待天晴，那时天空中会出现一道彩虹，然后你就可以沿着彩虹桥滑到地球上去。

> 于淑芬：妈妈相信天使的存在，让朵朵也永远相信天使一直在保护着我们，就像小天使护卫着小婴儿甜美进入梦乡。

于是，小天使就等待着下雨。终于有一天，下雨了，天晴了，一道彩虹出现了。

小天使走到彩虹桥上，坐在上面，轻轻地滑到地球上，来到了那个小婴儿的家里。

所有的人都看不到小天使，只有那个小婴儿可以看到她。而且小婴儿也听得懂天国的语言，小天使说的就是天国的语言。

小天使在小婴儿的耳边轻轻地唱着天国的歌："嗯呐，呦呐，洛拉……"意思就是："可爱的小宝贝，有我陪伴你，我们都爱你……"小婴儿就在梦中笑了。

慢慢地小婴儿会爬了，她每次爬到危险的地方的时候，小天使都会说些天国的语言告诉她："嗯呐，噢噢，咳拉……"意思是：

"可爱的小宝贝，离开这里，那边更好玩呢。"小婴儿就会爬回来。

> 小巫：淑芬不但编着有趣的故事，还创造出了天国的语言。这种丰富的想象力和创造力，能够通过讲故事，潜移默化地作用于孩子的智力发展中。

一天又一天，小婴儿长大了，她会说话了，会唱歌了……大家都说这个小宝贝像天使一样美丽。

每天晚上，小婴儿要睡觉的时候，小天使也会在她耳边说："嗨嗯呐，嗨呦呐，嗨。"意思是："睡吧可爱的小宝贝，天使会来到你的梦里。"

小婴儿甜甜地长大了，而小天使也一直陪伴着她……

月亮石在哪里

作者：于淑芬

在很久很久以前，在一片郁郁葱葱的森林旁，有一个美丽的小村子。村子里的人们非常淳朴、快乐，他们生活得非常幸福。白天，人们在田地里干活，种些庄稼；晚上，就坐在树下聊天。每天晚上都有一轮明月挂在树梢，天空真的好美呀！

村子里有一群年轻人。有一天晚上，在树下聊天的时候，他们中间的一位年轻人对着月亮问："漂亮的月亮啊，你是什么做的呢？"这群年轻人都开始思考了，是啊，月亮这么明亮，到底是什么做的呢？而且有时候它就像弯弯的眉毛，有时候像镰刀，有时候就像一个大圆盘，变来变去的。月亮到底是什么做的呢？

> 于淑芬：思考问题是大孩子的天性，保持好奇心才能促使他们去探寻答案。因此在故事开始时提出一个关键问题，故事就会好玩了。

村里有一位年迈的长者，年轻人有问题，总是去找他，获得一些答案。这个问题也许他知道答案。于是，年轻人就来到了长者身边，问他："月亮是什么做的呀？"长者说："哦，关于月亮啊，我没有办法告诉你答案，这个答案需要你们自己去寻找。"

> 小巫：长者是智慧的象征，而这种智慧在故事中起重要的作用，有启发的功能。

年轻人找来了一艘船，出发了。他们想跟随着月亮的轨迹，去寻找一个答案。他们划着船桨，在浩瀚的大海上航行。月亮一直在照耀着这艘小船，还有这群勇敢的年轻人。波涛汹涌，他们发现海里的月亮随着海涛漂来漂去，真是美极了。

> 于淑芬：寻找答案的过程不是那么一帆风顺的，需要经历挫折、坎坷、困难，只有这样才能体现孩子们所追求的价值感和成就感。

经过七七四十九天的漂泊，年轻人经历了风吹雨打，船儿终于靠岸了。他们发现来到了一个群山叠嶂的地方，山坡上开满了鲜花，还有一群群的鸟儿在飞翔。他们上了岸，来到了这些鲜花中间。有人发现山坡上有一个小洞，洞口很窄，只能爬过去一个人的宽度。但是奇怪的是，洞里散发出皎洁的光，很亮，很美。

年轻人决定进去闯一闯。于是他们挨个儿地往里面爬。哇，洞口虽然很小，但是洞里面却越来越大。他们爬进去了！里面好像很清凉，而且光线非常亮，但是又不刺眼。仿佛是月亮的光！在洞中的岩壁上，刻了很多的壁画，都是有关月亮的：月亮从细细的眉毛，又变成了镰刀，又变成了小船，最后又变成了大圆盘。而且上面还写着很多文字，只可惜这些字太古老了，他们不认识。那些文字仿佛是一幅幅画一样，很好看。

在这些岩壁下面，他们终于发现了是什么在发光。原来，是一些石头，就叫它们月亮石吧。他们很亮，很干净，非常美，拿在手里就好像水晶一样闪闪发光。一个年轻人说："也许这就是月亮石，也许月亮就是它们做成的吧。"他们爱不释手，每个人小心翼翼地拿了一小块发光的石头。他们决定返航了，要把这个好消息带回村子里，让人们都知道，月亮是月亮石做成的。

于是他们又爬出了洞口，回到船上，出发啦！

> 小巫：圆满的答案会满足孩子，也会启发孩子的思考，如何在生活中寻找想要的答案。

爬到树上看天空

作者：于淑芬

> 经常看到这样的景象：小蜗牛在慢慢挪动，四周围着一群年幼的孩子在观看。这个故事适合讲给幼儿园的小朋友听，很符合他们的兴趣。

大森林里开满了五颜六色的鲜花，这里就是小蜗牛的家。

有一只可爱的蜗牛慢慢地从地底下钻出来，慢慢地往上爬，他吸了一口气，啊，好舒服的一天啊。他歪着小小的脑袋想，今天我要去哪里旅行呢？

这时候，从远处飞来了一只小鸟，他扇动着美丽的翅膀。

"小蜗牛，今天的天空很美丽！去看看蓝蓝的天空吧？"

小蜗牛想了想，慢慢地对自己说："哦，那就爬到树叶上去看看蓝天也不错哦。"

于是小蜗牛就慢慢地爬呀爬呀，来到了一棵大树前面。他跟这棵大树可是多年的好朋友了！

大树低头看着可爱的小蜗牛，说："亲爱的小蜗牛，你这么慢，什么时候才能爬上来啊？"

> 高大的树木和细小的蜗牛，自然形成巨大的反差，其中可以发生许多故事。可以按照蜗牛的动作节奏缓缓讲来，情节有一些小的起伏，但又不刺激。这是一个自然故事，也是一个很典型的睡前故事。

小蜗牛抬头看着大树，慢悠悠地说："我会努力的啊。"

大树对小蜗牛说："哦，那你可要坚持哦。"

小蜗牛慢慢地爬到树的一个枝干上，还没有站稳，突然脚下一滑，"咕噜"一下差点掉到地上，多亏大树一伸手就把他给接住了。大树呵呵地笑着说："小心点嘛。"

小蜗牛紧紧地抓住树枝。他对大树说："谢谢你！这次我可要抓紧啦。"

小蜗牛慢慢地终于爬到了一个更高的树枝上。小鸟飞来了："嘿，小蜗牛，你好努力啊！"

突然来了一阵风，风儿一吹，小蜗牛又差点掉到了地上。大树说："小蜗牛，荡秋千的感觉不错吧？再接着爬吧？"

小蜗牛轻声说："是啊，可就是有点累了。先休息下吧。"

他紧贴着一片叶子，呼呼地睡起大觉来。一觉醒来，他睁开眼睛，抬头往上看，发现了点点的星光透过树叶的缝隙流淌下来。哦，好美啊，原来是夜晚来临了。

小蜗牛在寂静的夜晚中，继续慢慢地往上爬。

终于，在一个清亮的早晨，小蜗牛爬到了大树最高的地方，他躺在一片大叶子上，享受着微风，发现了天空中出现的红彤彤的大太阳。

红彤彤的大太阳跟小蜗牛打招呼："早上好，小蜗牛！"小蜗牛说："你好吗太阳公公？"

小蜗牛被风儿吹着，在暖暖的太阳的照耀下，感觉好舒服啊，他伸了个懒腰，有点累了，就趴在了一片叶子上，又香又甜地睡着了。一觉睡到花儿开……他看到了美丽的蓝天。

∽ 蒲公英的梦想 ∽

创意 / 李仁华

改写 / 小巫

明媚的春季，晴朗的天空下，花园里静悄悄的。

> 这是一个典型的自然故事，虽然有拟人化的对话，但是没有脱离自然规律的行为。这种自然故事对于孩子的成长来说十分重要，它帮助孩子认识自然，与自然建立感情联结，也为将来的科学自然课程埋下种子。

暖暖的阳光里，几簇蒲公英花和种子在窃窃私语。她们今天谈论的话题是——怎样去旅行。

蒲公英种子绒绒说："听小燕子说，人间最温暖、湿润、美丽的地方是南方，我好想去南方啊！"

蒲公英种子球球说："可是牛伯伯说了，宽广、辽阔、肥美的北方大草原是人间的天堂,我很想去草原。"

蒲公英花美美感叹道:"你们为什么要离开呢?这里有香香的草,又安全又舒适,我就喜欢和伙伴们在一起。你们要是走了,我会很伤心的。"

一直在旁边盘旋着的小蜜蜂萌萌安慰着美美:"小美美,慢慢地你也会长出白色的翅膀,那时候也会跟朋友们一起旅行的,别难过,现在我会陪着你的。"

一阵风吹过,蒲公英种子们随风旋转,四处飘散……

绒绒和球球睁大了双眼,紧紧地拉着手,既兴奋又害怕地在空中飞舞着,盘旋着。风把她们吹离了原先她们植根的土地,离开她们熟悉的花园,越来越远,越飞越高,渐渐地,她们认不出周围的一切了。

眩晕的感觉令她们兴奋,也令她们疲惫。过了一会儿,她们闭上眼睛,任由风儿把她们吹向不知名的远方。

风小了,绒绒和球球摇摇摆摆地落在一条清澈的小溪中,顺着溪流静静地漂着。溪水清凉清凉的,她们头也不晕了,睁开眼睛看着头顶上的蓝天,还有掠过的树枝、树叶、花朵、小草……

漂着漂着,水流突然打起转来,她们只能在原地转圈圈了。原来是一块巨大的石头挡住了去路,她们在漩涡中转着。

绒绒问:"你是谁?好高大啊,你去过南方吗?我们要去南方应该怎么走?"

球球也问:"你是从大草原来的吗?你知道怎么去吗?"

石头爷爷嗡嗡地回答道:"我住在这儿几万年了,没有去过南方和大草原,只是经常见到来自南方和草原的水滴。放心吧,孩子,会有人帮助你们去到你们想去的地方的。"

> 这块几万年的石头是故事的点睛之笔,具有强大的心灵滋养力量,赋予孩子安全感、使命感和命运感。

这时,一个美丽的小女孩提着木桶来打水浇花,将绒绒和球球一起提走了。小女孩拎着水桶晃晃悠悠地走着,绒绒和球球随着漾出的水花落到了田野里。

人类和自然的关系，温馨而美丽地呈现。

再一次接触到久违而熟悉的土地，这土地又是那么湿润，绒绒不由得兴奋起来："这是哪里啊？难道我们是来到了南方吗？"

球球摸到身边的草，也兴奋起来："看这里都是绿草，也许我们来到了北方的大草原。"

……

这里可以安排一些小动物，如小蜗牛、小蚯蚓，出场继续对话。

阵阵秋风吹过，落叶给大地盖上了一层软软的被子，绒绒和球球困了。

冬雪纷纷扬扬飘落，像是给大地盖了一层厚被子，绒绒和球球睡熟了。

绵绵春雨滋润着大地，蒲公英开始长出新绿的嫩芽。

微微春风拂过，蒲公英开始长大，金黄的花儿开放了。

暖暖阳光中，毛茸茸的蒲公英种子又开始窃窃私语着要去旅行。

头尾互相呼应，生命周而复始，使命也接力延续。

∽ 拉拉的长头发 ∽

作者：艾拉妈

小巫：我在前面讲过：现在的父母都很不简单。他们有自己的优势，虽然年轻，不少人天南海北都去过，编故事时就可以充分利用自身的优势，把自己的经历编进去……艾拉妈就是这样一个典型。更可贵的是，她能够和艾拉一起，把艾拉经历过的事情也编进了故事里，而且做到了不露痕迹！

这是一个快乐的故事，天马行空的编排，行云流水的讲述，妈妈的信手拈来，孩子的会心一笑，让我们同样享受着这故事带来的快乐。当然，最快乐的是讲这故事的妈妈和听这故事的孩子，因为这故事是属于她们的。

拉拉是个短头发的小人，可她最希望自己有一头长长的头发。她特别爱做白日梦，最爱做的白日梦就是自己长了一头长发。

> 艾拉妈：艾拉这一段时间看了动画片《借东西的小人》，对小人特别感兴趣，总是要我给她编小人的故事，这是其中的一个。长头发这一意象，是源于我看到的一个小故事，具体讲的什么不记得了，光记得有个小姑娘希望自己有一头长发，于是就把它编了进去。我们在给孩子编故事的时候，并不需要什么特别的准备，很多材料都可以信手拈来。

　　这一天，太阳公公暖洋洋地晒着森林，小鸟在唱歌，小松鼠在树上做游戏。拉拉坐在树枝上又做起了长发的白日梦。她金黄色的头发"噌噌噌"长了起来，从树上直挂下来，像一道长长的瀑布。小松鼠一看高兴坏了，争先恐后地跑过来，拿它当滑梯，从上面溜下来玩。

　　拉拉的长头发长到地上，又继续长，穿过茂盛的草丛，伸进了森林中的小河。河水清澈见底，好多小鱼小虾在水里游来游去。拉拉的头发突然伸进了河里，在河里继续长，就像突然间长了好多柔软的水草一样，鱼儿和虾子们都乐了，他们在头发里游来游去，把拉拉的头发当成了游乐园。

　　头发穿过了小河，又往森林外面长。森林外面是个小村庄，好多女人在晾衣服。头发在晾衣服的绳子上绕来绕去，就像是一匹金黄色的布，远远看去，漂亮极了。

　　头发穿过了一个小男孩轩轩的窗外。轩轩是个可怜的小男孩，有一次他在跑步的时候跌倒了，腿特别特别疼。从那以后，轩轩就觉得自己站不起来了，所以他每天都躺在床上忧伤地看着窗外。从轩轩的窗口看出去，永远都只是一片蓝蓝的天空，什么也没有。轩轩告诉自己，要是我可以从窗口看到几只小鸟，我就能站起来了。可是很多很多天过去了，窗外还是什么都没有。这时，拉拉的头发从轩轩的窗外穿过，很多小鸟把拉拉的头发当成了树枝，在上面跳来跳去唱着歌。轩轩终于看到了小鸟，他从床上跳起来，高兴地奔了出去。

> 艾拉妈：这时候艾拉插话了："你要讲我。"编故事的时候她总是提这个要求。我相信很多孩子都有这想法，所以妈妈编故事时，可以让孩子加进来，先从给主人公起名字开始，慢慢地让孩子也设计情节。小巫老师的孩子就会指定主人公，这是调动孩子听故事积极性的好办法。

头发从天空飞过，穿过了村庄，穿过了城市。这时候大人们都忙着做自己的事，只有艾拉一个人抬着头看天空。她看到拉拉的头发有几绺耷了下来，在空中荡啊荡啊，就像是朝艾拉招手。艾拉奔过去，拉着那几绺头发飞上了天。

> 艾拉妈：讲这个故事的那天，我带着艾拉去参观一个古迹，可艾拉很累，对古迹也不感兴趣，总是望着天空发牢骚。我一讲到这里艾拉就笑了，类似这样的细节，我编故事时经常用到，总是能引起艾拉会心一笑。最了解孩子的是父母，只要用心，就能把故事编得吸引孩子。

哇，飞上天的感觉可真好呀，地上的东西越变越小，房屋成了积木，汽车像玩具，人像蚂蚁一样。拉拉的头发继续长着，艾拉就拉着头发在空中继续飞。

> 艾拉妈：这会儿艾拉又提要求了："你要讲艾米。"艾米是她的表妹，住在美国。

很快，拉拉的头发飞到了美国上空，艾米在屋外玩着秋千，突然听到空中传来了艾拉的叫声："米米，跟我一起去玩！"艾米跳下秋千，兴冲冲地跑过来，艾拉一伸手就把艾米拉了上去。拉拉的头发分出了两绺，编成了两个舒服的秋千，艾拉和艾米各坐一个，她们舒舒服服地坐在上面说啊笑啊。

她们飞到了南极洲，看到了胖乎乎的笨企鹅。可是南极太冷了，两个人冷得牙齿直打战。

于是头发带着他们飞到了炎热的非洲。在热浪滚滚的非洲，艾拉和艾米看到了很多饥饿的孩子。艾拉赶紧翻她的口袋，她们俩把口袋里的零食都丢下去给孩子们吃。

> 艾拉妈：艾拉又提要求了："我们要去非洲。"前些天，她偶然看到几张非洲孩子的照片，他们瘦得皮包骨的样子让她印象深刻。艾拉提出要把身上的食物都给饥饿的孩子们吃，我又把这个举动延伸了一下，她听了特别高兴。

拉拉的头在非洲上空转了两圈，看到实在有太多饥饿的孩子了，于是带着艾拉和艾米去粮仓，用长长的头发卷起了好多粮食，送到非洲去。拉拉的头发送完水，又伸到喀纳斯湖里去卷了好多又清又甜的水，洒到非洲大陆上。

正当艾拉和艾米高高兴兴地看着非洲的孩子们时，拉拉的妈妈喊了起来："拉拉——该吃饭了！"

于是，躺在树枝上美美地做白日梦的拉拉突然醒了过来，头发"刷刷刷"地变没了，拉拉又成了短头发的小人。她嘟嘟囔囔地溜下了树，嗷着嘴往家里走去。

艾拉和艾米揉揉眼睛，艾拉还在望着天空，艾米还在屋外荡秋千。原来她们也做了一场白日梦。妈妈在喊："艾拉——睡觉了。"大姨在喊："艾米——洗澡了！"——讨厌的妈妈！妈妈们为什么都这么烦？

> 艾拉妈：艾米最不爱做的事就是洗澡。艾拉每天都记着玩，吃饭睡觉是她顶不爱做的事，所以妈妈每天都要为这些事跟她斗争。每当这时候，艾拉就会说，妈妈真烦！我故意把故事结束在这里，说不上有什么深意，但我想让艾拉知道，谁都会有个"烦人"的妈妈，她有，艾米有，小人拉拉也有。在这么有趣的故事之后加这个尾巴，以后她在说"妈妈真烦"的时候，也许就会嘴角向上，想起妈妈给她编故事时的乐趣。至少，在听到这一段的时候，她笑出了声，并且觉得妈妈一点也不烦。

治愈系故事
帮孩子度过心灵困境

什么叫治愈系故事

这类故事，原本通常称为 治疗性故事 。然而，一提"治疗"二字，往往令人联想到生病，随即联想到打针、吃药甚至开刀动手术这样惊心动魄的场面，那么治疗就变成了正常人避之唯恐不及的事情，而治疗性故事呢，是不是给病人讲的？是不是生病了才需要？

其实这里的治疗，英文是 to heal 或 healing，本义是"使其完整"，衍生的含义则是令人康复，或者增进健康；在治病范畴内，又更多意指愈合。这也符合教育的核心任务：让孩子成为完整的人，身心灵健康发展。这类故事的英文名称是 Healing Stories，也有老师称之为 Pedagogical Stories，即教育性故事。

顺便说说，主流医院的医生不会用 healing 这个词，而是用 treatment（医疗、医治、疗程）来处理病人。而 healing 则往往无关乎药物，仅关乎养生，比如草药、按摩、静坐、休养，所有的艺术活动都具备 healing 功用，比如音乐、美术、律动、故事、诗歌、雕塑、书法……

教育更是一种 healing 的艺术。史泰纳博士多次强调：教育即治疗。所有的孩子都或多或少带着一些创伤或者障碍来到学校，故事就是 healing 的手段之一。

所有的故事——经典童话、睡前故事、自然故事等——都有healing功用，只要给孩子讲故事，就是在对他进行healing。但是在编故事时，有一类故事是为某些特定的需求而特别编撰的，尤其是为了帮助孩子改善某些行为，或者度过某些困境。在这些时候，说教、鼓励什么的都苍白无力，而故事则能达到几乎神奇的效用。这类故事，我们原先称为治疗性故事，为更准确地表达其功用，现在统一改称治愈系故事。

治愈系故事古已有之，神话故事讲述了人类发展的进程，民间传说展示了远古的智慧。无论是神话故事还是民间传说，都是在向人们揭示生命的奥秘和存在的意义。

但是，随着科学的发展，故事的意义和作用越来越被忽略，科学、理性思维占据了越来越重要的位置，为什么呢？因为科学和理性思维的作用可以被量化、被考核，而故事的功能则是潜移默化的，看不见摸不到。然而，故事有着神秘和强大的力量，它能激发想象力，悄悄地无形地发挥作用，与人的头脑和自我一同工作，成为人的一部分，并改变着人。

有个朋友说孩子怕鬼，就讲了一个"毛毛和大鬼"的故事：

> 有一个叫毛毛的小孩很怕鬼，有一次他真的遇到了一个鬼，这个鬼老是约他一块儿去玩，但又经常失约，总是比约定的时间晚到半个小时；这个鬼还老尿裤子，毛毛就给他出了个主意，说下次你穿开裆裤吧，这个鬼下次就真的穿了条开裆裤来了。

这个故事让鬼变得不可怕：它不仅会迟到，还竟然会尿裤子。

这样的故事虽然具备一定治愈作用，可以帮助孩子克服恐惧心理，不再怕鬼，但是编得比较露骨，它直接把孩子害怕的形象给编进去了，还不能算真正意义的治愈系故事。

让我们来看另外一个故事：

> 一对兄妹，彼得和丽莎，和他们的妈妈住在森林旁边，他们的爸爸早已去世，妈妈每天辛勤地工作，没有多少时间陪伴他们。两个孩子和住在森林里的一位老奶奶成为好朋友，有什么烦恼都会向这位老奶奶倾诉。老奶奶从来不批评他们，也不给他们讲道理，而是给他们讲故事。
>
> 有一天，兄妹俩又找到老奶奶，他们对今天在学校发生的事情感到愤愤不平：彼得在一场争斗中很勇敢地保护了一名叫比尔的男孩。比尔原来曾经是彼得的死敌，但今天他在跟三个男孩打架过程中占了下风，那三个男孩骑在比尔身上。"救命啊！"比尔大喊大叫，"谁帮助我，我就给谁一枚银币！"彼得挺身而出，把那三个男孩推开。没想到，事后彼得向比尔要银币的时候，比尔却说："你才不值呢！想要就来抢！"彼得气坏了。
>
> 老奶奶给兄妹俩讲了个故事：你们都知道狼的本性吧？有一天，一匹狼吃晚饭时，嗓子眼儿里卡了一根骨头。他咳嗽了半天不见效，难受得厉害，不禁大声号叫："救命啊！谁来帮我，我就奖赏谁！"一只仙鹤来了，说："张大嘴。"它用长长的喙把骨头挑了出来，然后对狼说："这就是刚才折磨你的那根骨头。你该给我应允的奖赏了。"狼说："你这只傻鸟！你该庆幸刚才你的脑袋在我嘴里时，我没一口吃下你去！"
>
> 彼得和丽莎对老奶奶说："谢谢您。"然后他们就回家了。

以上是瑞典老师列娜讲的一个故事，它有两个特性：第一，它是一个治愈系故事；第二，它是一个框架故事。

如果你是彼得的妈妈，当他来找你倾诉上述烦恼时，你会说什么?""切!你自找的吧?谁让你帮这么个白眼狼呢?""不是跟你说过了吗?别惹那个比尔!他不是什么好东西!""吃一堑,长一智吧!""唉,世道就是这样,小小的孩子已经人心不古了。你呀,防着点儿吧,别再当冤大头了。"

孩子听到这样的谆谆教诲时,内心有什么感受呢?虽然你特别心疼他,特别想让他明白你的道理,但上述那些反应,只会让孩子觉得你跟那个比尔一样讨厌。

的确,当孩子跟家长对着干时,当孩子和小朋友产生矛盾时,当家庭发生重大变故时,当孩子遇到挫折和困惑时,或者当孩子害羞、拒绝分享、怕黑、怕虫子、不写作业,家长希望孩子具备某些品德时,凡此种种,家长的第一反应往往是给孩子讲道理。

但是家长也会发现,讲道理的效用往往微乎其微,甚至适得其反。要么道理从孩子头顶上一掠而过,留不下什么痕迹;要么孩子反感抵触,根本听不进去。

在这种时候,治愈系故事就会施展魔力。孩子都爱听故事,不知不觉中就吸收了故事的养分。故事讲的是别人的事情,孩子不会感到你在针对他说教;但孩子和故事中的角色(别人)会产生关联、发生共鸣,能够切身体会到故事中角色的感受,这样一来,你不用直接说,他也能总结出来其中的道理。兵不血刃,巧取胜于豪夺,潜移默化中,一举好几得!

如何编撰治愈系故事

在各种类型的故事中，带着目的而编撰的治愈系故事可以说是功利性最强的，也是成人教养孩子时使用得最多的武器。但是编治愈系故事，比编睡前故事要复杂得多。

编治愈系故事前，我们首先需要 **确认** 孩子的状态的确出现了偏差，需要被治愈。很多时候，孩子的行为是正常的，只是没有符合我们的过高期望而已，但我们会认为孩子有问题，而没有意识到实际上是我们自己有问题。

一旦确认孩子的确需要被治愈，我们必须 **理解** 孩子行为背后的原因，接纳孩子，这样才能帮助他们。最后，我们需要 **明晰** 故事所希望达到的目标，就是想改变（治愈）孩子的什么状态，或者给孩子提供什么样的支持。

简单来说，治愈系故事的框架包括五个重要组成部分：①角色／形象；②境地／素材；③困境／二元对立；④旅程／使命；⑤圆满结局。而所有的组成部分都是 **隐喻**。

隐喻，即用孩子可以感同身受的形象以及情节来表达现实中的情况，这是治愈系故事的核心，也是最难把握的部分。巧妙的隐喻帮助听众建立具有想象力的链接，在与角色同呼吸共命运的故事中得到疗愈。

隐喻将听众提升起来，进入想象的空间，仿佛亲身参演一出话剧或者一部大片一样，身临其境地体验一番。在这种梦境般的体验当中，我们能够更好地认识自己，获得智慧和力量。

如果不使用隐喻，将角色和行为直接编入故事，比如针对孩子拒绝睡觉，就编一个"不爱睡觉的小孩"的故事，如此直白地讲道理，孩子内心会立刻产生抗拒。如果用一个恰当的隐喻，比如贪玩的小猴子，孩子会与这只小猴子产生心理共鸣和联结，又不感觉矛头直指向他，则更容易接受故事的意义。

再比如苏珊·佩罗老师为一个肯尼亚男孩编写的《生而为国王》的故事（第151页），意在帮助孩子克服上厕所的恐惧。如果苏珊直接用一个怕上厕所的角色（哪怕是小动物），也就会给那个需要帮助的男孩带来更大的焦虑和恐惧，让故事起到适得其反的作用。在故事中，一个强壮的男孩把小王子推下墙头，小王子摔断手脚，暗喻孩子受到伤害而失去内心力量。

总之，直奔主题往往欲速则不达，迂回婉转反而更有效率。

1. 角色 / 形象

首要角色是故事主人公，TA与孩子的关联最紧密，那么就要采用可以引起孩子共鸣的形象，孩子可以安全地把自己投射给这个角色。可以是比较直白的小男孩或小女孩，也可以根据孩子的气质类型或个性特征采用不同的动物形象，而小王子和小公主则是经久不衰的最具疗愈力量的形象。

其他角色也是隐喻，尤其是神灵形象。这些形象不仅要符合现实的状态，也要符合其代表的寓意，才能够起到隐喻的作用。所以我们需要感知：国王、王后、老奶奶、树精、花仙子、小白兔、牛伯伯、女巫……他们都有什么样的个性？代表了什么？会给人带来什么样的感受？

2. 境地 / 素材

就像一幅宏大的图画一样，有很多背景与细节来烘托角色形象，也给整个画面奠定氛围和基调。故事发生在什么样的场景里？宫殿、城堡、森林、花丛、草地、深山还是大海？这些场景代表了什么？对主人公和故事情节起到什么作用？境地里还有什么？河流、湖泊、沼泽、小木屋、道路、桥梁等，都有不同的隐喻功用。春夏秋冬四个季节，风火水土四种生命元素，阳光、月光、星光，风霜雨雪云露各种自然现象，都带给故事不同的韵味。

素材则是在境地里出现的某种细节，比如一扇门、一把钥匙、一束头发、织布机、鲜血、泪水，等等，也可以做到寓意深刻。

把角色/形象与素材联系到一起来看，有些属于使状况失衡的障碍，有些属于使状况回归平衡的帮助，或者促进主人公成长成熟的催化剂，因此可粗略地分为：障碍型、帮助型、转化型。比如，在《生而为国王》中，障碍型角色（欺负小王子的男孩）令情况失衡，帮助型角色和素材（祖母、皇冠、镜子和朋友）以及转化型形象（阳光）让情况恢复平衡，达到最终的圆满结局。

3. 困境/二元对立

治愈系故事的基调大都是主人公遇到了某种困境，必须通过努力，有时还需要得到神奇的佐助，才能克服或者化解困境，转化并成长。设置困境是个技术活儿，尤其不能太直白，把孩子的现实困境直接编成故事，那这个故事就"塌"了，而是要巧妙地设障，让小听众与主人公同呼吸共命运。

与其盯着孩子的表象绞尽脑汁地套，不如退一步，看看克服当前的困境需要什么样的心魂品质。勇气、坚韧、信念、真诚、慈悲、友爱，等等，都是永恒的美德。

从很多角度看，我们生活在二元对立的世界里：白天 vs 夜晚、太阳 vs 月亮、光明 vs 黑暗、呼 vs 吸、清醒 vs 睡眠（梦境）、勤奋 vs 懒惰、真诚 vs 虚伪、高尚 vs 卑劣……

学龄期的孩子，对二元对立有着深刻的体验。他们会将内心的品质投射到故事角色身上，通过角色的命运，试图消除自己不喜欢的品质，增强喜欢的品质。因此，在故事当中植入二元对立的元素，会有效地唤醒孩子内在的力量。

4. 旅程/使命

旅程是故事的主体构架，随着故事情节的发展，角色进入失衡的状态，通过充满戏剧性的旅程，克服困境、完成使命、达到转化，最终实现圆满结局。

对于年龄小的孩子，可以通过重复发生的事件，运用韵律和歌曲，使用叠加的故事结构，帮助建立旅程中的张力。

对于年龄大的孩子，旅程可以更加错综复杂，跌宕起伏，峰回路转，角色要通过数次转折才能完成使命。

旅程本身也是隐喻，因为所有的旅程都是**内在旅程**，是灵魂净化的旅程，而不是观光自由行。

5. 圆满结局

每个故事都应该有圆满的结局，即我们希望达到的效果。它有可能是主角完成旅程之后自然而然出现的结局，也可能是针对问题而提出的解决方案，该方案应该是积极的，而不是诱使听众内疚的。

针对不同的行为以及不同秉性的孩子，采用的手段也须不同。一般来说，最佳方针是让故事主人公自己推论出解决方案来，并心甘情愿地实施，强于将解决方案施加到它们身上。

比如那个因为不爱睡觉而把月亮关起来的小猴子（第196页），他是自己认识到夜晚和睡眠的重要性，在大公鸡的帮助下，主动把月亮放了出来。虽然圆满结局发生在故事的结尾，但在过程中就需要计划并预想它的发生，如果事先并不明确自己想要的结局，那就很难创作故事。

那么我们这里需要挖掘的，是人类内心共有的渴望：爱、勇气、安全感、自由、担当、自信心……

概括来说，编撰治愈系故事的思路就是通过故事中的隐喻，达到疗愈或者辅助疗愈孩子失衡状态的效果。从结构上来说，治愈系故事可以有不同的框架，但是上述五个元素是贯穿其中必不可少的。

虽然熟悉了治愈系故事的结构，但并非所有的父母都能一下子编出不落痕迹的故事，也并非所有的事物都可以拿来作治愈系故事的元素，因为我们的故事锅里需要健康的食材。那么，在编治愈系故事时，有什么原则是必须要遵守的呢？

◎ 快乐的结局

对于孩子来说，快乐的结局是必要的。在成长中，儿童首先需要看到并相信世界是美好的，因此故事必须给予他们希望。这也是我们保护孩子远离媒体的原因之一：媒体中有很多负面信息，而孩子和世界尚处于浑然一体的状态，无法冷静客观地处理负面消息，承受不起天灾人祸的景象。

◎ 多用动词，少用形容词

学龄前的孩子通过模仿动作来学习，而形容词属于判断性标签，有些形容词表达的意思比较抽象，孩子很难理解。很多经典故事中，几乎没有什么形容词，比如《三只小猪》，不知道小猪的名字也不知道他们穿什么，就是不断地行动、行动、行动，这与孩子的内在需求对应。与其形容小猪"很勇敢"，不如讲述他们如何打败了大灰狼，即便不提"勇敢"二字，孩子也能理解勇气的内涵。

◎ 所有的故事都有开头、过程和结尾

治愈系故事强调这三部分须完整，才能起到作用。①开头：主角遇到困境；②过程：主角踏上克服困境的旅程；③结尾：通过主角的努力，获得了圆满的结局。

◎ 不同的孩子，不同的故事

不同的孩子要有不同的故事，要根据孩子的年龄和接受程度来编。讲给一个两三岁孩子的故事要短，要有韵律，不出现令人担忧的场面。大一点的孩子要多一些戏剧性，需要设置障碍才有吸引力。对一个孩子有治愈作用的故事，对另一个孩子不一定有效，最关键的是要根据

孩子的个性来寻找隐喻和解决方案。

◎ 海量阅读故事和诗歌

我们这一代的父母，可能没有经历过滋养想象力的教育，所以更要海量阅读故事和诗歌。这些童话、故事、诗歌首先会疗愈我们自己，同时也会赋予我们灵感，帮助我们熟知故事的结构，有利于我们创编故事。

◎ 在自然中行走

大自然会给你很多的启发，太阳、月亮、星星、风、雨、雪、冰雹、雪花、露珠，一花一草、一树一木，都可以作为有生命的、有情感的、有思想的角色编进故事里。根据它们的不同特质，赋予它们不同的个性和气质类型。

◎ 如何找到隐喻

1. 用孩子最喜欢的事物

故事里有孩子喜欢的元素，孩子就很容易被吸引。如果要给很多孩子讲故事，那就得找到孩子们普遍感兴趣的东西。

2. 与某一特定行为相关、呼应

编撰简单的治愈系故事，可以使用一些显而易见的隐喻。比如，孩子有吐口水的行为，可以联想到墨鱼吐墨汁、眼镜蛇吐毒液。对不喜欢工作的孩子，可以用勤劳的蜜蜂作为隐喻，过程由懒惰的状态开始，到辛勤工作结束。如果孩子有抓挠的行为，那么我们就以这个特定的行为为中心，寻找隐喻，如猫、猴子等。

比如，一个孩子有咬人、抓人、打人等攻击性比较强的行为，他的妈妈就用啄木鸟来编故事：啄木鸟的嘴巴尖尖的，一见面就特别热情地用嘴亲对方，啄得"咚咚咚"响。别的鸟说："这让我们如何跟你一块玩呢？你咚咚咚啄树，对树是有好处的；但我们不是树，你咚咚咚地啄我们，我们可受不了啊！"啄木鸟不好意思地说："那怎么办呢？我是想对你们表示亲热啊！"别的鸟就告诉它："你可以轻轻地过来，用你的翅膀来抱我们啊。"

这属于最简单的治愈系故事，针对三四岁有攻击性行为的小孩子而编。这样的故事能使孩子知道：虽然自己是表示友好，但是别人受不了，可以用别人能接受的方式去表示。

3. 功力深厚的隐喻具备更加广泛的意义

上边这个比喻尚属于显喻，角色行为与孩子行为之间的关联比较明显。上乘的治愈系故事，隐喻更加别具匠心，让人一眼看不出来针对的是哪种行为，而是提供全面的丰盛的养分，使任何听到这个故事的人都深受感动，获益匪浅。

比如《做孩子的故事大王》一书里的《神鸟》《光明之杖》《金发公主》等故事，还有寻找雪莲花、寻找七彩手链、寻找冰雪宝剑、种仙桃、培育有魔力的花儿、护送春的种子等举动，貌似与孩子的行为没有直接关联，但这些故事却在现实生活中发挥了巨大的治愈作用。

◎ 故事之"眼"，点睛之笔

每个治愈系故事里往往会有最关键的一句话或者几句话，那就是这个故事的"眼"，影响该故事的疗愈作用。

以《湖心的羽毛》（第187页）为例，当吉亚可看到身后浩浩荡荡的动物时，他想："如果这些都属于我的话，那么我肯定就是木薇茹要嫁的那个人。"也就是说，因为他原本就是一个有价值的人，因而值得拥有最珍贵最美好的生活。遗憾的是，在《故事知道怎么办》的中文译本里，翻译没有把握住这句关键的话，而是将其误译为"如果这些都是我的，我就真的可以和莫莫结婚了。"也就是说，因为吉亚可拥有了这些财富，才有资格去娶酋长的女儿。这样一来，意思完全相反！这个故事是治疗那些遭到嘲笑、欺负的孩子，是在告诉他们——你本来就是有价值的人，你值得拥有并也将会得到心目中理想的生活。这句"眼"怎么说，举足轻重。因此读者朋友们要谨慎考虑如何来说出最关键的那句话。

◎ 简洁

编故事要从最简单的开始。结局指向过多，或者故事的信息过于芜杂，容易让听众迷惑。有时候，一个简单的治愈系故事冲破了上面所有的条条框框，也能起到很好的效果。

特别说明

近年来，我举办了多场为期三天的"小巫放飞想象力"工作坊，以及为期五天的"小巫艺术养育"课程，参与的学员们编撰出了不少高质量的治愈系故事。关于更多如何编撰治愈系故事的具体指导，以及大量治愈系故事范本，请参阅《做孩子的故事大王》一书。

治愈系故事编撰过程范例

我参加过多期故事工作坊，在撰写本书的过程中，也和一些做了父母的朋友进行了相关交流。我发现，因为我们自己成长的经历，因为我们习以为常的受教育方式，说教式故事的模式依然根深蒂固。大部分成人面对孩子需要纠正的行为时，难免急于把自己的宏论发表出来，而这恰是治愈系故事的大忌。

下面是我辅导朋友皮皮妈编的一个治愈系故事，她贴在豆瓣网上，4天的时间有80多个跟帖。大家对为什么编治愈系故事、如何编治愈系故事展开了讨论。

起因是这样的：8岁的女孩皮皮参加了好朋友多多的生日派对，每个客人都给多多送了礼物。根据皮皮妈的描述——"皮皮就开始不高兴了，问为什么多多就有礼物，然后就啥啥都找麻烦了。当然后来过了很久还算调整好了情绪。"皮皮妈给我打电话，让我帮她编一个治愈系故事，看能不能对这种"小姑娘之间说不出、道不明的酸溜溜心理"起些治疗作用。

我没有擅自越俎代庖，而是建议她编一个"百灵鸟和黄鹂"的故事，细节由她自己来发挥。皮皮妈编好了之后，贴到网上供大家讨论。故事全文如下：

在一座美丽的大森林里，住着一群鸟儿，她们的国王是凤凰，凤凰住在一棵巨大的树上，每天鸟儿们都会聚在树下唱歌，她们快乐地生活在一起。

这些鸟儿里面百灵鸟唱歌最好听。有一天凤凰建议给百灵鸟开一个音乐会，大家都拍手同意，只有黄鹂鸟不开心，她小声嘀咕："哼，有什么了不起的，她唱歌有那么好听吗？"

到了百灵鸟开音乐会的那一天，等到太阳快落山的时候，所有的鸟儿都聚在凤凰住的大树下面，等着百灵鸟给大家唱歌。

音乐会开始了，百灵鸟唱了一首很好听的歌儿，歌声婉转高亢，所有的鸟儿都禁不住给百灵鸟喝彩鼓掌。只有黄鹂鸟又在嘟囔："哼，有什么了不起的！"

一首歌结束了，大家都鼓掌邀请百灵鸟再唱一首。百灵鸟刚要开口唱，黄鹂鸟忽然跳上台说："下面我给大家唱一首歌吧！"然后就自顾自地唱起来了。别说，黄鹂鸟唱得还真是不错呢。可是大家一起起哄："黄鹂鸟快下去，我们要听百灵鸟唱歌。"

黄鹂鸟没办法，只得下了台，心里更加生气了：为什么我唱得那么好，她们不给我鼓掌，真是太不公平了！正想着，百灵鸟的第二首歌又唱完了，大家又鼓起掌来，并接着喊："百灵鸟再唱一首，再唱一首！"

黄鹂鸟再也忍不住了，又跳上台去，大声说："我唱得也很好听啊，为什么你们不听我唱歌呢？"说着又唱起来了！

所有的鸟儿又一起叫起来："黄鹂鸟快下去，我们不要听你唱歌，要听百灵鸟唱歌。"

百灵鸟站在台上对黄鹂鸟说:"黄鹂鸟,你唱得真好听,要不咱俩一起唱吧。"黄鹂鸟还没来得及搭话,所有鸟儿又一起反对:"不要不要,不要黄鹂鸟来唱歌。"

黄鹂鸟在台上对着所有的鸟儿大吵起来:"你们太不公平了,为什么只喜欢百灵鸟,不喜欢我唱歌呢?难道我唱得不好听吗?"

这时,凤凰国王走过来对黄鹂鸟说:"黄鹂鸟,你虽然唱得很好听,可这是百灵鸟的音乐会啊,你应该尊重百灵鸟,现在你打扰了百灵鸟的音乐会,应该向百灵鸟道歉。"黄鹂鸟虽然还想说什么,可是在国王面前她什么也没有说,低声对百灵鸟说:"对不起,百灵鸟。"

然后凤凰又对所有的鸟儿说:"虽然黄鹂鸟做得不对,但是你们起哄,让黄鹂鸟很难过,也请你们对黄鹂鸟道歉吧。"鸟儿们安静下来,一起对黄鹂鸟说:"对不起,我们不该给你起哄。"

最后凤凰说:"黄鹂鸟唱歌的确很好听,现在她学会了尊重别人,不乱抢风头了。我建议给她也开个音乐会好不好?"大家一起说"好",黄鹂鸟不好意思地脸红了。

第二天,太阳快落山的时候,鸟儿们又聚在凤凰住的大树下面,来听黄鹂鸟的音乐会了,黄鹂鸟唱歌也很好听,大家不断爆发出掌声来。

以后啊,黄鹂鸟听到百灵鸟的歌声再也不会不开心了,而是学会了真心地赞美朋友的歌声了。从此,鸟儿们更快乐地生活着。

这里面的主角百灵鸟和黄鹂鸟是我想到的创意,故事是皮皮妈自己编的。作为初出茅庐的新手,皮皮妈这个故事编得很精彩,角色对话活灵活现。尤其令人赞叹的是她加入的国王凤凰，这的确是点睛之笔，国王是智慧的化身，也代表公平正义的权威，在故事里起到举足轻重的作用。但是她也感觉到后半截有败笔，觉得说教痕迹太重了，请我帮着改。

我同意皮皮妈的意见，解决之道的确过于穿凿，说教痕迹太重。我请皮皮妈再想想看，有没有更巧妙的方式，即便按照现在的这个情节发展，凤凰也完全没有必要说那么多话。但是我不帮她解题，而是要她自己来。

皮皮妈心里没底儿，就去问皮皮爸。皮皮爸替国王凤凰说：

> 最美的歌儿是心声！懂得接受与赞美的心声最动听！每一只鸟儿都会有最动听的心声！也许是现在，也许就在明天！
>
> 聪明的黄鹂鸟低下了头，懂得接受与赞美的鸟儿们，鼓起了掌声……
>
> 第二天……

皮皮爸编的反而不如皮皮妈，他的说教意味更浓烈了，真像是思想品德教育老师的语言。

我继续和皮皮妈探讨："我们编治愈系故事最容易犯的错误就是一门心思想把自己的教诲通过角色说出来，而实际上教诲是不用论述的，细微的动作与一两句话就可以了，孩子能心领神会。给你一个提醒：别忘记动物各自的特性。凤凰是什么性格？百灵鸟呢？黄鹂及其他动物呢？"

我请皮皮妈理清思路："治愈系故事都是先入为主，有目标（功利心），想传达一个价值观，但花招在于不能直白。你需要先想清楚下面的问题：问题行为是什么？（皮皮嫉妒是不对的？或是她表达嫉妒的方式让你难堪？）你想获取的效果是什么？（消除嫉妒心？与风头更健的朋友和平相处？）你可能还没搞明白这两件事儿。"

皮皮妈回答："其实，我能理解孩子，有时候嫉妒，心里不舒服都很正常，关键是然后我们要怎么样呢？就一直别别扭扭地找不痛快吗？小巫眼睛很毒，知道我内心自己没有搞明白。其实最早小巫就说的是孩子挺正常的啊，那意思根本都没必要编故事。但既然编了，我到底要干吗？是我自己的问题，晕就晕在这里。"

故事卡壳的根源在于家长没有理清故事元素，当家长自己的思路不够清晰和明确，内心对问题的态度不够确认和坚定，甚至没有思考透彻所要传达的价值观时，很难编出合格的治愈系故事。很多时候，事件本身透露出来的也许是家长自己的问题，而不是孩子的问题。

此时，多多妈也参与进来，检讨自己当天不周到之处。皮皮妈更不好意思了，两个人互相谦虚、挖掘思想，帖子脱离了本意，焦点不再聚在孩子身上。

我按捺不住，插了一杠子，把讨论拽回原地，请皮皮妈试一试，把故事后半部分简单地修改成：

> 凤凰走过来，拉起黄鹂鸟的手，让她坐在他身边，又对大家说：咱们一起听百灵鸟唱歌吧。黄鹂鸟坐在国王身旁，渐渐地平静下来，百灵鸟的歌喉令她入迷。
> ……

有时候，简单的动力结构改变，就足矣。

网友们马上有了反馈。遥遥妈说："这个确实更温馨，也能在温馨中体会到什么。但我的感觉和皮皮妈一样，习惯了皮皮妈写的那种方式，而在生活中就缺少这种人与人之间的'拉起手，一起听'，生活中缺少了，故事中也自然带不出来。感觉我自己也很不会编故事，怎么编似乎都是叙事，都是想努力去说明什么，太缺乏这种温馨的场面，这种表面看似简单，但里面有动力的改变。这个也不是学能学来的，而是长期的积淀呀。"

皮皮妈说:"昨天讲了另两个结尾,皮皮先入为主,说还是喜欢妈妈的,爸爸的根本听不懂在说啥。看来已经习惯被说教了,'尽在不言中'的身教还不适应。"

玥玥妈说:"看了这两次的故事①,我开始有点明白治愈系故事和说教的区别了。"

真心希望读者们通过阅读这本书,能够开始明白治愈系故事和说教的区别,也可以学着编撰治愈系故事。

---

① 另一次是我编写的《狮子和臭鼬》,也贴在同一个网站,见本书第174页。

道具助力疗愈功效

讲治愈系故事之前，要做充分的准备工作，除了根据孩子的行为和接受程度编好故事以外，还可以准备一些故事中需要的道具。

苏珊·佩罗老师访问肯尼亚时，曾经为一名小男孩写过一个故事，目的是帮助他克服上厕所的恐惧。这个孩子3岁的时候遭到保姆的性侵犯，并感染上性病。在治病的几个月期间，孩子每次小便时都痛苦万分。当孩子的妈妈找到苏珊老师时，他已经6岁了，性病已经痊愈，但心里的痛苦却遗留下来。每次上厕所，妈妈都需要陪伴着，给他唱歌、读书，直到他放松下来可以排泄。

男孩的妈妈想知道治愈系故事能不能帮到他，于是苏珊先跟孩子见了面。这个6岁的孩子很高，远远看去就像一个王子一样，而这一点感觉给了苏珊很大的启发。她问孩子的妈妈，国王和王子在非洲文化不占主要地位，能给孩子讲吗？幸运的是，这个孩子最喜欢国王、王后、城堡之类的故事。苏珊在返回澳大利亚之前，就着烛光将故事写完，交待妈妈讲故事时要给孩子一样道具，就是一条金色的带子，让孩子戴在头上。这个故事是这样的：

> 从前有一个小男孩，他生下来就注定成为一位国王。所以当他还很小的时候，人人都叫他"小王子"。不仅如此，他的头上还戴了一顶金色的王冠。

像所有的男孩子一样，小王子总想探索外面的世界，他到处爬、跑、跳，尝试着各种各样的冒险。小王子整天都和他的朋友们在皇宫的花园和树林里玩耍。他的王冠在阳光下闪闪发光，他的朋友们也因为被那金色的光芒吸引，都喜欢在小王子的周围玩耍。

然而有一天，发生了一件事。当小王子和朋友们在宫墙上玩耍时，一个大一点的男孩子发起了脾气，他狠狠地推了小王子一把，小王子从墙头摔了下来，重重地摔到了地上的一堆大石头上，小王子身上许多地方都骨折了，手和脚也摔断了。

小王子被侍卫们救起，送回了皇宫深处的寝宫。那里，太医们用绷带牢牢地固定住了他的胳膊和腿，以至于很长一段时间他都不得不躺在床上等着骨头重新长好。小王子在床上躺了很久很久，当他的骨头长好后，他已经忘记了该如何走路。从此以后，小王子就想这么一直躺在床上，无论国王和王后怎么努力劝说，想帮助他重新站起来，他都不想起身移动半步。

有一天，小王子的祖母想到了一个主意，她带着一面大大的镜子来到了小王子的房间，并在他的床头坐了下来。祖母把镜子举起来，对小王子说："孩子，你生下来就注定是国王，注定会戴着金色的王冠在那阳光下闪闪发亮。但现在看看你！"于是小王子朝镜子里看去，他吃惊地发现，在卧室昏暗的光线下，他金色的王冠显得如此暗淡无光。"叫人抬我出去。"他大声叫道，"我要看见王冠在阳光下重新闪闪发亮！"

"不，你不需要人抬，"祖母说道，"你可以自己走到外面去……如果你伸出手来，我愿意帮助你，并和你一起走

> 出去。"于是小王子伸出手,在祖母的帮助下,他慢慢地将腿挪到了地上。他们一起慢慢地走出了那昏暗的卧室,沿着宫殿的走廊走到了皇宫内。最后他们走进了花园,来到了阳光下。
>
> 小王子花了好几周的时间,才能跟从前一样跑、跳、爬,并开始他的冒险。他所有的朋友每天都会过来,扶着他的手帮他练习。随着他在花园里的时间越来越多,他的王冠在阳光下也发出更耀眼的光芒。不久,他又开始像从前一样每天玩耍了。小王子的祖母每天下午也会坐在花园的某个角落,看着他和他的朋友们一起玩耍。她是那么的为她的孙子——小王子感到骄傲,因为她知道,他生下来一定就是个真正的国王。

苏珊把故事交给了孩子的妈妈。两个月后,孩子的妈妈来信说,现在她只有通过冲马桶的水声才能知道儿子已经上过厕所了。这个故事能够奏效,道具也是功不可没的。

讲治愈系故事的注意事项

◎ 千万不要解读

故事讲完就完了，如果触动了孩子的内心，孩子是会改变的。但每个人被触动的方向是不一样的，并不需要讲故事的人去解读它。讲完了故事问孩子故事说的是什么，想要表达什么意思，就会把故事解读得支离破碎，毫无美感，还影响治疗的作用。具有疗愈效果的故事应该尽可能让听众自由地得出自己的结论，悄悄地、无形地发挥作用。好的教育应该不着痕迹，如春雨一般，润物细无声。

◎ 治愈系故事不会让孩子跳跃式地成长

治愈系故事并不是解决问题的神奇药丸，更加不可能让孩子通过治愈系故事完成他这个年龄层以外的行为。比如一个两岁的孩子尿床，是不需要治愈系故事的；一个3岁的孩子把幼儿园的东西带回家，也不需要治愈系故事。

◎ 不要带着功利心

治愈系故事的目标不是进行道德说教或诱导内疚，事实上，讲治愈系故事的目的是为面临困境的孩子提供支持，通过故事输送养分，唤起孩子内心的智慧和力量。所以，不要期待故事会把"坏孩子"变成"好孩子";讲完之后也不要盯着日历和时钟,掐算着孩子什么时候会按照家长的期待发生变化。当父母内心有这种企盼时,往往会事与愿违;而当父母全然放松,只是享受故事时光时,生命会带给我们惊喜。请参阅《做孩子的故事大王》一书查看相关案例详情。

◎ 保有谦逊的心态

讲故事的时候,不要居高临下,以为我们能够治疗孩子。故事有的时候能起到100%的作用,有的时候只是有一点点帮助。当针对具有挑战性的行为时,讲故事只是众多可能的方法和策略之一。

讲治愈系故事时,要有足够敏锐的觉察力,讲的过程中捕捉到孩子的每一个反应,并且根据孩子的反应随时调整故事。

所有的故事都具备治愈功用,你会发现收录进本书其他类别的故事都有治愈意义。只是当时并没有刻意地按照治愈系故事的思路去编而已。而这一部分收集的是特地编写的治愈系故事。

◎ 价值观与亲子关系质量影响治疗效果

什么样的行为是我们可以接受的?什么样的行为是我们不可以接受、希望孩子改正的?通过故事,希望孩子得到什么样的启发?这些都与我们的价值观、人生观、世界观紧密相连。我们是否相信忠诚、纯洁、善良、诚信、爱心等是人生必备的高尚品质?我们是否希望孩子具备这些品质?抑或我们对人生采取悲观的态度,认为善良是受欺负的同义词,诚信意味着受骗?

前边皮皮妈在编撰故事时卡壳,原因之一就在于她自己还没有想明白到底要表达什么样的价值观。

而最困难的地方莫过于,孩子的行为是正常的,但家长却想改变它,因为孩子的举止让家长在别人面前下不来台,家长内心害怕他人可能会抱有负面评判,因而对孩子的行为感到不满。如果是出于这个原因而编治愈系故事，等于是把家长的问题强加给孩子，那么会对孩子造成伤害。

孩子的心是纯正而敏锐的，如果你的故事里含有虚伪的成分，他们会觉察出来的。

亲子关系也左右着故事的治疗效用。孩子和你之间是开诚布公、互相信赖的关系吗？孩子坚信你对她的爱是无条件的吗？孩子信任你吗？孩子在你面前是放松的吗？你经常评判孩子的行为、指点孩子的思想吗？你能做到不带任何批判口吻来讲述故事中角色的一些不良行为吗？

还是那句话，孩子的心可以洞悉你的心，如果你的故事让他感受到被威胁，他就会把你屏蔽掉。

治愈系故事小屋

≈ 想当孔雀的小鸭子 ≈

三只小鸭子是好朋友，经常一起结伴出去玩。一天，她们走了很远的路，来到一片幽静的丛林。远远地，她们听到一种很嘹亮的鸟叫声，"啊——啊——"地叫，是以前从来没有听到过的。她们觉得很好奇，就跑过去看。

> 这个故事的角色还是女儿指定的，她当时正处于"三只小动物"时期。

哇！她们看到一种从来没有见到过的大型鸟儿，尾巴长长的，有着独特而美丽的羽毛，展开时像一把巨大的扇子，熠熠生辉，绚烂多彩，耀眼夺目。

其中一只小鸭子说："我知道，这种鸟儿叫孔雀！奶奶跟我讲过。"

> 如果孩子已经听出来是孔雀，就让她/他自己说。这个情节只是放在这里做过渡。

另外一只小鸭子羡慕孔雀美丽的羽毛，觉得自己身上的棕颜色短羽毛灰秃秃的，而且全身就一个颜色，难看死了。她对同伴说："你看孔雀的羽毛，有那么奇妙的颜色，阳光一照就闪闪发亮，多美啊！我也想要孔雀的羽毛。"

其他两只小鸭子劝她说："我们是鸭子，又不是孔雀，肯定长不出这种羽毛来，你还是别胡思乱想了。"

她说:"长不出来没关系,我可以把孔雀的羽毛粘在身上。"

这只小鸭子就去向孔雀要羽毛。孔雀不肯给她,说:"这羽毛是我的,为什么要给你呢?你是鸭子,我是孔雀,你要我的羽毛也没用啊。"

> 对任何行为我们都不做引导性的主观评判,而是满怀同情地叙述,比如这里,我们非常理解小鸭子想成为孔雀的心情,认真地述说小鸭子的所有经历和遭遇。
> 以开放而接纳的态度讲故事,给孩子充分的自由和信任,放手让他们形成自己的判断,故事的意义方能深入人心。
> 相反,如果我们一开始就带着批判、鄙夷、嘲笑的口吻来描写小鸭子,孩子们会本能地反感和抵触我们,甚至变得不相信我们。

小鸭子还是特别想要孔雀的羽毛,因为她也想像孔雀那样光彩照人。孔雀不肯主动给她,她就想其他办法。她看到地上有孔雀掉下来的羽毛,就到处搜寻,捡起来。回家的路上看到别的鸟儿掉下来的漂亮的羽毛,她也会捡回来。她辛辛苦苦捡了很多不同颜色、不同长短的羽毛,然后把这些羽毛粘在自己的身上。

这下子,小鸭子就像孔雀一样拖着又长又美的羽毛了!她甚至觉得自己比孔雀还好看:孔雀的羽毛大部分颜色是蓝色和绿色,我这些羽毛五颜六色,比她的好看多了。这么想着,小鸭子就很得意,她还不停地捡羽毛,不停地往身上粘。

小鸭子身上的羽毛越粘越多,她觉得自己越来越漂亮。

小鸭子让她的两个朋友跟着她,一左一右地护着她,因为羽毛太多,很沉重,她不能像平常那样轻快地走路,两个朋友只好帮她托着羽毛走。

好不容易快到小河边的家了,她也不急着回家,而是到处转转,向所有的鸭子展示身上新奇的羽毛。大家都惊奇极了,差点儿认不出她来,交头接耳地说:"哇,哪里来了这么漂亮的鸟儿呀?从来没有见到过哟!""是我们的小鸭子?""不会吧?鸭子哪能长出这么多各式各样的羽毛来呢？""哦，真的是她耶！啧啧！好漂亮！不得了！天下无双！"

> 实事求是地说，漂亮羽毛的确能够带来一些好处的，读者朋友们还可以再多发挥。

一些年龄小的小鸭子跟在她身后，唧唧喳喳地羡慕她。

在外面美了一圈，要回家时小鸭子才发现，粘了这么多的羽毛，她已经变得体型硕大，差点儿进不去自己家的门了。

爸爸妈妈一齐动手，使劲儿地推呀，拉呀，还要小心别弄坏了、挤掉了那些羽毛。勉强挤进了家门，全家都累坏了。到了睡觉的时候，麻烦又来了：她只能半个身子靠在床上，其余的都拖在床下，翻个身都挺困难的，当然也睡不踏实。

> 弊端开始了。虽然场景都很可笑乃至荒诞，我们依然客观平静、带着慈悲心来描述，让孩子深深地同情这只小鸭子，而不是讨厌她，只有这样，故事才能发挥作用。

因为羽毛太多，小鸭子也基本上没办法去梳理它们，羽毛就渐渐地变得有些脏兮兮的，没有一开始那么辉煌耀眼了。

> 孩子在五岁左右开始对别人有意识，会不由自主地和别人进行比较，往往会羡慕别人拥有的东西。我编这个故事的时候，女儿仅仅是偶尔羡慕其他小朋友的漂亮衣服。给孩子早些讲这种故事，也算是未雨绸缪吧，等到虚荣心盛行的青春期，她们早已听不进去这种故事了。
> 最重要的是，我们做家长的不和别人攀比，不羡慕不嫉妒不虚荣，做纯净自由真诚的人。

慢慢地，小鸭子发现她的很多好朋友不跟她一起玩了，因为她那些羽毛特别累赘。别人跑呀，玩呀，捉迷藏呀，她跑不起来，她也没法玩捉迷藏，因为没有东西能完全遮盖住她，无论她藏到哪儿，屁股后边的羽毛都露在外边……

只有她那两个朋友对她比较忠实，但是她们也都挺累的了。老是托着她的羽毛，一个朋友肩膀累酸了，得了肩周炎，对她说:"医生说我不能再给你托羽毛了,必须把肩膀治好,不然我以后就飞不起来了。"两个朋友都说:"我们想自由地飞。"而这只有孔雀羽毛的小鸭子早已经飞不起来了,那两个朋友想飞呀,想玩呀,就不能总跟她在一起。

有一天,鸭子们像平常那样,都聚集在河里捉鱼吃、戏水玩。这只有孔雀羽毛的小鸭子只能在河边看着,朋友们捉了鱼,扔到岸上给她吃。朋友们都在河里游来游去,自由自在地吃东西。她却下不去水,但她心里特别向往在水里嬉戏的感觉。

她想:"我还是下去游一游吧,吃我自己想吃的东西,顺便也可以洗洗我的羽毛。"于是她就跳下河里了。

> 不能飞,不能游泳,不能捉鱼吃,不能和朋友们一起玩,凡是鸭子本性应该做的事情,都做不了。人生来都想做自己,凡是束缚自由的东西,他们会本能地抗拒,虽然有时诱惑极大。

那些羽毛沾了水以后变得特别重,小鸭子已经浮不起来了,就开始往下沉,差点儿被淹死了。她拼命地叫,叫她的爸爸妈妈,叫她的朋友。幸亏她爸爸妈妈当时都在河里,朋友们也都在河里,大家都迅速地游过来,从水里把她拖到岸上。

> 一只鸭子差点儿被淹死,实在是很荒唐的场景。

小鸭子哭着说:"我不要这些羽毛了!"大家赶紧帮她把粘在身上的羽毛都摘下来,扔掉了。

小鸭子重新获得了自由,她身上轻松多了,能飞了,能游泳了,也能跟大家一起玩了。

≈ 小树苗的故事 ≈

> 这是我给女儿编的故事,日期是2009年8月23日,那时候她六岁半。

在辽阔的大森林里,长着一棵小树苗。小树苗有着细细的小树干、嫩嫩的小树枝、翠绿的小树叶，看上去特别可爱。

小树苗看着身边生机勃勃、欣欣向荣的大树，特别努力地想长大，长得像那些大树一样。那些大树都有很多朋友，她也想有很多朋友。

有一天，一只小狗过来了，小树苗叫小狗："小狗小狗你过来，咱俩一起玩好吗？我经常看到你在大树底下乘凉、睡觉，你也到我这儿来睡觉吧。"小狗绕着她走了一圈说："不行啊，你太细了，又没有树冠。我乘凉睡觉的时候，需要阴凉，你没有阴影，我会被晒着的，我还是找别的树吧。"小狗说完就走了。

小树苗很难过："我没有树冠，小狗都不跟我玩。"

过了一会儿，来了一只小猫。小树苗想起小猫特别喜欢爬树，有时候会爬到树上去玩，她就说："小猫，你来吧，跟我一起玩。我知道你喜欢爬树，到我这儿来爬一爬，爬到我的身上来咱俩一起玩。"小猫绕着她走了一圈说："不行啊，你太矮了，树枝也太嫩了，我要是爬上去会把你弄折的，我还是爬大树去吧。"小猫也走了。

小树苗又难过了一会儿："我太矮了，太嫩了，连小猫都不跟我玩。"

> 要注意到朋友们对她的拒绝都是善意而诚恳的，不带有鄙视或嘲弄的意味。听故事的孩子逐渐感到，并非朋友不喜欢她才不来的。
> 更加重要的是，家长对孩子的爱是无条件的，而不是因为孩子具备某种"本事"才爱。对于习惯接受有条件的爱的孩子来说，这个故事毫无意义。

后来又飞来一只小鸟。其他大树身上都有小鸟在唱歌，小树苗觉得挺好的，她也招呼着小鸟："小鸟，你来跟我一起玩吧，我看你喜欢在别的树枝上唱歌，你也飞到我这儿来唱歌吧。"小鸟听了，就绕着她飞了一圈，说："不行啊，你的树枝太细了，我站在上面要摔下来会摔断腿的。我还是去找大树吧，大树枝子能承住我，我要到大树上唱歌去。"

小树苗又难过了："我的树枝太细了，小鸟也不跟我玩。"

过了一会，又飞来了一只蝴蝶。小树苗说："蝴蝶，蝴蝶，你来跟我玩吧。"因为她知道其他的树啊、花啊、草啊都有蝴蝶特别喜欢的绿颜色，蝴蝶特别喜欢树叶和草叶。蝴蝶绕着她飞了一圈儿，说："你没有足够大的叶子，我没办法在你这上面玩呀！"

> 重复的情节，形成自然韵律，也加强了故事的感染力。

这下子小树苗简直是难过死啦，在那儿大哭起来："谁都不喜欢我！小狗嫌我没有树冠，小猫说我太矮了，小鸟说我太细了，蝴蝶说我没叶子。我什么都不是，什么都不行，什么都不好，谁都不跟我玩！怎么办啊？"

> 我女儿天性活泼，爱交际，对朋友忠心耿耿，乐于帮忙。那时候，她幼儿园刚刚毕业，马上要开始小学生活，有一阵子比较在乎别人对她的评价，如果别人说得不中听，她会觉得蛮受伤的。孩子缺乏客观分析能力，逻辑是绝对的，非黑即白——"所有的人都不喜欢我！"听上去可悲壮了，我就编了这么个故事。

树妈妈听见了，就问："孩子，你在那儿哭什么呀？"小树苗就跟妈妈说了她的苦恼。

树妈妈说："唉，你觉得他们是不喜欢你才不跟你玩呀，让你好难过。"

> 可以让孩子自己说一说对小树苗情况的看法，是不是朋友们都不喜欢她呢？

小树苗想了想，好像不是。小猫是怕把自己弄坏了才走开的；小鸟是怕摔断腿才不来的；要是小狗真在我这里睡觉，太阳公公会把他晒得受不了的。

树妈妈又说："我刚才还听见，你觉得谁都不跟你玩，这让你伤心了。"

小树苗又想了想，说："也不是谁都不跟我玩，小瓢虫经常飞来在我的身上歇歇脚；小蚂蚁经常在我身上爬来爬去锻炼身体；森林里，其他的小树苗经常和我一起唱歌、猜谜语、讲故事呢。"

> 你或许已经注意到，树妈妈与小树苗的对话方式比较特别，树妈妈并没有说教，她解码了小树苗的感受并给予理解和共情；在生活中，通过这种不加主观判断的倾听，孩子便可以自由地运用自身的智慧，看清事态真相，得出解决方案。

树妈妈接着说："你特别想和小狗、小猫、小鸟，还有蝴蝶做朋友呀。"

小树苗早就不哭了："是的，不过，他们其实也是我的朋友，只是我现在还小，不能帮助他们。"

后来，小树苗每天都让太阳公公、风儿哥哥、雨儿姐姐来帮助她，她慢慢地长大了。她的树干粗壮了，树枝强健了，树叶茂盛了。

小树苗长大了以后，小狗也过来乘凉了，小猫也到她身上爬了，小鸟儿也来筑窝了，蝴蝶也飞到她的叶子上生小宝宝了。

≈ 小小和巨人 ≈

> 这个阶段，女儿不再说三只什么什么的了，她会给故事主人公取名字，比如说小羊、小龙、小蛇，这都是我们家人的属相，小羊是她自己，小龙是她哥哥，小蛇是我。而小小则是她特喜欢的一个角色，也是她自己的投射。

一天，小小、小羊、小龙、小蛇去森林里玩。

他们玩着玩着就走散了。小小自己走啊走啊，来到了一个湖的岸边。湖水清澈见底，岸边长满了柳树，长长的柳条垂下来，随风摇摆着，景色美极了。草丛中有很多蜜蜂和蝴蝶飞来飞去，小小特别想让其他朋友都来这里玩，就转身要找他们去。

突然，一个巨人出现了！巨人捉住了小小，很凶地说："啊哈！小家伙！我要把你吃了！"

> 这个故事也是讲给我女儿听的，因为她小，往往觉得自己比较软弱，不够强壮，受欺负的时候不知道该怎么办，心里很委屈。

小小吓了一跳，看到巨人那么凶，不禁有些紧张。她捡了石头往巨人身上扔，巨人生气了："你还敢用石头块儿扔我？"巨人一生气就会长高，然后就变得更大了，力气也更大了。

小小大声呼唤："小羊！小龙！小蛇！你们在哪儿啊？快来帮我呀！快来帮我！"

小羊、小龙和小蛇都听到了，都跑了过来。

这三个朋友都使足了劲儿和巨人搏斗。小羊从树上把树枝折断了拿来抽巨人；小龙从地上捡起石块儿使劲扔巨人，小蛇干脆跑到巨人身上又拧又咬。巨人越来越生气，大声吼着："你们这些小东西！你们居然敢欺负我？你们也不看看你们是谁！不看看我是谁！你们打得过我吗！"

巨人越生气个子就变得越大，力量也越大。

小小、小羊、小龙、小蛇他们发现这样跟他打是不行的，他们已经越来越没力气了。

> 这个故事的治疗意义在于：貌似强大的人其实并不可怕，大多数凶狠的模样都是外强中干。你愣去跟他挑战是不明智的，怒火会助长对方的强大。换一种出其不意的方式，化解他的愤怒，攻击他的弱点，同样能胜利。

眼看巨人就要把他们都捉走了，小羊灵机一动，开始咯吱巨人。一咯吱，巨人就开始笑，巨人笑一笑，就变小一些。

小小他们发现了这个秘密，全都趴在巨人身上咯吱他。

> 这个故事带给女儿深远的治愈作用，她后来自己编写了一篇治愈系故事《兔子和狐狸》（见第192页）。

"哈哈哈哈，哈哈哈哈……"巨人笑得浑身发颤，越来越小，越来越小，最后变成一只青蛙，跳进旁边的湖里去了。

淘气的小熊

> 这个故事当时是针对我儿子编的，讲给两个孩子听。儿子有时和朋友一起骑车出去，也不告诉我们一声，晚饭时间我们到处都找不到他。女儿也有过擅自走出小区大门没有通知我们，害得我们以为她丢了的情况。故事一个晚上讲一点儿，四个晚上才讲完。

小熊全家住在茂密的森林里。这片森林非常美丽，树木种类繁多，既有高大的桦树、榉木、橡树、白杨树，也有樱桃树、栗子树、山核桃树等，还有好多灌木，春天开花，秋天结果。一年四季，每个季节都有不同的景色。

小熊妈妈每天都很忙，要出去采果子，回来后还要做饭、打扫屋子，小熊经常出门自己找朋友玩。

> 第一天讲春天。

有一年，春天来到了，小熊全家都从冬眠中苏醒过来。一个冬天没怎么吃东西，熊妈妈非常忙碌地为全家准备吃的。一个冬天都没出去玩过了，小熊心里好痒痒，特别急着要出去，他伸伸胳膊，抻抻腿，扭扭腰，踮踮脚，跟妈妈说他想去爬树。妈妈说："冬天刚过去，天气不够暖和，树枝还是很脆，注意挑大树去爬，而且，爬的时候要特别小心，不要踩那些细的树枝。万一树枝断了，你会摔下来的。"

> 小熊有充足的理由出门，妈妈也没有命令他如何如何，而是给他解释清楚。

小熊没听妈妈说完就跑出去了。外边阳光明媚，春暖花开，绿草如茵。森林里的树木都长出了细细的嫩芽，树根旁边还有春雨过后冒出来的小小的蘑菇，灌木丛盛开着黄色的、紫色的、粉色的、蓝色的花朵。小熊的朋友们——小刺猬、小松鼠、小猫头鹰、小蜜蜂等——都跑出来玩了。一个冬天没有见到他们，小熊一一跑去打招呼，可高兴了。

> 所有的季节都有详细的描述，可以让孩子根据自己的回忆补充细节。

小熊最喜欢做的一件事情就是爬树，爬得高高的，可以看得远远的，还可以跟小鸟说话。他找到一棵高大的桦树，先爬上粗大的树干踩了踩，很稳当，就继续向上爬。爬得高兴，也就没有注意到脚下踩的是粗壮的树枝，还是细嫩的树枝。突然间，小熊登上的细树枝太脆了，小熊的体重把那根树枝压断了，他摔了下来，掉到地上。"哎哟！我的腿好疼啊！我动不了了！"

> 理解小熊不是故意的，而是不小心。孩子在玩的时候都面临不小心出事的风险。比如我的两个孩子都曾经在轮滑时摔倒，把胳膊摔断了。

小熊躺在地上一个劲儿地喊妈妈，但是妈妈不知道他在森林深处爬树，听不见他的喊声。

小熊疼得大哭起来。猫头鹰听到他的哭声，飞过来看见小熊的惨状，赶紧飞到他家告诉小熊妈妈。妈妈走了好远才找到他，赶快把他送到医院。医生说，小熊的腿摔断了，需要打上石膏固定，不能动，让骨头慢慢长好。就这样，小熊在医院里躺了好久，不能出去玩。出院回家后，也必须小心，不能跑和跳，更不能爬树。百无聊赖中，春天就过去了。

> 第二天讲夏天。

等小熊的腿完全恢复的时候，夏天到了。森林里的一切都比春天更加茂盛，树上长满了密密的叶子，有些地方，阳光都照不进来，树荫底下可凉快了，大树的阴面还长了绿色的苔藓。一场夏日的暴雨过后，地上会冒出很多白白胖胖的蘑菇。树林里，还会有白色的雾气蔓延。小熊知道，每当看见这种淡淡的白雾四处缭绕的时候，就是森林里的各种精灵——树精灵、草精灵、石精灵与花仙子在开 party。

> 为哪天讲森林精灵的故事埋下伏笔，也为开放结局多一个可能性。

森林深处有一个水潭，水潭里的水总是冰凉清爽，深不见底。潭水里有一些浮萍，还住着很多青蛙。看着青蛙在浮萍上面唱歌，从这片萍叶跳到那片萍叶，又"扑通扑通"跳进水里，小熊挺羡慕的。

他回家跟妈妈说："我去水潭那边玩了，看到青蛙在浮萍上跳来跳去，特别爽，我也想学着他们的样子跳呢。"妈妈说："那个潭里的水蛮深的，你还没有学会游泳，在潭边上玩要小心一些。浮萍托不住你，你会掉进水里的。"

> 妈妈对孩子怀有充分的信任，而不是紧张兮兮地千叮咛万嘱咐甚至勒令或者吓唬孩子，孩子从亲身体验中获得的教训才更深刻，才能真正形成自己的判断。

小熊对妈妈的话将信将疑。第二天，他来到池塘边，坐在岸边把脚伸进水里，一边玩水一边看着青蛙开音乐会。青蛙们一边唱歌一边在浮萍上跳来跳去，小熊看得心里好痒痒。他忘了妈妈的话，学着青蛙的样子，想跳到一片萍叶上，没想到"扑通"一下子掉到水里了。小熊不会游泳，只能在水里挣扎、叫唤，险些沉下去。幸亏被一只小鸟看见了，飞去告诉熊妈妈，妈妈火速赶到，才把他救了起来。

> 还是理解小熊，看到好玩儿的，就会忽视父母的叮嘱，甚至故意偷偷地尝试一下父母禁止他们做的事情。小熊妈妈的高明之处也在此：越是严格禁止孩子的事情，对孩子的诱惑越大。有时候，要孩子闯祸最简便的方法就是不许他们做什么。

小熊泡了凉水，感冒了，又在家里躺了几天。妈妈告诉他："春天的时候不能爬树，现在是夏天了，树已经长结实了，你现在可以去爬树了。"等病好了，小熊就去爬树，当然，他吸取上次的教训，注意避免比较细的树枝，开心地玩了一整个夏天。

> 小熊妈妈从来不呵斥、批评孩子，也不惩罚他，而是耐心地帮助他脱离困境渡过难关，相信孩子自己会总结出经验教训的，即便他还会继续闯祸。

夏天过去之后，就到了秋天。秋天的森林可美丽啦！大部分树上的树叶都变了颜色，有红色的、橙色的，还有黄色的和棕色的，这些叶子先后慢慢落下来，地上仿佛铺上了一层厚厚的地毯，踩上去软绵绵的。棕色的叶子比较脆，踩在脚下咯吱咯吱的。小熊特别喜欢在叶子地毯上打滚儿，可舒服了！

> 第三天讲秋天。大家也可以根据自己孩子的情况补充细节。

秋天的森林是一块涂满了各种颜色的调色板，不仅树叶变得五颜六色，好多树上和灌木丛上还结满了各式各样的果子：有樱桃、海棠、山楂、李子；有酸枣、草莓、蓝莓、覆盆子；还有栗子、核桃、碧根果；等等，数都数不过来。这些果子也是五颜六色的，甚至比树叶还要丰富多彩：有黄色的、橙色的、大红的、深红的、绿色的，还有紫色的。

小熊特别喜欢吃各种各样的果子。妈妈这个时候也忙起来，每天都要采摘很多果子，为过冬做准备。小熊跟妈妈说："我帮你采果子吧。"妈妈高兴地说："好啊！不过，你要分清好果子和坏果子。有些果子虽然长得好看，但是有毒的，不能吃；其实，即使是好果子也不能吃太多了，否则不消化，你会闹肚子的。"小熊跟着妈妈采了几天的果子，知道了哪些果子能吃，哪些不能吃，哪些吃多了会闹肚子。小熊觉得自己都记住了，有一天就自己提着篮子出门采果子了。

> 小熊主动提出帮助妈妈，并接受了新的知识。虽然妈妈叮嘱他要小心，但很多事情还是需要亲身体验才知道怎么回事。新的知识带来新的体验，也让小熊面临新的风险，可以从中吸取新的教训。无论是成人还是孩子，都是在不断的试错中学习和成长的。

这次小熊走得比较远，来到一个从没跟妈妈一起去过的地方。他在一丛灌木里发现一种特别漂亮的小红果子，他摘下一颗尝了尝，酸甜酸甜的，很好吃。于是他摘了好多，也顾不得往篮子里放，就一个劲儿地吃起来。这种果子太好吃了，小熊一口气吃了好多好多，吃得肚子圆鼓鼓的，撑得不行，也没有时间和力气摘果子了，就拖着笨重的肚子慢慢地向家走。走到一半，肚子疼得要命，小熊躺在地上直哼哼。

> 好东西过了头也会变成坏东西，这种深奥的人生哲理仅凭我们的嘴巴告诉孩子是没有用的，而是需要在体验中去领会。

妈妈不知道小熊去哪里了，到了晚饭时间，去了几个朋友家，都没有发现小熊的踪影。找不到小熊，妈妈非常担心。想起小熊前两次的遭遇，妈妈怕他又受到伤害，赶紧出门四处找他。妈妈在森林里走了好远好远，一边走一边叫"小熊""小熊"。

> 适当地引入妈妈的感受，让孩子从妈妈的角度观察事态，但仅仅点到为止，不要过分强调。

过了好久，小熊终于听见妈妈的呼唤声，他虚弱地回答道："妈妈！妈妈！我在这里呢！妈妈快来呀！"

又过了一阵子，妈妈才顺着小熊的声音找到他。可是小熊的肚子太疼了，走不动路。他又太沉了，妈妈也背不动他，只好陪着他坐在一棵大树下，给他揉着肚子。小熊感到难受，吐了几次，又拉肚子了，折腾了好久，直到半夜，心急如焚的熊爸爸找到他们，才把小熊抬回家。

第二天，妈妈带小熊去看医生。医生说小熊消化不良的情况非常严重，吃坏了肚子，需要休息，不能吃很多东西，只能吃最简单的食物，比如白米粥或者面包，其他那些他最喜爱的水果和坚果都不能碰，更不能吃蛋糕之类的甜品。小熊只好老老实实地喝了几天粥。

秋天过后，就是漫长的冬天。冬天的森林一片寂静，树叶都落光了,光秃秃的树枝静悄悄地矗立着。冬天的气温很低,天气很冷,哈出一口气,都能看见嘴边的白雾。池塘也结了冰,没有青蛙在唱歌。有时候,森林里会下雪。

> 第四天讲冬天。

冬天,大部分鸟儿都飞到温暖的南方过冬了;大部分昆虫,还有小熊的朋友们,比如小松鼠、小刺猬、小山猫、青蛙等,都回到自己的家里睡大觉——这叫作"冬眠",也就是说,整个冬天,大家都在睡觉。

小熊也需要冬眠。在家里,小熊妈妈和小熊爸爸都已经睡着了;小熊在床上躺着,却不想睡觉,他觉得睡觉没意思,他想玩,他想找那些朋友去。爸爸妈妈睡得那么香,家里安静极了,没人理他。听听门外,也没有往常那些热闹的声音,没有鸟叫,没有蝉鸣,没有蜜蜂嗡嗡,没有朋友的嬉闹声,没有树叶的沙沙声,没有小溪的潺潺流水声,只有偶尔北风刮过的呜呜声。

小熊觉得好无聊,他爬起来,推推妈妈,妈妈翻了个身,继续睡;他推推爸爸,爸爸连身都不翻,好像根本没感觉。小熊推开家门,走到外边。哇!外边是一片耀眼的白色!林子里刚刚下了大雪,皑皑的白雪给树枝穿上了白色的外套,给大地铺上了白色的毯子。天上还在飘着雪花,小熊伸出舌头,雪花飘落在他的舌尖,凉凉的,立刻融化了,真好玩儿!

小熊兴奋起来,冲出家门,跑到林子里玩。他走了好久好久,走了好远好远,都没有看到他的朋友。森林里空荡荡的,没有动物,了无声息。

小熊没有注意到,他玩的时候,在雪地里留了好多小脚印。这些脚印被猎人发现了,猎人悄悄地跟着他,逮着一个机会,把小熊抓进笼子里,送到动物园里去了。

……

这个故事后边我没有编结局,而是让孩子来编。

孩子听到这儿,都非常着急:那怎么办呀?小熊还能回家吗?

我问:"现在小熊心情怎么样呀?"

孩子说:"小熊一定特别后悔!他应该小心一些!怎么办呀?小熊得找回妈妈呀!"

小熊妈妈要是醒来发现小熊不见了,会有什么感觉呢?

孩子更着急了,他们觉得小熊妈妈一定着急坏了,她会伤心的,会哭的!

两个孩子就开始编:小熊做了个梦,梦里回去找到妈妈,跟妈妈说以后再也不偷偷地跑出去玩了……还编了好多好多。

我为故事留了一个开放性的结局,想看看孩子有什么反应,让他们帮助小熊找到回家的办法。

我自己感觉这个故事编得并不高明,有些直白。我不是要孩子什么都听我的,而是说孩子出门去哪里,都应该事先跟妈妈说一声,免得我们找不到他们,或者他们遇到问题,我们无法及时帮助他们。这是我想达到的目的。

后来儿子无论做什么还真的都来告诉我,我也在尽可能的情况下支持他的选择,尽量不驳回他的申请。即便做了错误的选择,甚至闯了祸,我也不会呵斥或者惩罚他,而是倾听他、帮助他,让他自己主动总结出经验教训,就像小熊妈妈一样。这样他更乐意和我沟通,以此形成良性循环。这种良性亲子关系对于后边的青春期时光来说,尤为重要!

几年过去了,孩子们都大了,可以独自出门乘车,甚至离开父母生活一段时间。但他们还是忠实地遵守一个原则:及时通知家人自己的去向。

即便到现在,儿子已经是成人了,还保持着这个习惯:去哪里都会事先告诉我,开车旅游,到达地点后第一时间给家里报平安;而且他知道,无论发生什么,妈妈都是他最坚实的后盾。

∽ 想成为雄鹿的小鹿 ∽

"鸭子要当孔雀"是给女儿的,"小鹿要当雄鹿"是给儿子的,都是针对成长中的困惑的治愈系故事。

森林里住着小鹿一家。家里有爸爸、妈妈、哥哥,还有小鹿。

这是一只特别要强的小鹿,刚生下来的时候,腿细细的,站都站不稳,一迈腿就要摔倒。妈妈告诉他,多吃奶,多吃草,多锻炼,腿就能长得健壮。小鹿就每天吃妈妈的奶,吃很多很多,长大一些又吃很多的草和水果，每天都很勤奋地跑来跑去，果然，他的腿慢慢长得很健壮，跑起来飞快。

> 孩子很喜欢这样回忆自己小时候成长的经历。

小鹿的哥哥比小鹿大，个头高高的，非常雄健，头上长着两只长长的、漂亮的鹿角。他不仅长得英姿飒爽，而且孔武有力，走到哪里都引来一片赞叹。

小鹿特别羡慕他的哥哥，特别想成为哥哥那样的雄鹿。但他自己没长那样的角，脑袋上是光秃秃的，只有两只耳朵。他想啊想啊，想到了一个办法。

> 很多孩子都羡慕比自己年长有本事的大孩子，渴望像他们那样，甚至因此而盼望快些长大。

小鹿去向树公公要树枝，又向马叔叔要马鬃。树公公给了小鹿两段有丫杈的树枝，马叔叔也给了小鹿几条马鬃。

> 这只小鹿很有创意，很会想办法。

小鹿高高兴兴地拿着东西回家，并用马鬃把树枝绑在了头上。"哈！这就是我的鹿角，我现在就像雄鹿一样了！"

小鹿精神抖擞地去找他的雄鹿哥哥挑战。他说："你看！我也有鹿角，也可以打架！"小鹿以前见过雄鹿们打架，是把头撞在一起，用鹿角互相顶的。所以他也把头向雄鹿哥哥撞去，可是树枝却一下就被哥哥的大角撞断，掉下来了。小鹿的脑袋被哥哥的鹿角撞得生疼，疼了好多天才好。

> 小鹿很有勇气和自信，哥哥也平静地接受弟弟的挑战，没有鄙视或者嘲弄他。小男孩在一起打打闹闹，是成长过程中自然而然的部分。在这里，打架是一件正常的事情。

小鹿看到树枝不行，就继续去找可以当鹿角的东西。他有了新的发现：水牛也长着犄角。

小鹿就向水牛要了牛角，还是拿马鬃绑到自己头上。

"你看，我又有角了，尖尖的，弯弯的，肯定很厉害！"小鹿雄赳赳地又去挑战他的雄鹿哥哥。他们俩又打了一架，那水牛角虽然厉害，但是因为是拴在小鹿脑袋上的，不结实，跟哥哥的角撞上，叉在一起，没顶两下就又掉了。小鹿的脑袋再次被撞得疼了好几天。

小鹿发现哥哥的角会脱落，旧的角掉下来，新的角长出来。每脱落一次，新角都比旧角长得更大，枝杈更多。

小鹿把哥哥脱落的旧角捡起来，绑在自己脑袋上。唔，这次比前两次都更好看，因为是真正的鹿角呀！小鹿晃晃悠悠地顶着跟自己身体不成比例的鹿角，很得意地到处走来走去，遇见朋友就低下头要跟人家比试比试。

没多久，小鹿发现平时跟他一起玩的朋友都不找他玩了，因为他的那副鹿角把还没有长出鹿角的朋友都戳疼了。他去找比他大的长出鹿角的鹿去玩，但是这些鹿并不想跟他一起玩，因为他太小了。

> 重复的情节在强调一个道理：借来的、拣来的、不属于自身的"本事"，毫无用处。它与自我的联结十分脆弱，不攻自破，而且会带来伤害。

小鹿再次挑战哥哥，两只鹿角撞在一起，叉上。可惜因为小鹿的鹿角是绑在脑袋上的，哥哥轻而易举地把它挑掉了。

这一次，小鹿的头疼得厉害，他就去找妈妈，说："我的头特别疼，跟哥哥打架撞的。"妈妈就给他揉了揉。

> 凡是忽视并逾越自然规律的成长，都要付出代价。

过了几天，头里边不疼了，可是外边还在疼，又疼又痒，很奇怪的感觉。他又去找妈妈。妈妈摸了摸，看了看，说："哦，你要长角了。你的角会慢慢长出来，再等几天吧。"

> 妈妈的角色在于辅助孩子成长，不用讲道理，孩子通过亲身体验会领悟的。

小鹿耐心地等了一些日子，头上果然长出了角。"哦，现在，我真的变成雄鹿了！"虽然那个角还不大，甚至是软的，也没有哥哥的漂亮，但那是真正的鹿角，以后会慢慢长大的。

狮子和臭鼬

> 创作这个故事的起因是2011年8月，儿子去新学校上初中，开学第一天，回家路上在校车里和一个高年级孩子发生冲突，青着眼睛回到家，满腹委屈，一腔怒火。我向其他孩子询问事情原委、与校车老师沟通之后，思考如何与儿子探讨这件事，才能防止今后类似的情况发生。单纯地讲道理，肯定收效甚微，而且孩子会感觉妈妈不理解他。洗澡的时候想起"永远不要和臭鼬比赛撒尿"，于是构思了这个故事，睡觉前讲给儿子听。小伙子听后若有所思地说："我觉得可以猜出这个故事的寓意。"第二天，校车老师向我转达了那个孩子妈妈的致歉，请多包涵，从此两人相安无事。

辽阔的大草原上，茂密的大森林里，居住着很多很多动物。

有一天，一只臭鼬拉着旅行箱来到这片草原上的森林里。臭鼬身上臭烘烘的，大家都避之唯恐不及，没有谁愿意跟他说话。但是臭鼬好像不知道自己不招人待见，趾高气扬地宣称要见识一下这里最威武的动物。

臭鼬转悠了一圈，没见到谁想搭理他，看到一只小松鼠，觉得他们俩长得差不多，就叫住松鼠："喂！你告诉我，谁是这里最厉害的动物？"

好心的小松鼠如实相告："是狮子。他孔武有力，又正直公平，在这片土地上保护弱小，除霸安良，我们都很崇敬他，推他为森林之王。"

"森林之王？"臭鼬不服气地问，"他有什么了不起？我去找他比试比试。他在哪儿？"

小松鼠告诉臭鼬，在森林里最高大的树下可以找到狮子，中午的时候他肯定在，因为他每天都午睡。臭鼬就去了。

"喂！狮子！我听说你是森林之王。怎么样？咱俩比试比试？看谁更厉害？这么着吧，你这么大块头，跟我比打架，不够公平。咱俩比赛撒尿吧！"

狮子看了看臭鼬，对他微微笑了笑，没说什么，转身走了。

臭鼬这下可得意了！他跑回来对小松鼠说："什么森林之王呀！他连我这么个小个子都害怕！我挑战他，他都不敢应战，直接逃走了！"

小松鼠听了之后也很吃惊，但他不相信臭鼬的话，觉得这个臭烘烘的家伙一定是在编瞎话。他想亲眼见识一下，就跟着臭鼬再次找到狮子。

"喂！狮子！我再给你一次机会，证明你的实力！咱俩比赛吧！"

狮子还是看了看臭鼬，对他微微笑了笑，没说什么，转身走了。

"哎哎哎！你别走啊！你走说明你怕我！"臭鼬在狮子身后大声嚷嚷起来，"堂堂大狮子，怕一只小臭鼬！哈哈哈！胆小鬼！懦夫！"

臭鼬追着狮子，嘴里不住地嘲笑着。狮子步伐迈得大，很快就把臭鼬甩掉了。

臭鼬跑回来对小松鼠得意扬扬地炫耀道："怎么样？看见了吧？他怕我！见着我就逃走了！"

说着，臭鼬从旅行箱里拿出一件T-恤衫和一杆笔，在T-恤衫胸前写上"森林之王"，背后写上"打败狮子"，然后穿在身上，张牙舞爪、耀武扬威地走了。

小松鼠留在原地，心情十分郁闷。他不明白狮子的行为，于是第二天中午，他到大树下找到狮子，问个究竟。

"狮子大王，您昨天为什么不回应臭鼬的挑战呢？"

狮子回答道："和臭鼬比赛撒尿，我岂不是也成了臭鼬吗？但我不是臭鼬，是狮子呀！"

> 这是一个寓言性质的故事,请读者朋友不要误会,我不是把那个打人的孩子比作臭鼬。在寓言里,所有的动物形象都代表了我们人类心灵的不同品质,这里也不例外。形象威严而高贵的狮子,代表我们内心高尚、正义、端庄、光明磊落的品质;形象猥琐的臭鼬,则代表某些卑劣的品质,包括不惜一切代价争强好胜的天性,以及歪曲事实、满足私欲的妄想之念。我们到底选择做狮子,还是选择做臭鼬呢?在生命历程中,我们会经常面对类似的选择。

小松鼠又问道:"那他那么讨厌,您怎么不一脚把他踹走呢?按照您的力量,对付这么个小东西还是绰绰有余的呀。"

狮子笑起来,说:"踹了他,我身上会被喷满臭鼬的尿,臭不可当,难以祛除,走到哪儿,大家都会误以为臭鼬来了呢!可我不是臭鼬,是狮子呀。"

小松鼠还是很担忧:"臭鼬现在宣称他是'森林之王',而且到处宣扬他'打败狮子'。这明明是瞎话嘛,我可生气了!您听了不生气吗?难道我们不去公布真相吗?"

> 相信读者朋友们会从这个故事里找到很多真实生活的影子,发出会心的微笑。
> 无论臭鼬宣称什么,臭鼬还是臭鼬,狮子还是狮子。明白了这个道理,我们的许多烦恼都会烟消云散。

狮子打了个大大的哈欠,睡眼惺忪地说:"哦,是吗?我要午睡了,你睡不睡呀?"

小松鼠爬到狮子的臂肘里,舒舒服服地蜷起来,跟着狮子一起睡着了。

> 这个故事还可以演绎出更多的版本,例如:
> ……听说臭鼬给狮子下了挑战书,森林里一向仇视狮子的动物们,如黄鼠狼、耗子、臭虫、蟑螂等都欢欣鼓舞,跑来给臭鼬助威。他们义愤填膺地向臭鼬控诉,狮子平时如何蛮横霸道,吓得他们不敢轻举妄动。如今有臭鼬来为他们撑腰!大家感动得热泪盈眶,热血沸腾,誓把狮子打翻在地!
> ……黄鼠狼他们欢呼雀跃,把臭鼬抬举起来,像迎接英雄一样捧回了家。
> ……狮子打了一个大大的哈欠,睡眼惺忪地说:"哦,是吗?**黄鼠狼他们也需要英雄的嘛**。我要午睡了,你睡不睡呀?"

～小马和小猫～

> 我在苏珊·佩罗老师的工作坊里编了这个故事,意在治愈手足间的矛盾。

在一家农场里,住着一匹小马。有一年,小马过生日的那天,一个小男孩来到马厩里,小男孩的手上捧着一只盒子,说是送给小马的。男孩放下盒子就走了。

> 生命都是礼物,小男孩是天使。

小马打开盒子,里面有一只小猫。小马可高兴了,这只小猫是他的生日礼物!他迫不及待地要跟这只小猫好好地玩。

这个时候小猫叫了,"喵——喵——"。小马想:她可能饿了吧?于是就把小猫带出马厩,来到草地上,让小猫吃草,因为小马就是吃草的嘛。可是小猫不吃草,还是叫,"喵——喵——"。

小马说:"你不吃草呀?那你吃什么呀?"小马想了想,又把小猫带回马厩,给她吃麦麸,因为小马自己喜欢吃麦麸。可是小猫也不吃麦麸,还是叫,"喵——喵——"。

"这个小猫!麦麸也不吃,那她吃什么呀?"小马自言自语着。他想起来了,农场有兔子,兔子吃胡萝卜,也吃菜。农场有很多菜,小马就去拿来给小猫。小猫也不吃菜,还是一个劲儿地叫,"喵——喵——"。

小马心里有点儿着急:草也不吃,麦麸也不吃,蔬菜也不吃,小猫到底要吃什么呢?他急得团团转,小猫很可怜地看着他,好像在说自己什么都不能吃。

小马把小猫带到牛棚里,看看牛吃什么,看看小猫会不会喜欢。牛喜欢吃那种甜甜酸酸的发酵过的干草,因为发酵过,所以味道有些臭。小马忍着臭味把小猫带过去,小猫既不吃酸的干草,也不喜欢那个味道,只是叫,"喵——喵——"。

小马这下有些灰心了,他能想到的都想了,完全没有主意了。

忽然间，小猫不叫了，而是发出另外一种声音。小马跑过去一看，发现小猫在喝牛奶。

小马明白了：哦，原来小猫喜欢喝牛奶！喝了牛奶，小猫不渴了，但还是叫，"喵——喵——"。

小马不知道小猫要什么，只好又带她出去玩。到了一条小河边，小猫看见河里有鱼，特别兴奋，叫得更大声了。但是猫不会游泳，沾到水就害怕，缩了回来。小马说："你要那些鱼吗？"小马个子高，走到河里边，用嘴叼了一条鱼交给小猫，小猫很快把鱼吃了。

小马总算知道了：原来小猫是要吃鱼、喝牛奶的。就这样，小马每天带小猫到牛棚里喝牛奶，然后到小河边抓鱼吃。

吃饱喝足了，小马说："跟我一起玩吧。"小马带小猫来到宽阔的草地上："来，咱俩赛跑，看谁跑得快！"小马说完，撒开蹄子就跑，但是感觉到后面没人追上来，他就"哒哒哒"地又跑回来了。

咳，小猫这么小跑不动，她在那儿捉蝴蝶玩，跳起来还会把自己摔个跟头。小马看着小猫："你玩这个有什么意思呀，还是来跟我赛跑吧。"小猫不跟小马走，依然在那里追蝴蝶。

> 这个故事的本意不在于合作，而在于接受对方的天性，小猫和小马的天性如此不同，小马与其放弃小猫或者是跟她打架，还不如努力地寻找小猫最适合自己的地方，并且接纳她。

小马觉得这只小猫太难搞啦：吃的东西难搞，玩的也很难搞，什么都跟我不一样，都那么麻烦！小马有点儿不高兴了，他都有点儿想把小猫送给别人了。

这个时候，小猫跑过来围着他转，用鼻子拱拱他，又用舌头舔舔他，还在他脚边蜷着，暖和的小身子呼噜呼噜地起伏。小马觉得很舒服，原来小猫这么可爱。真送走了，他也舍不得。他想了想：要怎么才能跟小猫一块儿玩呢？

接着小猫就爬到他身上去了。小马说："哎，你到我背上挺好，我带着你跑吧。"小马就带着小猫在草地上跑，一会儿快，一会儿慢，或者一块儿追蝴蝶。小猫有时候骑在他背上，有时候骑在他头上。小马跳起来的时候，小猫也跟着跳起来，小马落在地上，小猫就落在他身上。他们俩在一起玩得很开心。

到了秋天，他们一起去果园玩。小马特别爱吃苹果。他们看到矮处的苹果都被摘光了，高处的苹果还没有摘，可是小马够不着。小猫知道了，"噌噌噌"，几下就爬上了树，把苹果摘了下来。小马吃着苹果，想：嗯，有这么一只猫挺好的。

> 我们家两个孩子，哥哥和妹妹，相处其实挺困难的，性别不一样，爱好不一样，习性也不一样，两个人经常有矛盾。这个时候就需要考虑如何接纳对方的天性，同时也找到对方对自己有帮助的地方，对双方来说，这是互补的。

≈ 一片叶子 ≈

在一片茂密的森林里，居住着许许多多的参天大树，每一棵大树都是一位妈妈。

> 这个故事的最初创意来自一场工作坊里一名叫曹丽莉的学员，我当时认为可以把它讲得更长，当中可以发挥出诸多细节，所以征求了丽莉的同意放到这里。

大树妈妈身上有很多孩子——那些叶子都是她的孩子嘛。叶子们每天都很快乐，但是有一片叶子很不高兴，总是在发愁，什么事情都不想做。

他的旁边有四片叶子，就是他的兄弟姐妹。看到他不高兴，兄弟姐妹就都劝他。

叶子哥哥说："咱们在这儿多好啊，每天都可以晒太阳，太阳出来的时候，咱们身上暖乎乎的，一边晒太阳一边睡觉，很舒服。啊,我又困了。"

这片叶子皱着眉头说:"晒太阳有什么意思呀?晒得身上怪热的,老要出汗。我觉得没意思。"

叶子姐姐说:"我也觉得在这里特别好。每当天上下雨的时候,雨打在咱们身上,发出'沙沙沙'的声音,我就跟着它一起唱歌,特别美妙。沙啦啦……"

这片叶子哼了一声:"下雨有什么意思呀?下雨的时候身上都湿了,怪不舒服的;你们唱歌怪吵的,我不喜欢。"

叶子妹妹扭扭腰,说:"你不喜欢雨,那就喜欢风吧!咱们这里每天都刮风呢。呀,风吹过来的时候,我就跟着风一起跳舞,多美妙啊!看啊,风又吹过来了,跟我一起跳舞吧!"

"刮风有什么好?风把我吹得跟跟跄跄、东倒西歪的。再说,我也不喜欢跳舞。"这片叶子还是不以为然地嘟囔着。

叶子弟弟兴致勃勃地说:"每天我的朋友都会来找我,有小蜗牛、小鸟、小蚂蚁,还有蝴蝶,朋友们聚在这里,晒着太阳聊着天儿,下雨的时候一起唱歌,刮风的时候一起跳舞,挺好的。"

> 几片叶子反映了不同的气质类型。

这片叶子反而越听越不高兴了:"我又没什么朋友,我也不喜欢蜗牛,不喜欢蝴蝶。有什么好的。"

正说着呢,突然刮来了一阵大风,这片叶子本来就不喜欢在树上待着,所以特别努力特别努力地要跟着风走。

结尾1:

果然,风把他刮离了大树妈妈,这片叶子飘起来,兴奋地大喊:"啊,我终于可以蹦极了!"

> 当时创意到此为止。我觉得可以继续编下去,所以又有了不同的结尾。
> 这个故事是一天早晨我陪女儿上学路上给她讲的,一边走,一边编,一边讲。

结尾2：

这片叶子就乘着风飘起来了，越飘越高，越飘越高，这是一种多么眩晕又多么奇特的感觉啊！随着风，他越飘越远，越飘越远，离开了他的大树妈妈，离开了他的叶子兄弟姐妹。

他带着那种自由自在的感觉在天空上飞，一边飞一边看，前前后后，上下左右，四面八方都能看到，再也不像以前那样，视线总是被其他树叶遮挡住了。他能看到一望无际的蓝蓝的天，能看到变成很多种形状的白白的云。

风继续吹着，一直把叶子吹出了森林。还没有谁跟他讲过森林外是什么样子呢！叶子又兴奋又有些担心，但他已经离开了熟悉的家园，就干脆当个探险家吧！

风渐渐小了，叶子慢慢地落了下来，飘落到一条河里面。他漂在水面上，随波逐流。

叶子发现在水上的感觉也特别奇妙，浪花打在他的身上，他则总是乘在浪尖上，上下起伏。他随着湍急的水流一会儿往前，一会儿转圈。以前可从来没有过这种感觉，一直在树上长着嘛。

叶子随着风，随着水，出去看世界，见识了很多很多世界各地的各种各样的景象。

叶子看到了，叶子知道了，原来世界上除了森林之外，还有辽阔的田野、峻峭的高山，有各式各样的花儿草儿，有各种各样的动物，还有很多的城市，很多的人……

> 看到了什么？体验了什么？有什么样的经历？认识了谁？说了什么话？可以编很多细节，可以是自己身边熟悉的景象，也可以是外出旅游时的见闻。这个故事可长可短，可以一次讲完，也可以编成连续剧或系列片，就像艾拉妈编的《拉拉的长头发》那样。这里就留给读者朋友们发挥吧！

叶子漂到了一个农庄，在这里被冲上了岸。这个时候，他发现自己的身体起了变化，随着风飘，随着水流了这么长时间，他发现自己在慢慢地变干，变得越来越干。

又过了一些日子,叶子比以前更轻了,更容易被风刮起来了。

有一天,叶子被一个小孩子捡起来,洗干净,晾干抚平了,放进一本书里。书里面有很多故事,都是叶子从来没听说过的新奇好玩的事情。听着故事,叶子在书里边睡着了,还做了梦。

再后来,小孩子带着书去森林里玩,玩累了坐下来靠着大树看书,看着看着孩子也睡着了,叶子从书里掉了出来。

叶子落到树下的泥土上,平静地躺着。他感觉到有些累,泥土很松软,让他觉得很舒适,好像能永远这样躺着。

隐隐约约地,他听到了遥远而轻柔的呼唤声,他好像听到妈妈在叫他。他觉得特别熟悉:有一种很熟悉的声音,有一种很熟悉的气味,有一种很熟悉的感觉。是的,这是妈妈的呼唤,让他回家。

> 这个故事隐喻地告诉孩子,未来有无限的可能,你不会总在妈妈怀抱里待着,而是要慢慢独立,去探索世界,可以看到不同的景象,大千世界有很多新奇的事情在等着你去欣赏去享受。但是妈妈永远都会和你有着爱的联结。这个故事也画出了生命的一个圆圈。

叶子觉得很舒服。晒着太阳,慢慢地他又睡着了。风来了,他听到了沙啦啦的歌声;雨来了,他看到了优美的舞蹈;蜗牛来了,蝴蝶来了,小鸟也来了,叶子和他们一起玩……

这片叶子慢慢地变成了泥土。就在睡梦中,他回到妈妈的怀抱里,又变成了大树妈妈身上的一部分。

≈ 月季花圃 ≈

> 这是我在华德福教师培训期间,学习四年级植物课时编的。事后看看,它既是自然故事,也是治愈系故事。

不知道你们留神过没有?在咱们的窗外(院子里/墙角下),有一片茂盛的月季花圃,里边盛开着各种颜色的月季花。有的花儿色彩浓烈鲜艳，花朵绽放得奔放豪爽；有的花儿色彩含蓄浅淡，花朵绽放得很文静秀气；所有的花朵都不一样，都各有特色。这里边，还有一个故事呢！

> 既然是植物课，须以生活中的真实景象为依据，花圃的位置根据实际情况来说。

很久以前，这片月季花圃刚刚种好，月季花神每年都会到这里来一次，除了照看这些月季花之外，还会给每一株含苞待放的月季花传授她的秘密魔法。

月季花神有两种秘密魔法：一种是鲜艳的颜色，另一种是馥郁的香气。每一朵月季花都必须从这两种魔法中挑选一样给自己，不能两样都有。也就是说，挑选了鲜艳的颜色，就不能有馥郁的香气；而挑选了馥郁的香气呢，就不能拥有鲜艳的颜色。

> 上苍是公平的，给每一个人不同的天赋，没有高低上下之分，生命才会多姿多彩。选择魔法就是接纳自己天性的过程。

每一株新生的月季花都必须认真地想好，因为一旦挑选了秘密魔法中的一种，就必须永远保留着，不能更改了。

到底给自己挑选哪一样魔法，可不是一件容易的事。所有的花儿都爱美，鲜艳的色彩会让自己美丽动人、魅力四射。来月季花圃的人，都会一下子被浓烈的色彩吸引，都会惊讶地赞叹，有的人还会拿出相机来拍照。这些照片有可能被放大了挂在墙上，甚至有可能印刷在海报上或者杂志里，让更多的人欣赏到花儿的美丽。还有人定期来把这些漂亮的花儿剪下来，拿到花卉市场出售，人们买了这些花儿，插进花瓶里，装饰他们的屋子。有了美丽的花朵，屋子里的氛围一下子就变得生机勃勃，每一个看到花儿的人，都会情不自禁地笑起来。

那些馥郁芬芳的花儿呢？来月季花圃的人们也许不会一下子注意到她们，因为她们不那么起眼。但她们会吸引很多细心的人过来，这些人会小心翼翼地捧着她们，闭上眼睛深深地吸入香气，陶醉在这香气里。也有人定期来把这些芬芳的花儿剪下来，也会在市场出售，她们往往变成女人浴池里的陪伴，给泡泡浴增添香味；更多的则是和千万朵其他香花一起，经过蒸馏和加工，变成香料，要么成为精油的一部分，要么成为美容或者护肤产品的一部分。也就是说，虽然这些花儿本身没有华丽的外表，但她们可以让很多人变得更美丽，她们的香气也被永久地保留下来，让更多的人体味到。凡是闻到花香的人，脸上都挂着微笑。

> 因是自然故事，这些细节需要符合生活中真实的情况。

无论是光鲜的色彩，还是馥郁的香气，都能给这世界带来美，都能给人们带来喜悦，都能给生活增添活力。到底用哪种方式来帮助人们呢？每一株月季花都面临着这样的选择。

如果有哪株月季花犹豫不决，月季花神会替她挑选。月季花神了解每一株花的品性，会帮她做出最准确的判断。一开始，有些月季花不是很确定花神的选择，尤其是小朵的香花，常常羡慕那些大朵的艳花，觉得她们很容易备受关注、出尽风头。不过，随着时光的流逝，这些花儿渐渐领悟到花神的智慧——小朵的花儿本性都比较害羞，如果被目光包围、聚光灯追逐，她们会紧张焦虑，无所适从；而贴在温暖滑润的肌肤上的感觉，则令她们倍感安全舒适。

> 我们往往会忽视自己本身具备的特质而羡慕别人身上的特质。不仅孩子会羡慕别人，我们做家长的，有时也会羡慕别人家的孩子，暗自希望自己的孩子也像那些孩子一样活泼开朗、大方好学、聪明懂礼貌，等等，是不是？

因此，月季花圃里的新花都很期盼月季花神每年一度的降临，都想告诉花神自己的选择，或者听听花神的意见，好尽快拿到属于自己的那种魔法。

所以呀，在月季花圃里，颜色越鲜艳的花朵，香气越淡；而香气沁人的花朵呢，颜色都很浅。还有，开得越大的花朵，香气越淡；最香的花朵，都是小小的、淡淡的。

　　不信你就自己去看一看，闻一闻！

生命各有千秋，每一个生命都是珍贵的，都有其与生俱来的价值。

≈ 伊莎贝尔历险记 ≈

作者：Ogden Nash

翻译：小巫

这是我熟记于心后给女儿朗诵过的一首诗，后来还给其他的孩子朗诵过。它是一位美国诗人为自己的女儿写的，具有强大的疗愈力量，适合讲给所有的孩子听。
相形之下，本书2012年第一版时，是我编故事生涯初期，功力浅、局限多、大部分故事流于直白；到了2015年《小巫教你编故事》初版时，我的段位有了很大提升。

伊莎贝尔遇见一只大狗熊，
伊莎贝尔，伊莎贝尔，满不在乎。
狗熊肚子空空，饥肠辘辘，
狗熊的血盆大口十分恐怖。
狗熊说，伊莎贝尔，你好，
伊莎贝尔，我要把你吃掉。
伊莎贝尔，伊莎贝尔，不发愁，
伊莎贝尔既没尖叫，也没逃走。
她洗了洗手，把头发整理好，
然后安静地把狗熊给吃掉。

一个夜晚漆黑如墨，
伊莎贝尔遇见一个老巫婆。

巫婆的脸上布满褶皱，
巫婆的牙齿稀疏丑陋。
嚯嚯，伊莎贝尔！巫婆说，
我要把你变成一只癞蛤蟆！
伊莎贝尔，伊莎贝尔，不发愁，
伊莎贝尔既没尖叫，也没逃走。
她既没有发火也没有生气，
她把巫婆变成牛奶喝进肚子里。

伊莎贝尔遇见一个巨人，
伊莎贝尔依然平静沉稳。
巨人浑身是毛，相貌难看，
一只眼睛长在额头中间。
巨人说，伊莎贝尔，早上好，
我要把你磨碎了烤面包。
伊莎贝尔，伊莎贝尔，不发愁，
伊莎贝尔既没尖叫，也没逃走。
她啃着每天都吃的小甜麦，
吃完了，她割下巨人的脑袋。

伊莎贝尔遇见一个恼人的医生，
他捅捅这儿、戳戳那儿纠缠不清。
医生高谈阔论感冒着凉，
医生的皮包装满药丸鼓鼓囊囊。
医生对伊莎贝尔发号施令：
吃下这服药，你就不再生病。
伊莎贝尔，伊莎贝尔，不发愁，
伊莎贝尔既没尖叫，也没逃走。
她从药箱里取出药丸，神态安宁，

伊莎贝尔就这样治好了医生。

> 虽然表面上这个故事的治疗对象是那些比较弱势、胆怯、怕生、容易挨欺负的孩子，或是怀有怕怪物、怕野兽、怕黑等恐惧的孩子，但其实它适合所有的孩子，可以赋予小听众战胜一切困难的力量。

≈ 湖心的羽毛 ≈

> 这个东非的故事来自苏珊·佩罗的书《故事知道怎么办》，适合五岁以上的孩子听。我曾经熟记下英文版讲给我的女儿听，那一阵子她哥哥经常逗她，让她很烦。

从前，有一个部落的酋长叫木给，他有一个女儿叫木薇茹。木薇茹有着闭月羞花的非凡美貌，所有认识她的人都爱她。

酋长木给的房子坐落在一片浩瀚的湖旁，湖水清澈见底。最特别的景象在湖中心，那里，一根奇妙的羽毛从水中升起，飘在上空。

有一天酋长宣告："谁要娶我的女儿，就必须把羽毛拿到手。"很多男人都去试了，但他们都失败了，因为湖水太深了，羽毛离湖岸又太远了。

在这个部落里，有一个小伙子叫吉亚可，他家徒四壁，所有的人都看不起他，老是取笑他穷。吉亚可听了酋长的宣告，很想试试自己的运气。他妈妈劝他说："我们太穷了，你怎么可能娶酋长的女儿呢？"

不过，虽然妈妈这么说，吉亚可知道他至少应该试一试吧。他找到酋长，鞠躬说："亲爱的酋长，我想向你的女儿求婚。"

酋长说："在谈婚论嫁之前，你必须把那根羽毛从湖里带给我。"随后酋长就离开了议事厅。

于是吉亚可向湖出发。他到湖边的时候，太阳都快下山了。他开始慢慢慢慢地走到水里边，开始向着羽毛游去。他一边游一边唱歌:"湖心美丽的羽毛啊,请你来到我身边,来到我身边。"

> 歌词需要配上曲子,我当时用了《美丽的西班牙姑娘》曲调。

水越来越深,到他的腰了,到他的胸了,到肩膀了,一直到淹没了他的脖子。他又唱了起来:"湖心美丽的羽毛啊,请你来到我身边,来到我身边。"

羽毛开始慢慢地向他移动。吉亚可继续唱他的歌,羽毛随着他的歌声朝他漂过来了,漂过来了,越来越近,越来越近,最后他把羽毛捧到手上了。他一边举着羽毛往回游,横穿清澈的湖水,一边还唱着:"湖心美丽的羽毛啊,请你来到我身边,来到我身边。"

就在他到了岸边的时候,他听到身后有一些声音,回头看,一大群的牛、一大群的羊和一大群的鸟儿都跟着他来了。噢!他想:"如果这些都属于我的话,那么我肯定就是木薇茹要嫁的那个人。"

吉亚可拿着羽毛去见了酋长,牛啊羊啊鸟儿啊都浩浩荡荡地跟着他。酋长见状,召集部落的长老开了会。

> 这个故事治疗那种经常被取笑、受欺负的孩子。还有不少故事蕴含了同样的智慧,希望家长从中受到启发,认出同类的故事来。

第二天他们举行了盛大的婚礼,吉亚可和木薇茹结婚了,幸福地生活在了一起。

≈ 爱说话的国王(框架故事)≈
讲述者:Peter Schmidt(中文名:施玉山)

从前有一个国王特别爱说话,老是没完没了没完没了没完没了地说话,老是不经思考话就出来了。他手下的所有大臣都觉得跟他讲话挺困难的,他不停地讲话,谁也插不进话,谁也不知道他在说什么,大家也没有办法正常工作。

怎么去改变国王的行为呢?他的宰相就想啊,想啊,想啊……

有一天,宰相去见国王,并对国王说:"国王啊,今天我听了一个好听的故事,让我也来讲给你听吧。"

国王特别兴奋地说:"好啊好啊,我就爱听故事,你讲啊你讲啊!"宰相刚要开口,国王就催他:"你快讲,你快讲!你怎么还不讲?"

宰相说:"您先别说话好吗?我马上就讲。"

国王使劲儿忍住不说话,让宰相讲。

故事开始了:

在东南方有一座山,山脚下有一片湖,湖里面住着一只乌龟。

乌龟有两个好朋友是两只仙鹤。每年仙鹤都会在天暖和的时候来到山里,到这湖里去找到乌龟,告诉乌龟他们在过去这一年里都做了些什么事情,见识了什么世面,都去了什么地方,遇到过什么好玩的事情,一件一件都讲给乌龟听。但是一到冬天,仙鹤就飞走了。

听了他们讲外面的世界很精彩,乌龟就特别想去,也想去见见世面。但是怎么才能跟着仙鹤去看世界呢?乌龟冥思苦想。

这个时候,冬天快来了,老刮风,风把树枝刮得到处乱跑。乌龟看到树枝,突然想出了一个办法:乌龟叼着一根树枝的中间,两只仙鹤一边一只提着这根树枝,这样就能带着乌龟飞起来了。于是他们就这样出发了。

乌龟见到了很多很多他从来没看到过的景象,大片大片金黄色的田野啊、弯弯曲曲的小河啊、在田野里劳动的人啊……很多很多。

无论他们飞过什么地方,人们都会抬头看:"哇,快看快看,真没见过啊,这是多么好的主意啊,两只仙鹤带着一只乌龟飞,也不知道他们要飞去哪里。真是不可思议啊!"乌龟觉得又激动又得意。

后来他们又飞到了另外一片田野上空。有两个孩子正在放风筝，他们也看到了这个三人团。有一个孩子说："啊，我知道了，一定是仙鹤要吃乌龟，他们两个正在抬着他们的晚餐呢。"

乌龟听了这句话，觉得很有必要解释一下，告诉那孩子不是那么一回事，就把嘴给松开了……

国王听完这个故事非常喜欢，说："非常好。"然后，他就睡觉去了。

从第二天开始，国王在说话之前就都会想一想了。

> 如果只讲乌龟的故事，乌龟的悲剧结局会给孩子造成过于强烈的刺激。而框架故事等于裹了一层毯子，故事内的人听动物的故事，隔了一层，有一个缓冲。这样，整个故事不是悲惨的结局，即使里边套着的故事结局是坏的，对听者来说真正的结局还不坏。它往往是很幽默的，所以说框架故事不那么直接，而是更间接地去讲一个道理。

≈ 四个星期的国王（框架故事）≈
讲述者：Peter Schmidt

从前，有一个老国王，他已经很老了，要退休了，他想找个人来继承王位。

> 框架里的故事，也可以讲成气质类型故事。（见本书第五部分）

但是老国王只有一个儿子，这个儿子脾气火暴，缺乏耐心，说话直冲冲的，丝毫不考虑他人的感受。老国王知道让这样一个儿子继承王位是不合格的，但他别无选择。

老国王想了一个办法，让他的儿子当四个星期的国王，实习一下，看他能不能撑起这个王位。

就在这短短的四个星期里，儿子把所有的来访者、周边的小王国都给气翻了。他待人接物傲慢无礼,毫不谦让,客人还没坐下,他就坐下了;说话也不经思考,横冲直撞,有什么说什么,对别人很不尊重,丝毫没有外交手腕。

他手下的大臣非常担心,纷纷来告诉老国王,说:"咱们的王子不会说话也不会办事,我们担心再这样下去,王国会陷于孤立,要跟周边打起仗来了。"

老国王说:"把年轻的国王叫来,我要给他讲故事。"

王子来了以后,国王开始讲故事了:

有两个国王,一个国王叫蓝鼻子,一个国王叫黄鼻子。他们都认为自己最有力量,谁也不服谁。

争执不下的时候,黄鼻子就说:"那咱们俩比试一下,看谁更强壮。"蓝鼻子当然认为自己最强壮,就说:"没问题,比就比。问题是比什么呢?"说着就见远远的那边有一个小姑娘,穿着一件美丽的白色风衣。蓝鼻子拍拍手说:"谁能让她把那件风衣脱掉,谁就赢了。就比这个。"黄鼻子说:"好吧,你先来。"

然后蓝鼻子就开始"呼——呼——"地吹起了北风,大号大叫,把树都给吹弯了。看见刮起了北风,小姑娘就特别惊慌,努力把衣服扯得紧紧的,甚至把帽子也翻上来戴着。

蓝鼻子看看不行,就再加把劲儿,使劲儿吹,吹得天上下起了雨,甚至下起了冰雹。小姑娘赶紧跑到一块大石头下躲起来。小松鼠跑回窝啦,小鸟飞回他们的窝啦……那些小动物全都回了家。蓝鼻子越吹,小姑娘越不敢出来,她紧紧地裹着衣服,躲在大石头下面发抖。

最后蓝鼻子也吹累了。黄鼻子就说:"好了,该我啦,让我来试一试吧。"蓝鼻子没办法,只好说:"好吧,你来试。"

黄鼻子先请来了太阳,然后轻轻地、轻轻地吹起了南风。太阳光照着大地,很暖,把云彩晒干了,雨也停了。黄鼻子吹的风很温暖也很轻柔,小姑娘从石头后面露出脸来看了看,说真舒服，就从石头下面走了出来。

太阳照，南风吹，越来越暖和了，小姑娘就把风衣敞开了。

这时候小松鼠、小兔子、小鸟也都出来玩了，他们在那儿唱歌，在那儿跳舞，小姑娘也跟他们一起唱一起跳，跳着跳着她就出汗了。

在黄鼻子更温暖更温柔的南风的吹拂下，小姑娘干脆把风衣也脱了下来，放在草地上，快乐地和小动物们一起唱歌跳舞。

蓝鼻子输了。

年轻的国王听了以后若有所思。

第二天开始，他对待所有的人都不再那么飞扬跋扈、不可一世了，不再要求所有的人必须服从他，而是谦和礼让，三思而行。从此，国王结交了很多朋友，天下太平。

∽ 兔子和狐狸 ∽

作者：Miranda，七岁

Once upon a time, a rabbit was gathering up her carrots. A greedy fox was watching her because he wanted to eat her. But the rabbit was very clever, so she knew what the fox was up to. She pretended she did not know. The fox came sneaking up to her. She yelled that made the fox run away.

> 你能感受到故事的力量吗？能感受到讲故事的人的内心力量吗？

（译文）从前，有一只兔子在采摘胡萝卜。一只贪婪的狐狸在看着她，因为他想吃掉她。但兔子很聪明，她知道狐狸居心何在。她假装什么都不知道。狐狸偷偷地溜到她身旁。兔子大叫一声，狐狸被吓跑了。

≈ 会治病的小鸽子 ≈
作者：于淑芬

森林里住着很多的小动物，他们每天都在忙呀忙呀。有一只很漂亮的小鸽子，所有的动物们都认识他，因为他是这个森林中的小医生。

> 于淑芬：小鸽子是一个突出的、和其他动物不同的角色，它可以帮助其他动物。现实中的朵朵也学会了如何照顾其他小孩子。

小鸽子每天都会飞到高高的山上去采集药材，来来回回好多次。这些药材非常珍贵，因为它们通常都长在很高很高的山上，没有人能够到达那里。

小鸽子每天都会给一些小动物们看病，而且他的医术非常高超。有一天，有一只小鹦鹉生病了，他的嗓子不能唱歌了。他来到小鸽子的诊所。小鸽子就把一朵棕色的花朵放到鹦鹉的嘴巴旁边，对他说："你要按照我说的步骤去做，你的病就会好起来的。

"1. 你先要使劲儿地闻一闻这朵花。

"2. 你要用嘴巴把这朵花的花瓣一片一片地掰下来。

"3. 你要把花瓣放到水里泡一泡，煮一煮。

"4. 你要把这些水和花都吃掉，然后病就会好起来的。"

小鹦鹉把花朵放在鼻子上使劲儿地闻了闻。哇，好香的花儿啊！他陶醉极了，还打了几个喷嚏。后来他用嘴巴把花瓣一片一片掰下来。哇，花瓣好甜呀！他觉得幸福极了。然后又把花瓣放到了水里，水变成了蓝色，非常透亮。然后又煮水喝了下去，他的嗓子非常舒服，他开始唱歌了！

> 小巫：这一段的细节描写很精彩，既有动作的展开，又有情感的铺陈。治疗过程色香味俱全，药都是花儿制作的，把看病这件事赋予了诗情画意。

又有一天，来了一只小兔子，他的眼睛看不清楚路了。然后小鸽子就把一朵红色的花给了小兔子，让他把花瓣做成花酱，敷在眼睛上。小兔子照着做了。数了一会儿，小兔子的眼睛一下子就清亮起来，看得好远啊！

越来越多的小动物们知道了小鸽子，他们都跑来让小鸽子给看病。小鸽子就越来越忙了。

有一天，小动物们为了帮助小鸽子采药，大家一起动手，制作了一辆小花车，上面放了好多小篮子。他们每天都帮忙把小花车送到山脚下，让小鸽子把从山上采到的不同的花放到不同的篮子里，小车装满了花儿，他们就把它给推回来。这样小鸽子就不用每天都那么辛苦啦！

> 于淑芬：就像幼儿园的情况一样，当大孩子照顾小孩子的时候，其他的孩子也会学习如何照顾他人。

苏菲与快乐小岛

作者：于淑芬

> 于淑芬：有一段时间，朵朵对巨人、猛兽非常恐惧。估计是幼儿园里有小朋友之间讲了这类故事。因此妈妈有意编写这样的故事，目的是可以改善孩子对某种事物的印象。

苏菲是一位快乐的小女孩，她生活在一个快乐的小岛上。

这座小岛的四周都是蔚蓝色的大海，天空也是蓝色的，有白云，有太阳，晚上繁星密布。小岛上长满了鲜花、绿树，还有许多小鸟和各种小动物。

这座小岛很特别，因为这里到处充满了音乐声和歌声：小花儿之歌、蝴蝶的歌声、小蜻蜓的歌声、小兔子的脚步声、小星星的"叮叮"声，还有温柔的风声……

> 小巫：在童话世界里，所有的东西都会说话、唱歌，所以听到蝴蝶和蜻蜓的歌声并不奇怪，而且这些平常人听不到的声音在这里都成为乐音，更凸显其快乐。像蜜蜂的歌声、蟋蟀的歌声，孩子们更熟悉，更有共鸣。读者们在自己创作的过程中不妨都试试。

苏菲每天都在小岛上快乐地奔跑，或者随着音乐声翩翩起舞。很多小动物们都会围绕在她的周围一起跳舞，他们生活得非常快乐。

有一天，苏菲早上醒来，突然听到一个特别的声音，非常大，她从来没有听到过这种声音。于是她起床来到外面。看到一个高高大大的大个子先生来到了小岛上。

大个子先生问："嘿，有人吗？有人吗？"

由于这么大的声音，岛上的音乐声都悄悄地停止了。小动物们都躲了起来，花儿的花瓣也都收拢了，一切黯然失色。

苏菲走上前来问："先生，你好。你找谁呀？"

大个子先生说："哦，你好，我是来搜集音乐的。"

说着就把手里面的大口袋拿出来："我们那里的人很不快乐，听说这里有美妙的音乐，我想收集起来带回我们那里，让人们高兴起来。可是，我怎么听不到这里的音乐呢？"

> 于淑芬：在童话世界中，无论巨人、小孩，还是小动物们，都是有爱的、快乐的、幸福的。

苏菲说："哦，这样啊，我来帮你吧。"

于是，苏菲唱起来："小兔子，你在哪里？快快跑起来；小蝴蝶，你在哪里？快快舞起来；小花儿，你在哪里？快快开起来……"

突然间，整个小岛都动了起来，到处充满了音乐。大个子先生也快乐地跳了起来。

他搜集了满满的一麻袋的快乐之声，恋恋不舍地跟快乐小岛告别，坐上他的小船回家了。

大个子回到他的家园，就把自己的大口袋打开，顿时，他的周围也飘满了音乐。人们高兴起来了。

以后，每过一段时间，如果有人不快乐了，他们就会来到苏菲的快乐小岛上，来搜集点音乐，然后就变成了快乐的人。苏菲的快乐小岛成了大家的快乐之源。

苏菲和小动物伙伴们觉得更开心啦！因为全世界的人都开始享受快乐啦！

> 于淑芬：让孩子从小内心就有一颗充满爱的种子，会是一件多么快乐的事情。

∽ 把月亮关起来的小猴子 ∽
作者：刘治宇

很久以前，当天地出现以后，又分出了黑暗和光明，太阳、月亮分别掌管着光明的白天和幽暗的夜晚。当太阳在天空巡历时，月亮就在家休息；当月亮休息好从东山升起时，太阳就知道自己可以从西边落下回去休息了。就这样他们轮流在天空工作和回家休息，日复一日，直到大地上出现广袤的森林和草地，各种各样的动物在其间生活。

> 开篇气势不凡，简单明了地交代了宇宙开端，以及天和地、黑暗与光明、日与月、白天与黑夜这些重要的两极对立和统一。

每当火热的太阳在天空工作的时候，大地就变得热闹起来。热情的动物们开始活跃，各种欢快的鸟儿在林间唱歌跳舞；马儿、羚羊在地上奔跑；猴子在枝杈间跳来跳去……

当清凉的月亮出现在天空，白天活跃的动物们觉得眼睛看不清楚，身上开始发凉，于是纷纷回到家里休息。这时喜欢幽暗清凉的动物们开始从睡眠中醒来，胆小的老鼠们出门到处找吃的，大眼睛的猫头鹰则站在枝头到处找老鼠……直到月亮休息、太阳开始升上天空，这些动物们也都回家睡觉了。

这样，大地上的动物们也像太阳和月亮一样轮流醒来活动和睡觉休息。

> 属于自然故事的细节，真实有趣。

直到有一天，总在枝杈间跳来跳去的猴子找果子、荡秋千、和同伴捉迷藏玩得太开心了，到了太阳快从西边落下的时候，猴子还恋恋不舍地望着西边的太阳，心里想：啊！温暖明亮的白天又要结束了，又要去睡觉了，可是我还想玩啊，要是太阳一直在天空就好了！那我就可以随便玩了呀！怎么办呢？

猴子咬着爪子想了很久，然后决定去找森林中消息最灵通、点子最多的大公鸡，问问他有什么好办法。

> 让大公鸡来帮助小猴子实现心愿，非常恰当，公鸡代表白天的开端，相对于其他动物来说，更加适合这个角色。

顶着大红冠的公鸡听了猴子的想法后也心动了，因为他也特别喜欢太阳。公鸡想了想说："我知道太阳每次都要等月亮从东山上升起后才落下的，而月亮住在东山上的一个山洞里，如果能让月亮从洞里出不来，太阳看不到月亮，就只能待在天上了吧。"

猴子听了很兴奋地说："那我们用大树枝和石头把山洞堵上，月亮不就出不来了吗？"

公鸡点了点头说这是个好主意。然后他们商量好了，找上一些朋友，第二天早上出发去东山。

第二天白天他们爬上了东山，来到了月亮居住的洞口，一起用找来的大树枝、大石头把洞口堵得严严实实，然后一起高高兴兴地下山了。

果然，天上的太阳看不到月亮，只好一直停在天上不下来。猴子、公鸡和一些爱玩的动物们可高兴了，尽兴地做着自己喜欢的事情。

但是慢慢地，猴子发现荡秋千的胳膊有些发酸了，公鸡也觉得咯咯叫了太久嗓子有些发哑了，而且游乐久了，好玩的游戏也变得乏味了。

而太阳继续等待月亮，慢慢有些不耐烦了，觉得好奇怪：今天我工作了这么久,月亮怎么还不来接班?"

时间慢慢过去,猴子再也跳不动了,秋千也荡不起来了,公鸡也想找地方休息,大地上到处都是疲倦而无奈的动物。因为太阳在天上,到处明晃晃的,这些动物总没法睡觉,没法真正休息。夜里睡觉的动物也醒了,可是没法出门,因为外面太亮了,他们只能饿着肚子待在家里发愁。

终于,到处都是抱怨的声音:"太阳怎么还不落下啊,天怎么还没黑!"

> 看似治愈贪玩不爱睡觉,实际隐含更广义的道理:我们的很多举动,都会对他人造成影响。

于是猴子和伙伴们都说:"我们还是让月亮出来吧!"然后他们又爬上山,搬走了树枝和石块。等了老久的月亮迫不及待地飞到空中,太阳一见马上高兴地回家休息了。地上疲倦的动物们纷纷回去睡觉了,而夜里活动的动物就高兴地跑了出来。

从那以后,太阳月亮就一直有规律地在天上轮流值班,月亮为了不再被关在家里,把家搬到了动物们再也找不到的地方。

> 这一句是点睛之笔,完美解释了月亮目前的"家"在哪里。

另外,偶尔云彩啦、风雨啦、雪花啦,这些天上的精灵调皮,把月亮或太阳遮挡住了,他们俩互相看不到,但到了约定好的时间,大家也依然会按时上下班的。

≈ 乌鸦与音乐会 ≈

原创:崔锦实

改写:小巫

> 这个故事的道理很简单,却很实用:我们习惯性地排斥和我们不一样,或者不符合我们内心"标准"的人,但他们是这个世界上不可或缺的一部分。

森林里，小动物们正在准备举办音乐会。

小兔子、小鹿、小猴子、小松鼠、百灵鸟早早地就从四面八方赶来了，大家围在一起，手拉着手，快乐地唱着歌。

"哇哇哇！哇哇哇！"大家吓了一跳，原来，一只乌鸦飞了过来，大声叫着，它也想要加入伙伴们中间，和大家一起唱歌。听到乌鸦"哇哇哇"的声音，小鹿捂住了耳朵，直说不好听，小兔、小猴也用手臂挡住乌鸦不让它进入队伍中。

乌鸦伤心极了，耷拉着脑袋飞到了树上，从高高的树顶上看着大家。

动物们继续唱歌。

突然，乌鸦叫了起来："哇哇哇！老虎来了！老虎来了！"

小兔说："根本就没有老虎的影子，乌鸦在说谎。"于是大家都没有听乌鸦的话，继续唱歌。

乌鸦还在叫。动物们只好停下来，竖着耳朵听，不远处传来乌鸦扑棱着翅膀的声音和老虎的吼叫。原来，真的有老虎！大家赶紧四散逃走，躲藏到安全的地方。

过了一会儿，老虎的声音远去。等到森林里一片寂静的时候，大家又纷纷从藏身的地方出来，聚到一起。

乌鸦从树林深处歪歪斜斜地飞过来，羽毛纷乱。刚才，老虎看到他发出警告，动物们都藏起来，谁也抓不到，特别生气，就想把乌鸦给抓住。老虎跳起来，把乌鸦的羽毛抓掉了好多。乌鸦拼命飞走，逃到一棵高高的树上，才躲过老虎的攻击。老虎等了一会儿，看看真没什么希望了，才气哼哼地走掉。

动物们很感动，也很内疚，他们围住了乌鸦，给乌鸦梳理羽毛。乌鸦很开心，"哇哇"地唱了起来，小动物们也纷纷应和他，欢乐的歌声又响起来了。

"Let us sing together. Let us sing together. One and all a joyous song⋯

…"① 动物音乐会正式开始了。

特别说明

所谓"框架故事",就是把"讲道理"的故事(寓言)套在另外一个故事里。本章开头的"彼得和丽莎"即典型的框架故事。框架故事比直接讲寓言能够起到更加有效的治疗作用。如果你的孩子在学校遇见比尔那样的同学,遭遇到和彼得相似的不公正,你若是直接给他讲狼和仙鹤的故事,则说教意味太浓,孩子很可能产生反感情绪。如果你把这个寓言放到一个框架故事里,孩子和寓言之间又隔离了一层,他就不会抗拒,从而使寓言的疗效更加深入他的内心。

切记:欲速则不达。直接的说教是最没用的,甚至适得其反。有时候,绕得路越长,反而越能够达到教育的目的。

---

① 这个故事是在华德福中小学教师培训期间创造的,一位美国老师教了我们这首歌,所以在表演故事时把这首歌献给他。

气质类型故事

因孩子而异的故事

气质类型故事 实在算不得一个独立的故事类型，而是治愈系故事的一部分，主要由老师来编撰，讲给全班学生听。因为孩子们的气质秉性各不相同，在听故事的时候，接受和吸收的方式也不同。用不同的气质类型口气来讲同一个故事，每一个气质类型的孩子都觉得你是专门为他讲了一遍；一个故事里有各种气质类型的角色，每一个气质类型的孩子都可以在故事中找到共鸣，故事的疗愈作用更加直接且奏效；同时，其他气质类型的孩子也可以在故事中找到平时自己相处不那么融洽的朋友的影子，通过对故事角色的同情，做到理解他人。相对于直接说教，气质类型故事能发挥魔力，让孩子们更加容易接纳别人的个性。

什么是气质类型

应试教育思想习惯性地要求孩子整齐划一，向一个标准看齐，父母们也不由自主地将自己的孩子和"别人家的孩子"做比较，看到那些得到主流认可的特质，比如活泼开朗、聪明伶俐、口齿清晰、办事稳当、老成持重等，就羡慕嫉妒，恨不得自己的孩子也那样。但是，你有没有意识到，也许自己的孩子属于另外一种气质类型，有着不同的特色？

每一个孩子都带着自己独特的天性来到这个世界上，为世界增添其与生俱来的光彩；我们成年人需要接受每一个孩子的天性，因为那是一件礼物。无论下多大功夫，也不可能让一棵苹果树结出柿子；同理，生硬地扭转孩子与生俱来的个性，除了造成伤害之外，也不能达到任何有益的目的。其实，正因为每个孩子都不一样，这个世界才丰富多彩。想想看，如果所有的人都一个模样，互为克隆，该是多么可怕的情景！

在华德福教育里，人类的气质类型分为四种，沿用古希腊流传下来的名称，分别是多血质、胆汁质、黏液质和抑郁质。中国人管多血质叫 风相，胆汁质为 火相，黏液质为 水相，抑郁质为 土相。风、火、水、土，中国人听着比较顺溜一些，而这四种气质类型，也的确对应了四种凝聚状态，或曰四种元素。

人的气质类型是天生的，在后天环境中逐渐显现，但绝非固定不变。一个和谐健康的人四种气质类型都具备，并达到平衡，可能有某一种气质类型占主导，还有一种是次要的，剩下的两种则不太明显；或者某两种比较突出，另外两种是在特定条件下才发挥作用。

纵观人的一生，不同生命阶段呈现不同的气质类型特质：

童年本身就是风相的，所有的孩子都具备风相特质：他们热衷探索、停不下来、注意力难以长时间集中，有时会被误解为"多动症"；他们兴趣广泛、什么都要，但又有点举棋不定、不够专注、难以持久。

18岁到42岁的青壮年时期，人会变得比较火相，脚踏实地、勤勤恳恳地开发自己的事业，组建家庭，养儿育女……这一时期目标明朗、行动力强，是寻找和确认自我的历程。

42岁到60岁的中年，已经成家立业，或者孩子已长大成人离开家庭。此时，人更喜欢休息休息、享受享受，吃得多，消化得少，中段容易发达，整体比较安静和稳定，呈现水相特质。

在60岁以后进入晚年，就出现了土相特质，思考人生的意义：这一辈子过得怎么样？有什么做对了？有什么做错了？下辈子再来，有什么要改进的？

四季也带有明显的气质类型特征：春天万物复苏，茁壮生长，蓬勃向上，是风相的；夏天比较安静、沉稳、懒洋洋，是水相的；秋天是火相的，它硕果累累，颇见成效，行动中见成果；冬天万物萧条、一片沉寂，表面活动很少，非常内敛、沉思，是土相的。

既然儿童天生带着不同的气质类型入世，那给他们所实施的教育手段也必须因人而异！聪明的家长和老师会根据孩子的气质类型来养和教，只有蠢笨的成年人才会要求孩子削足适履，把他们愣塞进统一僵化的不合理的标配盒子里。

教育孩子，老师也需要识别自己的气质类型，发挥这种气质类型的特长，克服它的不足，修炼自己的生命体，将自己变得灵活机动，各种气质类型都具备，做到可以自如地"迎接"各种气质类型的孩子，让每一个气质类型的孩子都能在老师身上找到共同点，从而与老师建立心灵的联结，获得安全感，并乐于从老师那里学习。

本章节对气质类型的描述极为简单，是众多老师和作者本人根据鲁道夫·史泰纳的理论，与大量孩子朝夕相处，在多年勤奋教学实践的基础上总结出来的一些概括性简介。读者们千万不要将这些特性作为"知识"，对号入座，给孩子贴性格标签。

◎ 风相娃

如果你对孩子的负面评价偏向以下这些："好动"乃至"多动"，"坐不住""不专注""忘性大"乃至"必须看紧了，不然就闯祸，不是吞了扣子或者洗衣粉，就是扯电线把熨斗拽倒在自己身上"，等等，那么恭喜你，你很可能拥有一个风相娃。

风相的孩子往往从走路姿势上就有所流露：爱用脚尖或前掌，所以鞋总是前掌那儿磨损得多。他们身材匀称、平衡感好、擅长跳跃和舞蹈，喜欢转圈，几乎从来不晕车；嗓音比较尖，音频比较高，颇具音乐天分。

风相的孩子要是摔倒了，只哭一会儿就好啦，你要逗逗他，他可以一边哭一边笑；他们开朗活泼、不爱生气，很容易交上朋友。风相的孩子对世界万物抱有高度的好奇心，什么都想摸一摸、动一动、尝一尝，只要看到新奇的事物，一眨眼的工夫他就已经飞奔过去，亲身参与，无论恰当或安全与否。

风相的孩子总是有新点子，玩游戏总能玩出些新花样来；但其注意力集中的时间比较短，很容易感到无聊；他们有时表现得爱忘事，丢三落四的，因为他们不拘小节，遇到事情很少往深处想，不久就翻篇儿了。

风相的孩子很敏锐，也很敏感，什么感受到他们这里都会被放大：笑起来乐不可支、哭起来梨花带雨、疼起来痛不欲生……当然，停留的时间也短，他们不会记仇。

风相的孩子像小鸟，入睡快起床也快，动作和吃饭也像鸟儿，很难坐下来把一顿饭从头到尾吃完再下桌子,而是吃两口就被什么好玩儿的事吸引过去了,待会儿又回来再吃两口,这会令那些试图让孩子趁热吃完饭的成年人很抓狂。

如果你试图这样扭转他们——"坐好了!别乱动!注意力要集中!好好听课!不许半途而废!坚持下来!怎么这么没有意志力!你再忘记什么就不给你买了!"等等,那是不管用的,而是适得其反。

我们这么做 风相的孩子好像注意力分散,但是其实他吸纳得比你知道的要多,因为风相的一大特点就是能将所有的事情尽收眼底。

教育风相的孩子,要注意让他的生活多样化。比如每次不要只给他一样工作,而是要让他好几样工作同时进行,不至于很快感觉乏味;又因为他注意力很难长时间集中,所以不能要求他长时间坐在那儿集中精力做一件事,而是先频繁地变换花样。这就是我们说的"呼吸":坐着听课或者聚精会神做一件事情是"吸",艺术活动和自由玩耍是"呼",风相的孩子要少吸、短吸、多呼、长呼。

风相的孩子并非不能聚精会神,只要能够引起他的好奇心,他可以一直把事情做下去,并能出色地完成。比如看书,他可以不断地看着指着所有的东西,提出很有趣的问题;听故事也很专心,尤其是情节丰富、节奏快的故事。

教育风相的孩子,要勾起他的好奇心,让他对所做的事情感兴趣。给他们的任务和工作,要逐步地增加"坚持"的元素,比如,第一天做的时间短一些,第二天做的时间稍稍长一些,然后一天一天地稍微增加,他们就会适应。

◎ 火相娃

如果你对孩子的负面评价倾向于以下这些:"脾气大""不听话""执拗""叛逆""暴躁""攻击性强"等,那么恭喜你,你很可能拥有一个火相娃。

从身材来看,火相的人个头不高,脑袋很大,脖子很短。如果你看到某人仿佛一颗大脑袋坐落在肩膀上,你基本可以断定:这人是火相的。

从动作来看,火相的人走路的时候脚后跟着地,步伐坚定,噔噔作响,他的鞋子也肯定是脚后跟磨得最厉害。火相的人说话口齿清晰、字正腔圆,是做播音员的好料子。

从个性来看,他们意志坚定、行动力强、不达目的誓不罢休;也很专注,做事情全身投入,直到完成。他们讲求规律,对事情往往不是很灵活变通。他们关注目标和结果,不太关注他人在过程里的感受,有时会给人一种"霸道""不体贴"的印象。

火相的人脾气说来就来,遇到不平的事情,他会火山爆发,但是一会儿就没事了,脾气不存留、不纠结。他们说话做事干脆利落、不拖泥带水,问他们什么事,行就行,不行就不行,说一遍就够,你要再提,他就急了——"你是聋子还是傻瓜?我刚才说得很清楚啊!"

火相的孩子认知能力强,什么事说一遍就懂了,在学业方面很让老师省心,但在行为方面却是令成年人最头疼的,因为他们不那么容易服从,善于挑战权威;他们喜欢当主导,反感受控制,而且凡事讲求公平合理,别人觉得差不多了,火相的人却还在较真儿,一定要追究到底。

如果你试图这样扭转他们——"听话!你怎么这么不听话!再不听话我揍你/不要你了!闹什么闹?别闹了!回头看我怎么收拾你!"或者动用惩罚、威胁,居高临下地命令、强迫他就范,那是不管用的,甚至适得其反。

我们这么做 火相是最让成年人头疼的孩子,他们不仅聪明过人、能力超强,还无比自信、轻易不服管。对其他的孩子,可能命令他就行了,但是火相的孩子不吃这一套;要想镇住火相的孩子,既不能动用武力,也不能命令"我是权威,你就得听我的",你身上必须有让他折服的地方,使他能够仰视你,真心奉你为权威。

火相的孩子要求事物公平合理,他们秩序感强、思路清晰、条理分明。和他们沟通,一定要首先倾听他们的倾诉,与之共情,这样他们才能有心思听你说话。

火相的孩子发脾气时，千万不要对他迎头痛击，大声呵斥，而是安静地陪伴他，等待他平静下来；如果有可能伤害他人，则先把他带走，事后再和他一起反思。

火相的孩子需要紧紧地拥抱，相比其他的孩子，火相的感觉器官喜欢更加强烈一些的刺激。讲故事时，不要缠绵悱恻，而是多用动词；火相的孩子更喜欢听到动作和结局，所以，别在华丽的形容词和细致的内心戏上停留太久，不然他们早不耐烦了！

针对火相的孩子，放手让他自己做事情，不要干涉过多，更不要说教，因为火相领悟力高，一两句话足以让他明白，因此他们最讨厌絮叨；给他一项任务让他从头做到尾，他的执行力非常强，肯定能够完成任务；这样既能发挥他的优势，他自己也能得到成就感和满足感。

◎ 水相娃

如果你对孩子的负面评价偏向以下这些："懒""磨蹭""迟钝""动作慢""反应慢""不够机灵""别人欺负他也没反应"等，那么恭喜你，你很可能拥有一个水相的孩子。

水相的孩子一般胖嘟嘟的，肚子圆鼓鼓的，喜欢吃，到饭点儿不用提醒，一准儿会坐在饭桌前等着；喜欢睡，睡不够，早上起床有困难，即便起床了也不意味着他们醒了，而是依然沉浸在睡梦状态；能躺着就不坐着，能坐着就不站着，不是很活跃；他们很随和，既不会特别用力地来拥抱你，也不会特别热情地来亲吻你。整体看，他们不会在自己心灵上面太用力，不太容易对外界感兴趣，比较内向、沉静。

水相的人做事节奏比较慢，说话时，句子中间停顿的时间比较长，不像风相的人语速很快，也不像火相的人口齿清晰。他们喜欢把一个故事听了一遍一遍又一遍，然后可以一字不漏地重复下来。

他们比较可靠，给他一项任务，他会非常忠实地完成，但是做事未免拖拉，令火相的人不耐烦。他们往往举棋不定，不太容易做决定，喜欢由别人来告诉他应该怎么做，一旦做了决定就比较坚持。

在社交场合，水相的孩子更多的是随大流。他们很听老师的话，是"乖"学生，这样的孩子好带。但是对老师也有挑战：你也不知道他到底学了多少，到底教进去了没有，"水"深不可测也。

如果你试图这样扭转他们——"快点儿！别磨蹭了！快快快！赶紧的！大方点儿！去找那些小朋友玩，去上台表演，别这么肉！跟你说话呢，你怎么没听见？"等，那是不管用的，甚至适得其反。

我们这么做 水相的孩子往往不能很快地回答一个问题，尤其是脑筋急转弯之类。因此水相的孩子最容易被人误解为"笨""懒"，不够聪明伶俐。不要对他们突然提问并要求马上回答，要给他们更多的时间来反应。

课堂上，老师往往发现他们反应比较慢，需要更多时间吸收和消化课堂内容。往往火相都运算到最后两步了，水相刚刚弄明白题目。他们不是笨，就是比别人要慢半拍。一旦进入状态，水相孩子的智力不亚于任何人。

水相人进入状态慢，出来也不容易，工作起来很难停止，而是一直做下去，所以美术老师要特别留神，画到一定地步就要勒令他们停下笔来，不然他们会把一幅好端端的画一直涂抹得面目皆非。

水相人做事很有条理，生活中一切都井然有序；先做什么，后做什么，一丝不苟，不厌其烦，哪怕一件事需要日复一日地做很久，风相甚至火相大概早就放弃了，但可以肯定，水相的那个会坚持到底。

我们要接纳他们，顺应他们的天性。早上提前叫他们起床，留出充足的时间让他们慢慢醒来，也可以用比较清脆响亮的铃声唤醒他们。成年人要以身作则，自己先要对世间万物都感兴趣，以此来唤醒水相的孩子对这些事情的兴趣。在水相的孩子面前，成人要做一个热情洋溢的人，对生活充满激情。

土相娃

如果你对孩子的负面评价偏向于以下这些："胆小""怯弱""爱哭""不合群""小气""不大方""缺乏安全感"等，那么恭喜你，你很可能拥有一个土相娃。

土相的孩子往往体型瘦高，浑身软塌塌的，坐没坐相站没站相，身体仿佛很羸弱；衣服仿佛不是穿的，而是"挂"在身子上，怎么看都不合身。他们入睡很难，经常失眠，也偏爱甜食。

土相的孩子爱看书，不喜欢出去玩，但是喜欢坐在窗前，以渴望的目光看着外面别的孩子玩。他们会在很小的时候问很深刻很严肃的问题："泥土里的虫子听得到鸟在上面走路的声音吗？"听故事的时候，他们能够深刻体会到主人公的苦难，所以喜欢听到比较凄苦的情节；他们还有些比较幼稚的习惯，吸吮手指啊咬铅笔啊，睡觉的时候还特别喜欢像个胎儿那样蜷起来。

他们内心异常敏感，需要更多地印证成年人对他的爱。他很容易受伤，也不太容易忘掉，纠结的时间很长；他们爱幻想，内心戏十足，经常幻想戏剧性冲突情节，沉浸在内不能自拔，所以土相人非常适合做演员。

土相的孩子容易害怕：怕狗、怕火、怕噪声、怕黑暗……他们心情不是很容易愉快，比较喜欢抱怨，觉得全世界都跟他过不去："没有人爱我……""我的肚子疼……""为什么她穿的衣服比我的好看……"

土相的孩子内敛多思、谨小慎微，生怕别人对他生气；写字像蝌蚪一般小小的，就像他这个人一样，弱弱的，很容易挨欺负、受伤害。

如果你试图这样扭转他们——"坚强点儿！别那么脆弱！哭什么哭？有什么好哭的？大方点儿！有什么可害怕的？你看看英雄人物，多向他们学习！去，你自己把这事搞定！"等，那是不管用的，甚至会适得其反。

我们这么做 土相的孩子对别人的爱和关怀有依赖性，如果临睡前受了不好的刺激，或者是父母吵架，或者是看了什么戏剧冲突很大的书，他就睡不着觉了，因此要让他有一个温暖宁静的入睡环境，比如让优美温馨的睡前故事陪伴他进入梦乡。

土相的孩子极端敏感，别人觉得没什么大不了的事情，在他们这里就是天塌地陷般可怕；情绪不太稳定，容易受伤，而且纠结时间长。我们需要细心体察他们的情绪，不要否认他们的感受，而是要给出更多的同理心。

土相的孩子想得多、爱担心，不要说"没事儿的"，也不要对他们不耐烦，而要耐心回答他的提问，多陪伴他们，让他们放心。他们需要我们更多的印证和保护，才能获得安全感。

当土相的孩子心情郁闷时，你如果想让他高兴起来，说"别哭啦！别难过啦！快活一点儿吧！"是没有用的；也别逗他，风相的孩子会破涕而笑，土相的孩子则不识逗，会恼羞成怒。最好同情他，跟他一起受苦，分担他的痛苦："你受伤啦，真的是很疼啊！换作我，都会疼得受不了啦！"土相的孩子喜欢悲剧，听到别人也在受苦，别人受的苦比他还惨烈，他会获得不少安慰。

给土相的孩子讲英雄故事并要求他立马效仿，是不现实的；更巧妙的方式是让他在戏剧中扮演英雄，这样会更加有效地增强他的自信。他们还是非常认真的学究型钻研者，可以弥补风相在这方面的不足。

特别提示

孩子是镜子，里边照出来的，往往是我们自己的身影。当我们看不惯镜子里的反射时，往往不会想着如何改变自己，而是会着手改变孩子，实际上这力气用错了地方。

当对孩子的某种特质感到不满时，先想想他是不是跟自己（或者其他家人）的哪些地方有些相似？我不喜欢看到孩子这样，是否因为我不喜欢自己身上这种特质？我能接纳自己吗？生硬地改变孩子，只会两败俱伤。和孩子相处，要"顺势而为"，而不是拧着他们。

以上仅仅是儿童气质类型最粗略最浅显的科普版文字，请大家不要就此对号入座，去评判自己的孩子或者其他孩子。辨别自己的孩子到底是什么气质类型，需要长时间深入地学习相关教育理念、细致入微地观察多个儿童和成人，并拥有开放的胸怀和接纳的态度；否则，我们的无知和偏见会给孩子带来不必要的伤害。

我们这样讲气质类型故事

给风相的孩子讲的故事里要有很多不同的、互不相干的事情。水相的孩子喜欢听那种宏大的、史诗般的故事，非常平静，也不要太多的戏剧冲突，重复的情节比较多一些。对土相的孩子要讲出悲惨的、伤感的部分来。适合火相孩子的表达形式就是动词多，用短句子，动词先行，形容词要非常的强烈。

风相孩子也偏好短句子，无须重复，因为风相的一切都尽收眼底，从一件事情到下一件事情再到第三件事情，刷刷翻篇儿，无缝对接。给水相孩子讲故事，不要很深刻或复杂的句子，但要有重复（夸张一点说，哪怕给他念晚餐的菜单他都爱听），比如说故事角色来到森林里，看见一棵松树，看见一棵雪杉，看见一棵橡树，又看见一棵梧桐，还看见一棵榆树……把树都数一遍，他也不会不耐烦。要是这么啰唆地对风相的孩子讲，人家早就走神了！土相的孩子则喜欢长长的句子，哪怕动词最后再出现；而对火相的孩子来说，第一时间要出现动词。

优秀的童话故事都有针对不同气质类型的部分。讲完故事后的第二天，可以请孩子复述故事。不同气质类型的孩子关注的部分是不一样的，复述出来的也不一样。比如火相的孩子会关注与行动有关系的部分；土相的孩子更加关注角色的心情，尤其是那些伤心、沉重的部分；风相的孩子会关注好玩儿的东西；水相的孩子一般会记住那些好吃的东西。

气质类型故事小屋

≈ 四只小兔子 ≈

> 这个故事和睡前故事中的《三只小兔子》的梗概是一样的,只不过四只小兔子正好对应四种气质类型。在这里,用不同颜色代表不同的气质类型:如黄兔子为风相、红兔子为火相、绿兔子为水相、蓝兔子为土相。

有四只小兔子,一只是黄的,一只是红的,一只是蓝的,一只是绿的,他们一起出去采蘑菇。

他们提着小篮子,到了一片森林里,看到好多好多蘑菇,各种各样的蘑菇:有白白胖胖的"纽扣"蘑菇,有长得像喇叭一样的"喇叭菌",有撑着一把小伞的"黄伞菌",有顶着蒜头一样脑袋的"鸡枞",有穿着蕾丝裙子的"竹荪",还有松茸、茶树菇什么的……大大小小的蘑菇,既有长在地上的,也有长在树干上的。

> 读者可以根据自己对蘑菇的了解来罗列蘑菇品种。注意这种如数家珍式的叙事形式,更适合水相的孩子。风相和火相的孩子有可能觉得不耐烦。

看到这么多蘑菇,小兔子们乐坏了,就拣自己喜欢的采了起来。

黄兔子跑得快,东抓一把,西拔一把,看到新奇的蘑菇就跑过去摘一个闻闻,鼻子底下闻着这个,眼睛已经看着远处另外一丛了,森林里到处晃动着黄兔子的身影,回响着她兴奋的喊声:"快来看!这里有大蘑菇!""来啊来啊!我发现了竹荪!""哇!这是什么蘑菇啊?我从来没见过!"她一边采着蘑菇，一边时不时地追追蝴蝶，逗逗蚂蚁，再跟百灵鸟比比歌喉，不明就里的还误以为这森林里跑着三只黄兔子呢。

> 风相好奇心强，注意力容易分散，覆盖区域广泛，一心多用，不肯错过任何一个新奇点。

红兔子动作快，眼睛尖，下手准，一片一片蘑菇丛挨个儿采摘过去，好像手里有一杆看不见的秤一样，每样蘑菇平均摘上一些个头比较大的，而且把蘑菇按照种类整齐码放。不一会儿，她的篮子就满了。

> 火相做事有条理，求完美，讲成效。不过缺乏耐心，不会像水相或土相那样仔细。

绿兔子找到一丛白蘑菇，放下篮子，一边摘一边吃，吃饱了，又愣了一会儿神，才慢悠悠地开始往篮子里放蘑菇。他把每一片蘑菇丛都摘干净了，才离开去找下一片。

> 水相需要先填饱肚子，再慢慢开始工作，而且做事彻底，不慌不忙，四平八稳。

蓝兔子看看这片蘑菇丛，觉得个头不够大；再看看那片蘑菇丛，又觉得不够新鲜。她一边找一边发牢骚："唉！我说昨天来采蘑菇吧，你们非要找百灵鸟开音乐会！耽误一天，蘑菇就不那么新鲜了。而且，小鹿他们早来过了，把大蘑菇都吃光了，只剩下这些小的给咱们。"她嘴里絮絮叨叨的，眼睛仔细地检查着每一片、每一只蘑菇，对放进篮子里的蘑菇也不放心，时不时地翻出来和其他蘑菇对比一下。

> 土相比较挑剔，喜欢抱怨，看事物用负面眼光，生活中总是充满遗憾。但做事一丝不苟，耐心细致。

四只小兔子忙了大半天，都累了，就坐到大树底下休息。树荫下真舒服啊，绿兔子早就躺在这里睡起觉了。这时，黄兔子也躺下来，不一会儿就睡着了，红兔子把篮子码放好，也跟着睡了。蓝兔子翻来覆去睡不着，但是没人跟他玩，只好拉拉耳朵，挠挠尾巴，慢慢地也睡着了。

> 风相易睡易醒；水相睡得早醒得晚；火相睡得晚起得晚；土相入睡难，起床也难。

过了一会儿，黄兔子睡醒了，红兔子也跟着醒了。黄兔子看着装满蘑菇的四只篮子，怎么也想不起来哪只篮子是谁的了！她抓抓这只篮子觉得是自己的，看看那只篮子觉得也像自己的；本来做好记号的，此时却忘了到底做了什么记号。

> 风相有时粗心大意，丢三落四，记不住自己做过的事情。

红兔子看黄兔子认不准哪只篮子是自己的，不禁感到不耐烦，抓了一只篮子塞给她，告诉她就是这只。

> 火相记性好，红兔子应该没错。

黄兔子不同意，她俩开始吵了起来。蓝兔子刚睡着就被吵醒，躺着不肯起来，听说篮子弄乱了，就哭了。哭声又吵醒了绿兔子，他不知道是怎么回事，一个劲儿地问："你们在吵什么？"

> 土相不善于吵架，怕得罪别人，遇事容易率先难过起来。

红兔子一把拿走了装得最满的篮子，说："这个一定是我的，因为我采得最多，也码放得最整齐。最乱七八糟的那只才是你的呢，因为你到处跑，采了好多不一样的蘑菇，也没好好码放。"

> 火相的行动力和逻辑性都很强，凡是认定自己有理的事，说干就干，既不太考虑后果，也不太照顾别人的感受。

蓝兔子赶快起来，把蘑菇最少的篮子递过去，说："不对呀，这个应该是你的。"

红兔子说："不对不对，这个应该是你的，你的动作最慢，摘的蘑菇最少！"他们越吵越厉害，蓝兔子又哭起来了："你欺负我！你不喜欢我就欺负我！"

红兔子说："真烦人！有什么可哭的！谁欺负你了？你倒是讲道理呀！"

> 典型的火相语言，只要是讲道理，就不必讲情面。别人容易将这种个性特质误解为蛮横霸道、咄咄逼人。

黄兔子劝劝这个："别哭了，别哭了。"劝劝那个："别吵了，别吵了！"

绿兔子还没明白是怎么回事："你们吵什么呢？这到底是怎么回事啊？"

怎么办呢？黄兔子灵机一动道："这样吧，把这些蘑菇全倒在一起，然后重新分，每一只篮子都有不同的蘑菇，都有一样多的蘑菇。"

> 风相脑筋快，点子多，也慷慨大方。

蓝兔子反对道："噢……不！我怎么知道你们分给我的是不是最差最小的蘑菇！你们都欺负我！呜呜呜……"

> 土相最容易感到别人在联合起来欺负她。

绿兔子总算明白了怎么回事："我觉得这样挺好的嘛，你们来分吧。"

> 水相平和，喜欢随大流，不爱自己做决定担责任。

红兔子开始觉得这样做不公平，因为她认得出所有的篮子，大家却不相信她；她付出最多的努力，摘了最多的蘑菇，却要把成果和大家平分，她不高兴。但大家都同意这个解决方案，黄兔子说她自己采的蘑菇种类最多，却乐意和大家分享；蓝兔子说她采的蘑菇最新鲜，也乐意分出来。这样一来，红兔子也不好太固执了，但要求由她来分，因为她不放心其他兔子，担心会分得不公平。

> 火相讲求公平合理，喜欢掌控，凡事亲力亲为，不放心别人，为求公平，有时显得不够大方；风相不拘小节，不斤斤计较得失，高兴就行；土相容易感到自己是在奉献的烈士。

她"哗"的把篮子一倒，把里面的蘑菇分成四份，第二只、第三只、第四只，每只篮子都是这样。然后，她又从每只篮子的蘑菇里取一份，重新放进空篮子里。红兔子给四只篮子里都重新装满了蘑菇，她分得公平合理，非常均匀，每只篮子里都有大蘑菇、有松茸、有茶树菇、有竹荪，不多不少，搭配得非常好。

> 火相执行力强，主持公道，坚持正义，做事讲求原则性。

四只兔子有说有笑地回家了。

≈ 四匹骆驼 ≈

> 有一次在高速路上开车，孩子们提出要小便，但是附近没有厕所，我们又特别反对随地大小便。我当时就编了这个关于"骆驼""沙漠"的故事，让孩子一直去想很干很干的情景，转移他们的注意力。因为正好是四匹骆驼，我就尝试将它编成气质类型故事：哥哥水相、姐姐土相、弟弟风相、妹妹火相。

有四匹骆驼，哥哥、姐姐、弟弟和妹妹，在沙漠里走着。

天气晴朗，蔚蓝的天空中，一轮耀眼的太阳，晒得沙漠里酷热难当。举目四望，天地之间一片黄沙，很干很干。

走着走着，骆驼就饿了。他们背的包里边有土豆，有红薯，有鸡蛋。但是这些东西都是生的，不能吃啊。怎么办呢？

> 这些都是很干的食物。当时不能说口渴，也不能说和水有关的东西。

太阳很晒，火辣辣的，晒得沙子很烫。踩在滚烫的沙子上，弟弟就有了好办法："我们把这些东西埋到沙子里边烤着吃，烤土豆、烤红薯、烤鸡蛋。哈哈，我都闻到烤红薯的香味了。"

大家都说这个主意不错,四匹骆驼一起动手。哥哥慢悠悠地卧在沙里,说:"我饿得没劲儿了,还是坐着看东西吧。"

弟弟一把扯下土豆口袋,一股脑儿把土豆都埋到沙里了。

妹妹二话不说,一口气挖了四个一模一样的坑,每个坑里埋下两只红薯。

姐姐东挑西捡,左顾右盼,总也找不到可心的地方;看她举棋不定,妹妹感到不耐烦:"照你这么挑来挑去的,咱们什么时候能吃上饭呀?"她找了一个地方,告诉姐姐就在这儿吧!姐姐虽然不乐意听妹妹的,但肚子实在饿得慌,只好在那里挖了浅浅的坑,埋了四个鸡蛋。

> 典型的土相行为,动作不大,占据空间很小。土相人可以写蝇头小字,不会龙飞凤舞。

都埋好了,大家都坐下来等着吃了。

太阳越来越晒,沙子越来越烫。慢慢地,沙子里就飘出了香味,原来是鸡蛋最先烤熟了,大家先把烤好的鸡蛋吃了。不过,鸡蛋很小,对于身体庞大的骆驼来说,根本不解饱。

> 闻着故事里的香味,我们车里的孩子肚子也饿了,想着吃,就忘了急着要小便的事了。

弟弟说:"土豆应该好了,我去把它们挖出来。"他这儿挖挖,那儿挖挖,哎,一个土豆都没挖出来——原来他埋的时候没有章法,这儿埋埋,那儿埋埋,现在根本不记得土豆埋在哪儿了!

"土豆找不到啦?"妹妹可不干了,"你怎么那么糊涂!你老忘了把东西埋在哪儿!我肚子饿啊,我要吃土豆!"

是啊,大家饥肠辘辘,都等着吃土豆呢,这土豆却找不着了。大家很生气,弟弟很着急:"我真的忘了土豆都埋在哪儿了。"

这时姐姐也急了,开始哭了:"哎呀,我们没土豆吃了!这一路都没有土豆吃了!呜呜呜,我特别想吃土豆!都怪你,你把土豆给弄哪儿去啦?你是不是想把土豆藏起来自己吃?你就不给我吃……"

哥哥看看弟弟,看看姐姐,然后不紧不慢地说:"没有土豆,那我们就吃红薯吧。还有更多的鸡蛋可以烤呢。"

妹妹说:"弟弟你快想啊,土豆到底埋哪儿啦?我来找!"一边说,她就一边开始挖,这儿挖一下,那儿挖一下,不停地在沙子里挖着。

哥哥说:"我饿得好厉害呀,要不然我就吃生的红薯算了,吃完了好睡觉。"

弟弟还是没找到土豆。他对自己说:"下次埋土豆的时候一定要做个记号。可是,可是如果我连记号也忘了怎么办?"

……

> 当时是现编现讲,只想把故事情节拉长一些。讲着讲着就到家了,可以上厕所了!

≈ 四只兔子和一匹马 ≈

> 这是华德福教师培训期间的课堂作业。当时 Peter 老师出了一个框架,给了一个主题:故事的主角是四只兔子,他们要把一袋胡萝卜带给祖父母,而祖父母住得比较远。在路上他们碰到一匹马,马要抢他们的胡萝卜;他们在一片草地里迷路了,他们要跨过一条河,最后可能袋子里只剩下一半的胡萝卜了。学员四个人一组,根据老师设定的情节去编。当时并没有讲细节,现在细节也不多,大家可以一边讲一边添上。

黄兔子、红兔子、绿兔子和蓝兔子,他们是一家子的兄弟姐妹,跟爸爸妈妈住在大森林的小房子里边。

有一天,爸爸妈妈要出去,给孩子们留了一袋胡萝卜,说:"爷爷奶奶那边没有胡萝卜吃了,你们四个一起去,把这一袋胡萝卜带给爷爷奶奶。"

好,四只兔子就准备出发了。

蓝兔子很细心,她说:"我们要数一数这个袋子里有多少胡萝卜,一根、两根、三根……"蓝兔子一直数到一百:"这是一百根胡萝卜，我们要一根不少地交到奶奶家。"

> 这是典型的土相行为。

他们出门之后，黄兔子一马当先，跑得最快，"刷刷刷刷"向前跑，一看后面没跟上，"沓沓沓沓"又回来。这边儿有花，"刷刷刷刷"跑去看花；那边儿有蝴蝶，"沓沓沓沓"又跑那边去跟蝴蝶玩……最后"刷刷刷刷"跑得影子都不见了。

绿兔子在后面叫："黄兔子快回来吧，我们都跟不上啦，你也别跑得太远，丢了怎么办？"

> 水相比较擅长照顾人。

红兔子把胡萝卜扛在肩上，一门心思往前走，步子迈得很大，"通通通通"，也不管身后的兔子都跟上没有。

> 火相行动力强，是领军人物。

蓝兔子总是觉得浑身不舒服，一边走一边嘟囔："我脚疼，唉唉唉……我腿疼，唉唉唉……怎么还走不到呀，我累啦……歇一会儿吧。"

红兔子说："不行，不能歇，在太阳下山之前还得回家呢，咱得赶紧走路。"

走着走着，面前出现了一条河，他们发现自己没法过河：河上没有桥，他们也没有船，还扛着那么一大口袋胡萝卜。

蓝兔子一屁股坐在河岸，开始哭："我过不去啦，爷爷奶奶吃不着胡萝卜啦，怎么办呢？"

> 土相容易悲观。

红兔子有些烦："你哭什么呀？有什么可哭的？想办法过河不就得了！"红兔子把口袋放下，跑去找东西："我们可以搭个桥或者造个船，我得去找材料。"

> 火相没工夫同情，急于马上解决问题。

黄兔子说："哎？说不定河上游有艘船，也说不定河下游有座桥，我得看看去。"说着也跑开了，往上游方向跑着看看，又往下游方向跑着看看。

> 风相四处找办法。

绿兔子说："你们都跑啦，没人看胡萝卜，我来看着胡萝卜。肚子饿了可不可以吃？"

> 水相不慌不忙，以食为天。

红兔子说："不行，不许你吃，这都是给爷爷奶奶的。"

正在忙碌着，听到远处传来"嗒嗒"的脚步声，越走越近，听上去好像马蹄声。不一会儿，走来了一匹高大健壮的马。小兔子们都愣神了，紧张地看着马。马过来就问："哼哼，你们这口袋里装的是什么呀？"

绿兔子说："是一口袋胡萝卜。"红兔子急了："谁让你跟他说的？不能告诉他！"

马说："哦，胡萝卜，我最爱吃胡萝卜了，你们把这些胡萝卜给我留下吧。"

"那不行啊，这是给我们爷爷奶奶带的胡萝卜，怎么能给你呢？"

马说："你们这四只小兔子，我一蹄子一个就把你们给踢跑了，这袋子胡萝卜迟早是我的。"

红兔子火了："你敢！你敢动我们的胡萝卜，我就跟你拼了！"

蓝兔子又在那儿哭起来了："天哪！我们可打不过这匹马呀，怎么办呢？河也过不去，马还要把胡萝卜吃了。今天怎么这么倒霉呀！怎么倒霉事都让我碰上了呀！我们今天不出门就好了！"

黄兔子对马说："咱们商量商量？我们给你别的东西吧，你别吃我们的胡萝卜,求你了!我们爷爷奶奶在家里没吃的了,你忍心让他们饿肚子呀?"

> 风相会见风使舵,运用外交辞令,化险为夷。

马不干。
黄兔子说:"我们采点儿蘑菇来给你吃。"
"不行。"
"我们给你找点儿果子吃。"
"也不行。"

> 马是火相的,很坚定,很固执。

想了很多的办法,马都说他就是要兔子们口袋里的胡萝卜。

红兔子可不愿意向马让步,他横下一条心,要跟马决一死战。黄兔子不想打架,他想出一个办法,就跟马说:"我们赛跑吧,你要能跑过我们,我们就把胡萝卜给你,你要是跑不过,就把我们都背过河去。"

马想了想,那也行,问道:"你们都跟我赛跑?"
红兔子说:"当然不是,我和黄兔子跟你跑。"
蓝兔子说:"我给你们掐着表。"
绿兔子说:"我看着胡萝卜,别到时候让马给抢走了。"

那好,大家就这样定了:红兔子、黄兔子和马赛跑;蓝兔子掐着表,给看着时间,看谁先跑回来;绿兔子看着胡萝卜。

他们来到一个地方,蓝兔子喊:"预备——开始——跑!"

马撒开蹄子疾驰,两只兔子也"刷"的如离弦之箭一般蹿了出去。

红兔子和黄兔子一边跑一边商量着什么。跑到一个岔路口的时候,"刷"两只兔子分开跑了。马有点儿慌:"哎,我应该追哪只兔子去?"

> 风相和火相是比较融洽的两个气质，配合默契。一般人有风就有一定的火，有火也会有一定的风，所以说一个人"风风火火"。风相和土相是对立的气质，火相和水相是对立的气质。风相的人不容易有土相气质，火相的人不容易有水相气质。风和火、风和水、火和土、水和土倒是比较常见的结合。当然这都不是绝对的。
>
> 人也会在不同方面表现出不同的气质类型：比如学习方式风相，待人接物火相，工作态度水相加土相（精益求精），等等。

不知道该追谁，马就先往红兔子这边跑了一会儿，看见追不上红兔子，就又跑去黄兔子那儿。黄兔子到处乱窜，窜了一会儿就没影儿了。马说："还是追红兔子去吧。"追着追着，红兔子也没影儿了。

马心想："反正也追不上这两只兔子了，我干脆回去把那两只兔子给干掉，然后胡萝卜就是我的了。哈哈！"他掉转头来往回跑。

红兔子跑着跑着，发现马没追上来，他担心马会耍赖，赶快往回跑。黄兔子呢？跑丢了，迷路了。

马和红兔子基本上是同时回到了起点的地方。

蓝兔子看着表，说："你们俩同时到，是不是算平了呢？黄兔子去哪儿了？"

"黄兔子跑没影儿了，不知道去哪儿了。"

他们去找绿兔子。绿兔子正抱着口袋睡觉呢，大家就把绿兔子摇醒。

这时候马也跑累了，他特别想吃胡萝卜。

看着马的样子，红兔子有点着急，就跟马商量："我有一个办法：如果你能帮我们过河，我们愿意分一半的胡萝卜给你。但是我们先去把黄兔子找回来，我们一定要把黄兔子找回来！"马想了想就同意了。

黄兔子在一片草地上迷了路，向东跑跑，觉得不对，又向西跑跑，还觉得不对，就这么乱跑，他倒也没跑多远。马和红兔子很快就把他找回来了，告诉他和马分胡萝卜的事。黄兔子也同意了:"给他一半胡萝卜,我们还有五十根带给爷爷奶奶,行。"

蓝兔子比较细心,说:"我来数一下胡萝卜。"她当着马的面数,数来数去,只有九十七根胡萝卜了。

那三根胡萝卜呢?

"我刚才太饿了,就吃了。"绿兔子不好意思地说。

红兔子当场就急了,恨不得揍绿兔子一顿,说:"我们跑得那么累,你却在这儿又吃胡萝卜又睡觉,我们都没吃!"

> 火相脾气来得急。

蓝兔子又开始发愁:"九十七根,怎么办?分不匀啊。"

黄兔子马上说:"那我们就再吃,我们四个,还有马,一人吃一根。"

他们一共吃了五根,最后剩了个偶数,就可以平均分成两份了。

好啦!马驮着他们四个过了河。四只兔子把胡萝卜分了一半给马,剩下的一半带给了爷爷奶奶。

≈ 风和太阳 ≈

> 这是华德福中小学教师培训期间,主讲老师为展示气质类型而讲的故事,按照角色的气质类型用相应的口吻说话。讲完让我们讨论,哪个角色是哪种气质类型。

有一天,风找到太阳,对他说:"你以为你是天空的王啊?我比你强大。"

"真的吗?"太阳说。

"当然了!是真的。"风说,"当我刮的时候,连云彩都要向我低头,逃之夭夭。我在森林里肆虐,我横扫天空,连人都跑掉,找个地方躲避我的力量。"

"听起来蛮了不起的。"太阳说。

他们向地上看了看,看见一个小姑娘,身穿一件漂亮的白色外套，通过光、空气，以及露珠的神秘力量，彩虹中所有的颜色都在这白色外套上得到反射。有那么一刻，风都被这个美景吸引了。

忽然，风醒过味儿来了，他说："什么啊，现在我要显示我的威力，看看谁能把白外套从小姑娘身上扯走。"

"好。"太阳说，"你先来。"

风显示了它的威力，聚集了他的所有力量，直到他成为狂叫的空气墙，他把云彩都吹散了，把风浪卷起来了，他在原野上呼啸而过，树都被刮得东倒西歪。

树丛中，小姑娘惊慌失措，突然间她身边的空气都发疯了，小松鼠匆忙跑到窝里，鸟儿也是尖叫着在风暴来临之前飞走了，小姑娘连忙抓紧她的外套。

风聚集了更大的力量，他把树连根拔起，树枝都掉了，天空也开始下起雨来，小姑娘害怕极了，她在一块大石头后面躲雨，把自己包在温暖的白色外套里。

"好了。"太阳说，"轮到我了。"

风没有办法，他要信守诺言。

太阳开始照耀，空气越来越暖和，乌云也散去了，像把天上的幕布打开了。地面上，那些树慢慢站立起来了，小松鼠从洞里往外看了看就跑出来了，鸟儿也开始唱歌了，小姑娘从石头后面跑出来，惊讶地看着四周发生的美丽变化。

太阳继续照耀着，空气变得非常温暖，小姑娘把白色的外套脱了下来，铺在地上，开始在外套四周跳舞来庆祝新的一天。

> 大家讨论的结果是：风是火相，太阳是水相，小姑娘是风相，解说人（老师）是土相。
> 老师说，风有很多种，但是在这个故事里，风很有攻击性，很狂妄；太阳呢，在沙漠中就很凶猛，但是在寒冷的冬日早晨，太阳就像一个朋友，不要把这些东西固化。
> 这个故事里面太阳比较稳重，属于黏液质；小姑娘呢，是变化着的，彩虹都在她的白外套上映射，其实是对小姑娘个性的描述。

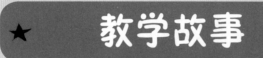

教学故事
开启智慧之门

什么是教学故事

这里所说的教学故事，指的是华德福学校里，老师为了传授课程知识而编撰和讲述的故事。也就是说，在经典故事、自然故事以及治愈系故事之外，老师还会根据课程知识点的需求，编撰和讲述与其相关的故事。

比如，美术课上，老师会讲色彩故事；形线画课上，老师会讲与所画内容相关的故事（见《Freddy 历险记》）；数学课上，老师会讲数字特质的故事（见《一元骑士的重大发现》《变成一个人的一家子》）、数学规则的故事（见《最富有的数字》）、加减乘除四则运算的故事（见《精灵和宝石》）、乘法表的故事，等等；地理课上，老师会运用一个角色的历险记，将知识点融入故事当中（见《悉尼港口大桥》）；优律思美课上，老师会把故事编成诗歌，通过音乐、朗诵和特殊的形体动作表演出来；高年级动物学、植物学等课程的基础之一，就是低年级的自然故事。

每学年开学第一天的 玫瑰典礼 上，由一年级主班老师讲一个充满哲理和心灵滋养意义的故事（见《忘川之水》和《十五位勇敢的少年》）。

可想而知，在华德福学校里，孩子们的学习生活中充满了故事。

华德福教育中的教学故事极其丰富，称得上是汗牛充栋，如果想全面介绍，恐怕需要浩瀚巨著。篇幅有限，我只能给大家展示一滴小小的水珠。

我在2009年到2012年这3年期间，每周去我女儿班里进行一到两小时的教学实践，给孩子们带去了湿水彩、色粉画、数学游戏、形线画等华德福教程中特有的内容，同时也带去了相应的故事。

教学故事的意义和作用

这本书写到这里，相信聪明的读者朋友们已经理解了故事对于儿童心灵成长的意义，那么教学故事对于儿童智力发展的意义，也是不言而喻的了，对不对？

前边说过，学龄期儿童的特性是图景式思维，或曰画面式思维，即我们常说的形象思维。在 12～14 岁，他们的呼吸与心跳达到 1∶4 的规律之前，孩子不适宜进行过多的抽象思维、逻辑推理，不适宜接受过多的概念。

抽象的概念是生硬的、僵化的、冷冰冰的，孩子需要与世界保持一定的距离，才能以客观的、逻辑的、抽象的方式去观察和思考，也就是说，这种思考要求孩子对世界怀有"离斥感"。

然而，小学阶段的儿童，尤其是 9 岁三年级之前的孩子，还感觉自己和世界是一体的，没有和世界分离开，他们沉浸在图景式思维当中，以体验和感受为主来经历人生，来发展自己的情感。离斥感会给他们的心灵造成不当的唤醒和硬化，甚至带来伤害。

这个时期的儿童，需要对世界万物怀有一种"近融感"，需要感觉这个世界美好、美丽、温暖、可爱、值得留恋。教育需要避免硬邦邦、冷冰冰、枯燥无味、了无生趣的方式，而是采用温暖、有趣、滋润、美好的方式，以唤起孩子的好奇心，发挥他们的想象力，激发他们的求知欲，赋予他们探究世界的动力，并且最大程度上开发他们的创造力，让孩子对自己充满信心。

换句话说，小学时期的教学，需要以艺术为主，通过教育孩子的情感来进行，而故事是最直接触动孩子情感的方式之一。

通过故事，冰冷的概念变成鲜活有生命的角色，孩子与之产生情感上的联结，不知不觉当中，孩子全身心浸泡在知识的泉水里，全身心吸收着知识，而不仅仅是用脑袋去接受概念。采用这种学习方式，可以让孩子们吸收得全面、扎实、牢靠，学习效率最高。

色彩教学故事小屋

通常教孩子认识色彩的流行方式，不外乎教给他们世界万物都是什么颜色的：绿色的小草和树叶、红色的番茄、蓝色的天空、白色的云朵、橙色的气球、黄色的香蕉、紫色的葡萄，等等。也就是说，把色彩以其物质表现形式介绍给孩子。

问孩子："那辆汽车是什么颜色的呀？"

孩子不假思索地回答："蓝色的！"

嗯，很好，孩子认识颜色了！涂色的时候，也能识别蜡笔的颜色。如果把太阳涂成绿色，现代的父母也不会去纠正他，因为这很有可能是想象力的艺术性发挥。

更进一步的美术老师，可能会把颜色赋予不同的情绪：红色表达喜悦或者愤怒，蓝色表达平静或者忧郁，黄色表达快乐，等等。

但这些仍然是成年人从外部给孩子的。孩子需要体验内心对色彩的感受。

一、二年级的湿水彩课上，我每周给孩子讲一个新的色彩故事，色彩即是故事里的角色，故事很简短，没有太多的细节发挥。讲完之后，让孩子把故事画出来。色彩不必多，每次一两种即可（随着课程的进展，可以增加色彩，但仍以三原色为主）。任何两种色彩都可以在纸上展现出某种和谐状态，每个孩子都以自己独特的方式来体验这些色彩的特质与结合。这种纯粹色彩的体验赋予孩子丰富的色彩语言，帮助他们开发自己的艺术表达能力。

下边是我带给女儿班的几个色彩故事。

≈ 红色和黄色 ≈

在一个寒冷的日子里，红色决定她保暖的方式就是在纸的中心端坐着，今天哪儿都不去了。

不一会儿，黄色迈着欢快的舞步跑了过来，这儿看看，那儿瞅瞅，绕着红色转着，看看红色跟不跟她玩。

可是红色就是不肯挪窝，她就坐在那里，看着黄色绕着她跳舞。

（下一个星期，红色终于被黄色说服，她俩一起玩了一场柠檬和橙子的游戏。）

> 故事讲完后，把调释好的水彩颜料发给孩子，再让孩子每人领一张水浸的纸，平铺在画板上，用海绵块将多余的水分吸掉，用大号水彩笔蘸了颜料来画。根据故事情节，第一周画互不相干的红色和黄色；第二周让红色和黄色在一起玩。

≈ 蓝色和黄色 ≈

一天，蓝色自己跑出去玩。他走出房门，嘴里还轻轻地唱着一首歌。

他注意到其他色彩都没出来，游乐场上一片空白。害羞的他对此感到有些哀伤，歌声越来越小。他慢慢、慢慢地走，直到走到一条细细的透明的小溪旁。"我不应该跨过去，"他想，"我就坐在这里等一等吧。"

过了一会儿，黄色跑过来了。"嘿，蓝色！"黄色喊道，"你来玩吗？"

"不啦，"蓝色回答，"我就坐在这儿吧。"（他很害羞的）

"那我过去看看你。"黄色说。他跑过空白的地方，在这儿闪闪，在那儿闪闪，直到他也来到那条细细的水流旁。他们俩都不想跨到对方那里去，所以就都坐在小溪旁，互相对望着。

≈ 红色和绿色 ≈

红色感到自己有些骄傲和自大,决定在纸的中心坐下来。她看看自己,又左顾右盼,说:"嗯,我很漂亮!"

蓝色在一旁看着,非常仰慕红色,走过来想好好看看红色。"别靠太近了!"红色说,"我很特别!"

黄色也来了,也想和他们一起玩,但没有地方了。红色不要黄色碰她,蓝色为黄色感到难过。"你和我一起玩吧。"他说。

黄色和蓝色一起玩了,红色落单了。

形线画教学故事小屋

形线画是华德福教育中非常重要的组成部分，也是华德福教育特有的一门课程。

简单来说，形线画由富有韵律的连续性线条模式组成，包括直线、曲线、螺旋和镜像等类型。孩子们练习形线画，最显而易见的功用是为阅读、书写和学习几何打下基础。

但是形线画的意义远不止于此。形线画可以归类于图案设计领域，历史悠久，源远流长，可见于世界上所有的人类文明建筑与工艺品当中。形线画仅由简单明了的直线和曲线组成，这其实就是世界万物的基本组成：所有的事物皆可归简为直线与曲线的结合体；任何一样东西，其形状不外乎直线与曲线。形线画让儿童更加接近自身与事物的本质，接近造物主的设计原型。

形线画还可用于儿童的治疗。其连续性节奏韵律就是调整儿童呼吸与心跳的绝佳途径，可以有效地让兴奋多动的孩子沉静下来，提高其专注力。内向的孩子多画向外的螺旋、外向的孩子多画向内螺旋，都可以帮助他们个性的扩张与收敛。还有很多为不同气质类型儿童设计的形线画，这里不再一一赘述。

因为我去女儿班的时间有限，我没有遵从形线画教学课程的规律，而是把二十多节课的内容浓缩为四节，把形线画的几个基本模式通过一个连续剧故事介绍给孩子们。

≈ Freddy 历险记（一）≈

> 准备形线画课的过程中，我看了一些教学资料，有的资料建议讲故事，于是我准备了一个简单的故事，直到快上课了才规划完。因为不知道孩子们会有什么样的反应，故事本来只有这第一部分。

从前，有一个十二岁的男孩，叫 Freddy，他和妈妈生活在一起。Freddy 每天都在家里待着，什么都不肯做。

他妈妈想让他出去跟小朋友玩，他不肯去；帮妈妈做点家务吧，他也不肯做。

"你整天待在家里，什么都不做，又不跟小朋友出去玩，为什么呢？"妈妈问他。

Freddy 说："朋友们不愿意跟我玩，他们玩的游戏我都不会。"

妈妈说："那你帮我做一些家务吧。"

Freddy 说："我做不好，还是你做吧。"

妈妈挺着急的，她想了很多办法帮助自己的儿子，可都不见效，Freddy 就是每天在家里待着。

妈妈想到国王是有智慧的人，就带 Freddy 去见国王。

妈妈对国王说："国王啊，您帮一下我的儿子吧，他在家里待着什么都不肯做，他觉得自己什么都不会。"

国王问："Freddy，你的手疼吗？"

"不疼啊。"

"给我看看你的手。嗯，没问题，挺好的。"

国王又问："你的脚怎么样啊，脚疼吗？"

"也不疼。"

"你走走路给我看？"也没有事儿。

> 我当时犯了个错误：用两根手指头模拟人腿走路，孩子们看见新鲜事都兴奋起来，也用手指头模仿我，导致故事中断了一会儿。

"你屁股疼吗?"

"不疼。"

"脑袋疼吗?"

"不疼。"

> 国王如此给一个孩子检查身体,比较搞笑,孩子们都乐不可支。

"你哪儿都不疼,Freddy,你应该没什么问题呀。好吧,我派给你一个任务。国王给的任务一定要完成,不完成是不行的。"

国王接着具体布置任务:"在我们王国的城堡外面,有一条很深很急的河,河的对岸是一片大森林,森林里面有我们需要的木材,可以用这些木材在这条河上搭一座大桥,这样我们才能过河到森林里。森林里有宝藏,我们需要取来;森林的另一边是大海,我们也要到海上去。但是我们现在去不了,因为现在这条河上只有一座窄窄的独木桥,只有小孩子能走过,大人走不过去。要搭大桥的木材都在河对岸,是很多年前我们砍伐下来的,但是后来发生了一些事情,我们丢掉了这些木材。这些木材现在由一个森林巨怪看管着,我们谁都无法靠近他。

"Freddy 你是一个小孩子,身子轻,人形小,不容易被发现。你可以在夜里趁巨怪睡觉的时候,悄悄走过这座独木桥,把他看管的木材偷过来。你得一点一点地偷,一次偷一根就可以。偷好了木材,我们大人就可以搭桥,搭了桥我们大人就可以过去,可以把巨怪赶走,我们就能去森林里摘有魔力的神奇的蘑菇和花草。

"到现在为止,我还没有找到有胆量去偷木材的孩子呢。如果你完成了这个任务,我就赠给你和妈妈一片地。"

Freddy 想了想,虽然他觉得这个任务很艰巨,但没有人能拒绝国王。他只好说:"好吧。"

于是,每天晚上,趁巨怪睡觉的时候,Freddy 就悄悄地走过独木桥,偷偷地去把木材拖回来。一开始,他挺害怕的,走得非常慢，一有风吹草动，他就赶紧跑回城堡这边。后来，他发现，巨怪睡得很沉，没有什么可怕的，于是胆子大了一些，做得也快了一些。

他每天晚上都去，每次只偷一根木头，每天晚上偷三根，然后回家睡觉，第二天晚上再去。大概用了将近一年的时间，把木材全部偷回来了。

> 第一节课要求孩子画直线。讲完故事后，我在戏剧教室把一条丝带铺在地上当独木桥，我当巨怪，身边放了彩色铅笔当木材。孩子们走过桥偷了木材再沿着这条线走回去。因为这是要用身体走出来的直线，孩子们都非常小心地走着。有两个凤相的孩子偷好木材就跑了，没按丝带走回去，我就说："哎，你掉河里啦！"他们咯咯笑着再回来走一遍。
> 回到教室，先让孩子们用手在空气中画直线，再用鼻子画，总之是用身体来画。最后用彩色铅笔在纸上画，每条线一气呵成，不能用尺子也不能用橡皮。画的内容就是帮助Freddy设计桥上的护栏，先画一条贯穿纸面中央的直线，然后画具有韵律的长长短短的木桩，尽量画得均匀整齐。
> 在孩子画的过程中，成人可以观察到他们的气质类型，有的孩子工工整整很快画好，有的孩子等了好久也不动笔，有的孩子画得密，有孩子画得疏。我女儿是完美主义者，画"坏"了两次，翻篇再来。孩子们如此喜爱这种活动，这就是故事的魔力，如果单纯让孩子画一条条直线，他们会烦透了。

≈ Freddy 历险记（二）≈

> 这次形线画单元，我本来准备了一个非常简单的故事，上周临时凑齐了当时应该讲的部分，等我给孩子们讲完，他们那入迷、期待、兴奋的眼神给了我好大的灵感，让我把这个故事充实起来。现在看，这故事比刚开始要复杂多了。

木材备齐了，国王很高兴，奖赏了Freddy和妈妈一片地。

Freddy也不像从前那样整天在家里待着了，他有了更多的事情要做：和村民一起搭桥。

大家花了一年的时间才把桥搭好，因为他们只能趁巨怪睡觉的时候才能搭桥。桥搭完，Freddy也过了十四岁生日。

桥搭好了，大家操持着武器一起过河，把巨怪打跑了。

国王又把 Freddy 叫回王宫，说："Freddy，看来你不是什么都不会做呀！这样吧，我还有一项任务交给你，相信你能完成的。"

国王要 Freddy 过河，到对岸的森林里采集有魔力的蘑菇——神菇。

这种神菇当然不会到处都有，它只长在一棵树的顶上，没有人知道是哪棵树。

Freddy 过河进森林寻找神菇。森林里树木茂密，有各种各样高大的树，杨树、桦树、榉树、橡树、桃花心木、红杉……应有尽有，让他看得眼花缭乱的。Freddy 花了好多天去找，都找不到，他一棵树一棵树地爬上去看，爬了很多树，都没有找到神菇。许多天过去了，Freddy 还在爬树，还在找。

有一天，Freddy 又来到了森林里。又像前一天一样，面对着那么多树，他不知道到底哪一棵才是他需要的。他担心这样盲目地找下去，永远也找不到神菇，国王交给他的任务就无法完成了。

Freddy 闭上眼睛，祈求神给他帮助，他在心里说："我想找到神菇，完成国王的任务。这片森林那么大，我不可能每棵树都去找，我爬过特别高的树，爬过特别直的树，也爬过特别粗的树。我想是不是杨树上才有？或者是不是桦树上才有？要么是橡树？还是红杉？我都去找了，可是都不对。请给我帮助！"

Freddy 默默地念着，想着，一门心思想找到神菇。

当 Freddy 睁开眼睛的时候，看见一只小松鼠在他跟前。小松鼠好像知道他的心思，在他前面蹦蹦跳跳的，他就跟着小松鼠走。他们经过了特别高的树，经过了特别直的树，也经过了特别粗的树，还经过了杨树、桦树和橡树。

小松鼠在一棵树下边站住了。原来这是森林里最高、最直、最粗的那一棵树。Freddy 爬到树上，仰头望去，果然，这棵树的顶上长着一些又圆又大、光洁美丽的白色蘑菇！

Freddy 爬到树顶，采了神菇。因为是最高的树，他在上面四处张望，发现森林的尽头一边是波涛起伏的大海，一边是重峦叠嶂的高山，景色十分壮观。

Freddy 带着神菇回到王宫见国王。国王非常高兴，继续交代给他任务，托他把神菇送给在山里居住的女巫，女巫会制作一种神药。

Freddy 进了山，现在他已经什么都不害怕了。到了一处山洞，找到女巫，把神菇交给她。女巫好像知道 Freddy 要来，看到他和神菇也没有吃惊，反而很神秘地说："哦，看来国王找到可以完成最重要任务的那个人了。"

Freddy 问道："什么最重要的任务？"

女巫说："我不能告诉你，只有国王才能告诉你。你一年以后来取神药，然后你就要去完成这个最重要的任务了。"

> 故事讲到这里停了，开始画曲线。又是一个悬念！孩子们盼望听到故事的下一部分，都很积极地画。
> 这第二节课，让孩子们画蘑菇、波浪和山峦，就是画连续的有韵律的曲线。看似简单，画起来可不容易，画了一个多小时。这个过程里，可以看到孩子们不同的气质类型：有的孩子大刀阔斧地把整张纸画满；有的孩子整整齐齐地画；有孩子细细地画，波纹小小的、密密的。有孩子一直坐在那里画，也有孩子一会儿就跑来问："还画什么呀？""这样画对吗？"

≈ Freddy 历险记（三）≈

从女巫那里回到城堡，Freddy 又去了王宫。

国王已经不再拿 Freddy 当小孩子了，而是把他视为十分器重的手下干将。这一次，国王对 Freddy 透露了一个重大的秘密。

原来，国王曾经有一个女儿，早年被一个巨人抢走了。巨人抢走公主的时候，踩坏了城堡和森林之间那条河上所有的桥。村民们搭了独木桥，艰难地过去砍伐下新的木材，但是巨人派了一个巨怪过来，把搭桥的木材都掠夺走，看管了起来。

巨人威胁说，在公主十六岁生日那天要跟她结婚，再过来霸占王国，除非有人把她救走。

当年国王悬赏找人搭救公主，曾经有几名勇士尝试过营救公主，但都失败了。

后来女巫找到国王，说她能够帮助他，但国王必须先找到有能力营救公主的人。这个人必须能够找到神菇，因为神药是成功营救公主的必备之物。

现在，只有一年的光阴，公主就十六岁了。如果再不救她回来，王国危在旦夕。

国王要Freddy在今后这一年练习剑术，强壮身体，准备营救公主。Freddy再过一年也十六岁了。

听了国王的话，Freddy就去拜师，练习剑术。不管刮风下雨，他每天都去练。他的剑术越来越高超，身体也越来越强壮。

> 这个故事讲的是四年之内发生的事情。你可以看到Freddy的自信是一点点成长起来的，他原来什么都不会做，不肯做，后来偷了木材，建了桥，然后去采了神菇，又去做了神药，现在他又有了强健的身体和高超的剑术，简直无所不能。

一年之后，他去女巫那里取神药。女巫也叮嘱了他，给了他一些如何成功营救公主的忠告。

女巫告诉Freddy："国王会派最棒的船送你去海里的一座岛上，岛的中央有一座树丛组成的迷宫。这个迷宫看上去只是一个简单的螺旋，但是如果你不聚精会神地顺着树丛走的话，那么它会变成谁也走不出来的迷宫。如果看见好吃的，你就跑过去吃；看见好玩的，你就跑过去玩，那么这个螺旋就会变成更复杂的迷宫，一变，你就走不出来了。在这个迷宫的深处藏着一匹飞马，它知道怎么才能到达巨人城堡。巨人城堡也在海里边，没有船可以到达，只有这匹飞马载着你才可以去。"

Freddy把女巫的话牢牢记在心里。

果然，国王派了最棒的船，迎风破浪，走了七天七夜，送他上了海岛。

在这个岛的中央，果然有一座大的螺旋迷宫，两旁种了树，按照树走的话，就是很简单的一条路。

Freddy 确实也看到在树林中间有很多奇妙的景象：有花仙子在唱歌跳舞，有巨型的蝴蝶和蜜蜂在草丛中飞舞，树林里有各色各样的果实，有些树上甚至结着棒棒糖！这片丛林实在美妙，令人目不暇接，眼花缭乱。

然而 Freddy 记着女巫的话，心里默默念着："我要找到飞马，营救公主。"真的，哪怕他往旁边看一眼，都会发现这个树林在变化，他赶紧把目光收回到脚下的路，接着往前走。

就这样，Freddy 走到螺旋中心，找到了飞马，他牵着马，又沿原路走出了迷宫。因为这树林里都是很高很密的树，飞马的翅膀打不开，一旦出了这片树林迷宫，飞马的翅膀就解放了，展开了，驮着 Freddy，他们一起飞向了巨人的城堡。

> 第三节课，让孩子们画螺旋。这段故事讲完之后，我带着孩子走螺旋：大家手拉手围成一个圈，由我开始一边念一首韵律诗，一边拉着孩子往里走，一个拉一个，走成一个往里的螺旋，走到中间再返回来，往外走螺旋，直到最后形成一个大圆圈。走完螺旋之后再让他们把螺旋画出来，按照 Freddy 的路线，先从外向里画，再从里向外画。

≈ Freddy 历险记（四）≈

今天是故事的大结局。

Freddy 骑着飞马找到巨人的城堡，城堡入口处有一条看上去很诡秘的路。

Freddy 觉得有点奇怪："女巫说过这里是没有路的，她告诉我到了城堡必须自己想办法进去，但是我明明看到前面有一条路。"

于是他就跑上前，结果"砰"的一声，被撞到地上，结结实实地摔了一个大屁股墩儿，眼冒金星。

Freddy 险些被撞糊涂了，他站起来，揉揉脑袋，揉揉屁股，再次轻轻地走过去。

"砰！"又被撞倒。

试了几次之后，他发现眼前原来是一面镜子，而路只是折射的影子，真正的路是隐形的。

Freddy恍然大悟：难怪女巫说必须自己想办法，神药又是干什么用的？

他必须一丝不苟地严格按照镜子里的路的相反方向走，并且将神药撒在身后，撒过药的路面会显示出来。这样，他救了公主之后，就能顺利地走出来了。

巨人以为没有人能闯进他的城堡来，因为从来没有人成功过，所以他在里边放心地睡着大觉。

然而，Freddy进了城堡，拔剑就把巨人的头给割了下来。

Freddy救出了公主，两个人骑着飞马回到王宫。

大家举行了隆重欢乐的庆典，国王奖赏了Freddy一座高大的房子，并且为Freddy和公主举办了盛大的婚礼，他成为王位的继承人。

Freddy的妈妈也非常高兴。从此以后大家幸福地生活着。

> 最后这节课，我们画的是镜像：在中线的一边已经画好了一个带有直线、直角、曲线和漩涡的形状，孩子要在中线的另一边画上形状相同、方向相反的图形，就是画镜像。
> 我把一条丝线铺在地上，我在一边走，每一个孩子在另一边走出和我的步伐完全相反的镜像。全班17个孩子轮流跟着我走了一遍，大部分不会走一个简单的漩，只有四五个孩子走得几乎一点不差。回到教室，我把事先画好的图给他们，他们先按照左边的描几遍，再在右边画出镜像图来。有两个孩子画成一样的了，其他孩子都画得很好。

数学教学故事小屋

我们怎么教孩子数学呢?大部分妈妈在孩子很小的时候,就训练孩子数数:一个苹果、两根香蕉、三辆汽车……楠楠有两块糖了,妈妈再给三块,一共是几块糖啊?

孩子会不会数数,是衡量智力的重要指标。有些幼儿园给孩子的入园测试就包括是否能够从 1 数到 100。

数学对于我们大多数人来说,是一门抽象的学问。数学好的人肯定都聪明,数学不好,说明这个人不够聪明。

但是什么叫作"数学好"呢?什么叫作"有数学头脑"呢?我们的衡量标准很狭窄。比如,我们很讲究心算,学校给孩子大量的心算训练。一道题,不用动手,脑子里边转一转,答案就出来了,这是聪明的表现。

遗憾的是:这样做,孩子的心灵并没有被数学触动。数学和他的生命有什么关系,他感受不到。对于很多孩子来说,这门陌生的学科变得十分艰难。

数学含有绝对的真理,不受社会文化和个人喜好的左右。它会深深进入人的思维当中,成为内在的灵魂活动。儿童天性渴求永恒的真理,因此他们会对学习数学感到异常敏感。如果一个孩子只是写作或者拼写出错,他不会觉得特别糟糕;但是如果他觉得自己学不好数学,会对他造成很深的伤害,因为数学关乎道德感。

我小时候数学很好,对数学持有一种书呆子式的偏好。那时没有电视,我会把做数学题当作娱乐。如果托生在今天,恐怕会是个奥数尖子。我女儿在数学方面也毫不吃力,甚至热爱智力游戏。

我儿子五年级期末数学考试结束后,老师把我叫到教室里,眉飞色舞地告诉我,试卷上有一道题,先给你一只骰子的平面图,然后几张图都是骰子摆在花盆前,叫你根据骰子面向你的点数,说出它面向花盆那一面的点数。

老师说,全班只有我儿子向老师要了一张白纸、一把剪刀,按照平面图把骰子画出来,剪下来,叠起来,根据这个手工制作的立体的骰子,推算出问题的答案。

老师说,点评期末卷子时,她特地在全班同学面前表扬了我儿子,说这是解决问题的绝佳态度和方法,比猜测和心算更准确。

不过,我明白,我这个数学天才妈妈,生了一个按照主流标准衡量来说"数学头脑"发育不怎么充分的儿子。他很聪明,但他的数学思维和我们惯常的不一样。给他讲数学,必须另辟蹊径,用更加具有创造性的办法来给他解释明白。

当然,这也更符合数学的本质。因为数学蕴涵韵律和节奏,数学蕴涵美学和艺术(包括比例、分割、模式),数学蕴涵深邃的哲理,数学是永恒的真理。

数学是音乐,数学是美术,数学是哲学,数学是道德。

因此,我们需要以艺术的、哲学的手法,来给孩子介绍数学。

∞ 一元骑士的重大发现(数字 1 的特质)∞
讲述:金晓峰

很久很久以前,有一位非常勇敢、非常智慧、最有爱心的国王,因此,世界上伟大的骑士们全都用各种方式投奔他而来。

经过了许多年的战争,骑士们帮助国王征服了各种邪恶势力,终于将和平带到了这个王国里。我们故事开始的时候,这个王国已经和平了很长一段时间了。生活已经变得越来越枯燥了,就算是王宫里的小丑,也不再那么逗人了。

有一天晚上，当晚宴正要结束的时候，国王从他的金色椅子上站了起来，清了清他的嗓子，开始说话了："我亲爱的骑士们，我最尊贵、最勇敢的骑士们，通过你们的勇气和斗争，和平降临到我的王国，为此，我感谢你们。但是，你们知道吗？比用武力征服世界更吸引我的，是通过学习获得的力量。这些年来，有许多问题都在我的心中翻搅，但是战争花去了我所有的时间和精力。现在终于有时间了，我可以请你们为我最大的一个问题去寻找答案了。"

骑士们全都向前伸着身子，仔细地听着他们的国王的每一个字。国王说："我的问题是这样的：世界上最大的数字是什么？哪个数字是数字之王呢？"

正在这时，在其他骑士真正理解他们国王的问题之前，有一个又高又胖、满脸大胡子的骑士，一下子从椅子上跳了起来，差点把自己的椅子弄翻。他大声地喊道："我们会找到答案！是不是？我的同事们！"

"是——！"骑士们异口同声地大声响应。许多年来，他们如此的不同，在很多事情上都很难达成一致，但是有一件事他们全都同意，那就是为他们最心爱的国王服务。

"好！那就这么定了。"国王说，"我要选出你们当中最勇敢的四位骑士，去为我寻找最伟大的数字。从今天起，正好一年，你们一年以后再在这个大厅里面相遇，那时来给我看你们找到的是什么。愿上天保佑你们。"

"好——！"所有的骑士大喊道。

就这样，四位最英勇的骑士被选了出来。他们准备好了盔甲，骑上心爱的骏马上路了。每一位骑士都选了一个不同的方向。在这一年的旅程当中，他们走过了许多森林、许多河流和山川。他们征服了很多要塞，也打了很多仗，为被压迫的人战斗。他们总是去做最正确的和最好的事，而且不管他们面前的困难有多大,他们最后总能得胜而归。

勇士们远远地走出了他们王国的边界,但是在这一年之后,他们都找到了回到国王城堡的路。

这一天,这个城堡周围的大街小巷,一直到最远处的农庄里,整个王国的人都在兴奋地窃窃私语。每个人都知道,那个问题正在等着它的答案:什么是世界上最伟大的数字?

但是,不管是哪儿,都没有再比城堡里面的人更兴奋的了。在城堡里,从厨房,到走廊,到洗衣室,到编织室,所有的地方都在谈论着国王的问题。每一个人都在想:到底哪一个是数字之王呢?今天晚上,国王和他的四个骑士们就要解答出这个神秘的问题了。

太阳落山之后,傍晚的雾笼罩了王国。在最大的宴会厅里,巨大的火炬熊熊地燃烧着,音乐家们在演奏着最美妙的乐曲,被派出去的四个骑士都来到了长长的餐桌旁。所有其他的骑士都早已在这里等候,大家热情地互相问候着,他们还分享着四位骑士在路上的各种境遇,但是没有任何一个人谈论国王的问题。

桌子上摆满了各种各样的美味。

当勇士们分享了他们愉快的旅程和各种故事之后,三个号手吹响了长号,这时,大厅的大门口处传来了"国王驾到"的声音。骑士们全都安静下来,期待着他们的国王的到来。

在红地毯上,国王神采奕奕地踏了过来。这个最伟大的、最受爱戴的国王在他金色的椅子里坐了下来,说了餐前的感恩词,然后国王和他的骑士们就开始了他们的盛宴,仆人们端来了各种各样的美味。

当国王站起来的时候,整个屋子都静了下来,他举起他的酒杯,高声说:"为我的数字勇士们干杯!"举杯后,国王接着说:"勇敢的数字勇士,现在请告诉我,到底哪一个是最大的数字?哪一个是数字之王呢?"一个年轻的、个子高高、胡子刮得干干净净的骑士没有一刻的犹豫就站了起来,所有的目光都投向了他。

"尊敬的陛下,"他说,"我,一元骑士,已经走过了我所有能看到的土地,我翻过了高山和峡谷,走过了草地和平原,穿过了森林,我跟着小溪来到了大河,然后看着河流到了海边,但是不管我走到哪儿,我都没有看到大地开始和结束的地方,在我眼里,这就是一个地球。而在我的头顶是天空,它那美丽的蓝色,总是给我带来喜悦,在我的想象中,我甚至可以驾着云彩在上面航行,云朵就好像蓝色大海里的许多的船。有时候,厚重的乌云会把天空遮掩,然后雨会倾降下来,但是迟早,它又会回到原来的那个唯一的蓝天。而每一天,在这美丽的蓝色的天空中旅行的,是那个伟大的太阳,那个唯一给我们温暖和光明的太阳,没有它,我们都不可能活下来,更不用说那每天晚上在夜空中带来光明和温暖的月亮,它的光是那么的皎洁。所以,国王陛下,您是否也可以像我一样,看得如此清楚?那最大的,永远就是1。"

国王仔细地考虑着一元骑士这些智慧的言语,没有说什么。

一元骑士继续说道:"有一天,我看到一个小男孩在石头墙后面盯着我看,我就说:'孩子,过来。'他胆怯地走向前来。'孩子,你认为哪个是最大的数字?'我问他。他犹豫地说:'1000?''但是比1000大的还有1001。难道不是吗?'我说。他同意了我,然后我们一起就看到这个数字可以变得越来越大,越来越大。他说:'看上去,永远总是有一个更多的数,就算是2,也比1还要多一个,那就是说,1一定是最小的数字。不是吗?一元骑士?''可能当我们数数的时候,它看上去是这样,'我回答他说,'但是,对我来说,所有的数字都好像是用1做出来的:要得到2的话,我们把1加到1上,而要得到3,我们还要再加另外一个1。每一个数字,都比原来的前面那个数字要大1,而每一个数字,都比它后面的数字要小1。'正在我们说话的时候，太阳正好从两片云当中探出头来，撒下了一束强烈的光。'看！'那个男孩儿说，'太阳出来啦，它正好给我送来了一束光。''嗯，还有一束是给我的。'我补充说，'看哪，你多么的高，多么的直，站得就像数字1一样。''一元骑士，每个人都有他们自己的一束光吗？'他问我。'是的，我觉得是这样，因为我们每一个人都是如此的不同，如此的特别。但是，当我们在一起，我们又都是一个人、一个人类。'所以，您看，亲爱的国王陛下，1有的时候也许看上去是最小的数字，但是从很多方面来看，它都是最伟大的数字。"

"啊！"国王说，"为什么我从来没有听说过这样伟大的想法呢？"

"太棒啦，一元骑士！"所有其他的骑士都喊了起来。

这时，小丑跳了起来，向空中扔出了一个金色的球。"原来是这样！"他说，"1是太阳，1是天空，1是世界，1是我！"

◎ 其他数字的特质

相信你能够体会到，上边这个故事不仅给孩子介绍了数字1的数学特质，还讲出了其美学和哲学方面的奥秘，甚至你大概都联想到了中国古代与此相关的智慧——"道生一，一生二，二生三，三生万物"。

先让孩子体会数字1的神奇和伟大，让孩子感受到生命的整体性——1是整体，1包含万物，其他数字以及数学法则都从1派生出来，从整体再到部分。讲分数的时候，因为有了1为整体这个概念，再理解分数就不难了。

当给孩子介绍2的时候，老师会让孩子们看一看，生活中有什么是成双成对或者两极对立的？比如，我们都有两只眼睛、两只耳朵、两只胳膊、两只手、两条腿、两只脚，天和地，上和下，左和右，前和后，地球分南北两极，日子分白天黑夜，人分男女，事分好坏……孩子们会积极地搜罗生活中和2相关的有趣现象。

3在我们的生活中也随处可见：爸爸、妈妈和我，各种三角形的物体，我们人的三元性（你、我、他，头、心、手，身、心、灵），天上的日、月、星，生命不可缺的土地、空气和水；而且，3是1与2的组合。

关于4，有来自印度的民间传说《四兄弟与狮子》，我们也生活在4的世界里：一年四季，各种四边形，屋子有4个角落，桌子有4条腿，人有4种气质类型，世界有风、火、水、土4个元素……

说到5，孩子可以将身体打开，四肢与头，形成一个完美的五角星和五边形，我们每只手上有5个手指、每只脚上有5个脚趾。两个5加在一起就是10！

6是一个神奇的数字，是自然数列中第一个"完美数"，它内在的价值与外在的价值达到和谐统一，它既是1、2、3的和（1＋2＋3＝6，其中1＋2＝3），也是1、2、3的最小公倍数。

第二个完美数是28：1＋2＋4＋7＋14＝28，其中1＋2＋4＝7，1＋2＋4＋7＝14。第三个完美数是496，第四个是8128，第五个是33550336，第六个是8589869056…可能你已经发现了：完美数很罕见。

不过我们不会抽象地把这些概念直接灌输给一年级的孩子。我女儿五年级时，我们俩一起编撰了一个故事，把数字的特质编了进去：

> 在数字王国里，国王是1，侍卫队成员则由质数组成，因为只有国王和他们自己能够通过，保障万无一失。
>
> 王国有两家银行，还款方式是通过因子叠加；其中一家银行仅向富人发放贷款，行长是活泼好动的盈数，因子

叠加起来大于数字本身；另外一家银行仅向穷人发放贷款，行长是瘦瘦的愁苦的亏数，因子加起来小于数字本身，但是盈数银行会弥补亏数银行的亏损。

国王还有一个宝库，收藏了稀世珍宝：每一件珍宝的组成部分都是它的因子，从小到大，巧妙镶嵌，形成一个完美的圆，这些珍宝是一位仙子带给国王的礼物。宝库的管家胖胖的，笑眯眯的。

有一天，王国里来了一个捣蛋鬼0，骗过了侍卫队，用美食引诱走宝库管家，进入宝库偷宝藏⋯⋯

我们娘俩只编了这样一个梗概，后来没有继续编完。有兴趣的读者朋友可以再接再厉，把这个故事编完整了。

∽ 变成一个人的一家子（数字8的故事）∽

从前，在一片大草坪上，有一座美丽的宫殿，这座宫殿是被一双无形的手搭建起来的。宫殿的塔楼上方是一个完美的圆顶，就像地球那样圆，通过塔楼上的窗户，可以看到四面八方，望得很远很远。在宫殿里边有很多的屋子和通道，可以供人们工作和玩耍。

有一天，有一个巨人保姆带着一家子的孩子，到宫殿里来生活。这个保姆身形如此的巨大，她比那个宫殿还要大，所以她没有办法和孩子们一起进去，只能从外面照顾这些孩子。每天，她都短暂地去一趟市场，买来吃的和喝的，其他的时间，她就待在宫殿外面守候着这些孩子。

人们都很好奇：这些孩子们有没有爸爸和妈妈呢？没有人能够打听出来他们到底是从哪儿来的，到底是谁建的这座宫殿。而且这个家庭人数又那么多,人们就更加好奇了,因为一共有8个孩子,而且这8个孩子,每两个就是一对双胞胎,也就是说一共4对双胞胎!每一对双胞胎不仅长得特别像,而且每一对双胞胎都喜欢做同样的事情。

最小的那对双胞胎是男孩,他们总是跑来跑去地玩,只要他们醒着,就一点儿也坐不住。那个巨人保姆经常看到他们互相踢来踢去,玩游戏的时候经常踩到对方的脚趾头上去。

再比他们大一些的那对双胞胎,性情温柔一些,她们是女孩,她们也总是在一起玩,她们一起用沙子搭建城堡,去采花,给娃娃穿衣服,她们的小手总是很忙碌。

再往上面那对双胞胎总是在塔楼的窗户那儿坐着,她们也是女孩。因为她们年纪稍微大一些,玩心没有那么重。她们喜欢把窗户打开,听风在树丛里弹奏轻柔的音乐,听小鸟的鸣唱。听到人们的说话声和叫声,她们会很好奇地想:是不是会有人来,带给她们重要的口信?

最大的那对双胞胎是男孩。他们通过塔楼的另外两扇窗户看外面的世界都在发生什么。他们喜欢看日出日落,看田野里面花的颜色,还看远处城镇房屋的屋顶。每当看到什么的时候,他们就会说:"这个是我的!这个是我的!"但是他们自己却从那个塔楼上下不来。

这4对双胞胎在宫殿里以不同的方式在一起生活着,而且都必须由那巨人保姆照管,因为他们互相之间不照顾对方。在塔楼里的那些双胞胎从来不下楼,而那年纪小些的两个男孩和两个女孩甚至都不知道楼上还有人。

随着时间的推移,人们知道了在这个美丽的宫殿里面住着这么一个奇怪的家庭,他们就越来越好奇:最后会发生什么事情呢?因为懂事的人都知道,孩子们必须学会互相照顾,互相帮助。

与此同时，有一个伟大的、善良的国王，在四处寻找他的孩子，这个寻找的旅程似乎是无边无尽的，而且他走到了天之涯、地之角，都没有找到。因为这些孩子是被一个巨人从他家里夺走的，这个巨人想打败这个国王。

国王呢，没有带任何的军队也没有带任何的武器，但是他身上有一样宝物，比一万个盔甲齐备的士兵还要珍贵，那就是他有一件有魔力的斗篷，可以把他从头到脚盖得严严实实的。他只要穿上这件斗篷，就可以在这个世界上自由自在地旅行，没有什么可以伤害他。他可以穿过地球上的4种元素：他可以穿过岩石，可以穿过水，可以穿过风和火，而且他是隐形的。所以即便有那个巨人保姆看守着这些双胞胎的宫殿，当国王穿过门的时候，她也没看到他。

国王穿过了所有的通道和房间，到了那个圆顶，他欣喜若狂地发现：他所有的双胞胎孩子都在那里！

国王和他的双胞胎孩子们，怎样能从监狱般的宫殿里逃出去，并且能逃出巨人保姆的看管呢？8个孩子肯定钻不进他的那个斗篷里。国王把他们都聚到了宫殿的中心，教给他们怎样能够互相帮助。

国王对4个比较大的孩子说："既然你们知道怎样看和听，你们就必须成为弟弟妹妹的眼睛和耳朵。"

然后对4个小一点的孩子说："既然你们的手和脚总是那么忙碌，那么你们就要变成你的哥哥和姐姐的四肢，然后帮助他们，把他们带到宫殿外面去。"

他对所有的孩子说："如果你们这样做了，你们就变成了一个人，可以跟我一起钻到魔法斗篷里。"

于是这4对双胞胎就变成了一个人，国王把斗篷搭在他们身上，带着他们，溜过巨人保姆的身边，踏上了回家的旅途。

🌀 加减乘除四则运算

在介绍四则运算的时候,老师一般会把这四个法则各用一个精灵来代表,每一个精灵又各是一个气质类型:

加法是水相的绿精灵,心宽体胖,总是在不断地把东西捡起来放进它的口袋里,它的口袋总是鼓鼓的;

乘法是风相的黄精灵,它跑得最快,什么东西都是一会儿就成双成倍了;

除法是火相的红精灵,最讲求公正公平,乐于和大家分享,但每一份必须是完全一样的;

减法是土相的蓝精灵,它心情沉闷,总是丢三落四的,袋子经常破了个洞,走过一趟就几乎空了,这让它更不开心了。

无论讲什么法则,都可以用这四个小精灵来编故事。

也可以用其他动物编故事,比如讲加法和减法,可以讲森林里有两只小松鼠,为过冬储存榛子,他们互相找到对方藏榛子的秘密地点,然后把榛子挪到自己的收藏里,那么挪走的那只多了几个,一共几个了?被挪走的那只少了几个,还剩几个呢?最后很巧合地,他们都各自有 12 只榛子!孩子们可以把榛子的加减画出来,再写上算式:$8 + 4 = 12$,$6 + 6 = 12$,$5 + 7 = 12$,等等。

这样的故事比一般教学的应用题更丰富、更形象,可以让孩子拥有更多的思考空间,让孩子感受到数学的无处不在。

还可以用游戏的方式来做四则运算,游戏的道具可以是石头子儿、小木棍、扑克牌,甚至可以是孩子们自己。比如:让一个孩子到教室外边,其他孩子藏起来几个,把外边的孩子叫进来,问他有几个同学不见了。

≈ 精灵和宝石 ≈

在地下很深很深的地方,精灵们每天都非常忙碌,要为精灵国王的宝库收集宝石。每一个精灵每一天都必须找到恰好12颗珠宝，不多也不少，因为大部分的精灵只能数到12。

但是有4个精灵可以数得多一些，也可以数得少一些，这令它们4个与众不同。其实，它们的相貌与普通的精灵看上去都不太一样。它们其中两个每天会带来比12颗更多的珠宝，另两个则会带来更少一些。

乘法是第一个精灵的名字，它的颜色像烛光那样黄。它有一个本事，可以把隐蔽的地方照亮，所以它可以找到更多的宝藏，每一天至少都比12颗宝石多两倍，而且它每天都得跑两趟，而其他精灵是只跑一趟的。这样，它可以在其他精灵面前吹牛皮："我每天带给国王的都是双倍的宝藏！"

加法是第二个精灵，心宽体胖，身体是绿颜色的，还有些贪婪。它喜欢这样想："3加3加3加3，就是12。"当它把找到的这些宝石加起来的时候，它还想要更多的宝石，不光是为了国王，而且也是为了它自己。它不但手里捧得满满的，裤子里也装得满满的，它往国王那里走的时候，身上"丁零当啷"响个不停，但是它只献给国王珠宝中12颗最美的宝石。国王听见它的裤子里边稀里哗啦、丁零当啷的响声，就拎着加法的脚，把它倒吊起来，晃悠晃悠，把所有的宝石都晃悠出来，然后国王把它的珠宝都拿走了。加法叹息说："我所有加起来的宝石，都塞进了我的裤子！"

减法是第三个精灵，它身上是蓝颜色的，而且有些衣衫褴褛。它的衣服上有好多破洞，它身上背的包也有破洞，它收集起来的珠宝总是通过那些洞掉下来，它就很不高兴地在那里哭诉："衣衫褴褛蓝精灵，生来就是要苦命。"虽然它遇到的其他精灵乐意跟它分享它们自己找到的，但它总是丢三落四的，把别人给它的也丢掉了。

第四个精灵叫除法，它特别的热心。因为它的血是红颜色的，所以它整个的颜色也是红的。当听到那个蓝色减法精灵的哭声时，它总是急急忙忙地跑过去说："我会跟你一起平分我找到的那些珍品。"

精灵国王知道这4个精灵的事情，他知道减法总是会丢掉它找到的珠宝，但是加法会找到它们，并且把这些归到自己的那一堆里边。国王也知道除法也不会有太多，因为它那么善良，总是会把它的珠宝平均分出去，然后分一份给减法。尽管除法每天带来的只是它配额的一部分，但是乘法却会带来比它配额更多的，所以到最后，国王什么也没丢掉，反而会获得更多。

比如说：

假如减法丢掉了8个，还剩4个；

然后加法找到了那8个，捡起来归到自己的那12个里面；

然后除法又把6个给了减法，它自己还保留6个；

乘法找到了12个的两倍。

那么它们一共给国王带来了多少珠宝呢？

乘法表

相信大多数读者朋友当年学习乘法表的时候，不外乎是眼望天花板，嘴里念念有词："一一得一，一二得二，二二得四……七七四十九……六八四十八……九九八十一。"总之是死记硬背下来的。

如果我告诉你，有十几种不同的方式可以让孩子用身体、用感情、欢快有趣地学习乘法表，包括故事、游戏、诗歌、戏剧，你想知道吗？

如果把所有学习乘法表的方法写下来，我们需要一本小册子。这里篇幅所限，我只给大家简单地介绍。

最常见的游戏之一，就是"身体节拍操"。以3的乘法表为例（这里指从3×1到3×10），孩子们两人相对，一边数数一边做动作：1（双手拍一下身子）—2（双手鼓掌）—3（两人对击掌），4—5—6（对击），7—8—9（对击）……以此类推，孩子的身体很快明白，凡是3的倍数，两个人的手掌就会对击，虽然不一定在脑中形成如此清晰的概念。

还可以用一支三拍的歌曲，配上数字，凡数到3的倍数时，就跳一下。然后，只有跳的时候才说出数字来，不跳的时候心里默数。

还有一个"数椅子"的游戏：三把椅子背靠背，孩子排成一队（或两队），连贯数椅子，数到最后一把时举手高声喊出那个数字，即第一个孩子"1—2—3！"第二个孩子"4—5—6！"第三个孩子"7—8—9！"

我曾经给女儿班带去几个数学游戏，孩子们玩得不亦乐乎。一年级的时候，我们做了3的乘法表，二年级做了4的乘法表，和后边关于公约数、公倍数以及因式分解的故事兼游戏《最富有的数字》。

当然，乘法表也有故事可讲。边讲故事边画图，或者让孩子摆出阵形，因为每个乘法表都可以用几何分割图形表达（同余数乘法表）。女儿二年级时，我带去一条丝带，让10个孩子围成一个圆圈，把乘法表的几何分割表现出来，因为图形很像光芒四射的太阳，孩子们一边摆一边自发地唱起我们每周课开始时都会唱的"Golden Sun"，最后他们又把这个图形在纸上画了下来。

说到乘法表，再多一句嘴，看看平方表。

1
1 2 1
1 2 3 2 1
1 2 3 4 3 2 1
1 2 3 4 5 4 3 2 1
1 2 3 4 5 6 5 4 3 2 1
1 2 3 4 5 6 7 6 5 4 3 2 1
1 2 3 4 5 6 7 8 7 6 5 4 3 2 1
1 2 3 4 5 6 7 8 9 8 7 6 5 4 3 2 1
1 2 3 4 5 6 7 8 9 10 9 8 7 6 5 4 3 2 1

这是一个平方表的律动练习，具体方法是：数顶上的 1 时跺脚，下边几行则以中间的数字为轴（山顶），前后迈步走。比如，

走第二行时，1 向前，1—2 向后，1 向前；

走第三行时：1 向前，1—2 向后，1—2—3 向前，1—2 向后，1 向前；

走第四行时：1 向前，1—2 向后，1—2—3 向前，1—2—3—4 向后，1—2—3 向前，1—2 向后，1 向前；

……

如此反复练习。老师不讲原理，只让孩子反复走，做几天，直到熟练。还可以在所有数到 1 的时候拍手，辅助孩子身体记忆。

然后孩子把练习画出来，最后老师才介绍平方这个概念，联系到前边的练习：

$$1 = 1$$
$$1 + 2 + 1 = 4$$
$$1 + 2 + 3 + 2 + 1 = 9$$
$$1 + 2 + 3 + 4 + 3 + 2 + 1 = 16$$
$$1 + 2 + 3 + 4 + 5 + 4 + 3 + 2 + 1 = 25$$
$$1 + 2 + 3 + 4 + 5 + 6 + 5 + 4 + 3 + 2 + 1 = 36$$
$$1 + 2 + 3 + 4 + 5 + 6 + 7 + 6 + 5 + 4 + 3 + 2 + 1 = 49$$

……直到 100。

孩子们很快看出来："山顶"的数字就是平方根。

所以你看，数学并不枯燥，而是既有趣，又神奇；既具象，又美丽。

≈ 最富有的数字（一）≈

这其实是一个关于公约数、公倍数、因式分解的故事，可以讲给二年级的孩子听，但不必解释因式分解的概念。有了这样一个初级的印象，到以后正式学习公约数、公倍数和因式分解的时候，孩子们的记忆储存会调动出来，帮助他们理解抽象概念。

从前，所有的数字都住在一个数字王宫里。

数字王宫里面有一个金色的王座，所有的数字都想坐到王座上当国王，来统治其他的数字，都想把自己当作最富有的数字。

有一天，大家都来到台上，进行演讲比赛，谁赢了谁就能当国王。

1说："我排在你们的最前面，我继承王位那是理所当然，数数的时候都是先数我，你们都必须跟在我后边。"

"我不同意！" 2反对道，"因为我比你多一倍。"

4跺跺脚，大声吼："我比1和2都更多！"

6叫唤起来："你们吵什么呀？快来看看我吧，你们就明白啦！"

8喊起来："我跟6一样富有，他会的本事我也都有。"

9说："那也没关系，反正我排的位置更高级。"

这时候12来发言："那让我们看一看，在我的身体里有多少数字在游玩？"

13认为他应该当国王，因为他比这些数字都年长。

讲完这个故事，我提问："哪个数字应该当国王？"孩子回答不一样，有的说1，有的说6，好几个选13，因为它是最大的数。答案先不给孩子，让他们去想。

到了第二节课，我先问他们回家想了没有，接着我就在黑板上画出这些数字来，就是每个数字都用多少个点来代替，每个数字的点是一样的颜色：1是一个点，2是两个点，4是四个点，6是六个点，8是八个点……旁边再写上这些数字。

然后我引导孩子们边观察边做：

1里边有谁呀？有他自己，所以在他旁边写一个1。

2里边有谁呀？2里边又有1还有2，圈上之后，旁边写上1和2。

4里边有谁呀？4里边有1和2还有4，各画一个圈，旁边注明1、2、4。

6里边有谁？六里边有1，画一个圈；有2，用不同颜色也画一个圈；有3，再换不同颜色画一个圈；还有6他自己，并在旁边分别写上1、2、3、6。

8里边有谁？8里边有1，有2，有4，还有8。

9里边有谁？有1，有3，还有9。

等画到12的时候，大家就都明白了，然后再喊，13也要找啊，发现13

除了1和他自己以外，谁都没有。

然后孩子就会决定12当国王，因为12里边有1、2、3、4、6和12，他的数字是最多的，是最富有的数字，所以他应该当王。

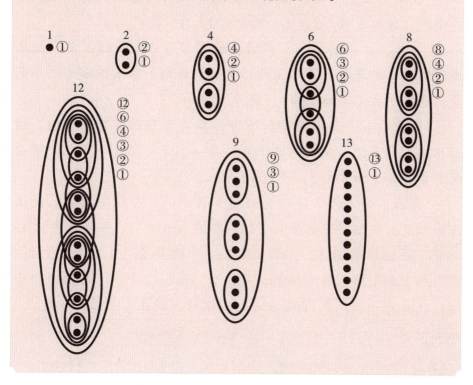

≈ 最富有的数字（二）≈

今天，数字12就正式当上国王了。

12好威风，坐在那个金色的王座上。当一个国王可不容易呀，他要让每一个臣民都有工作，都能做有意义的事情。

当时班上是15个孩子，我先让3个孩子轮流当国王，这样正好还有12个孩子可以分配不同的角色。

"好！我们现在来分配工作。首先，我们的王国从星期一到星期六是工作日，星期天休息。每个工作日需要2个负责人来管理日常工作，那么就要2加2加2加2加2加2，就是12个负责人。"

"我们的王国不大，但是也需要有人来保卫，要有2组站岗的哨兵，每组6名，6加6，就要有12名哨兵。"

"另外，我们要搞一个庆典，按需要分3个小组，第一组去查阅有智慧的资料，第二组诵读美好的诗句，第三组演唱快乐的歌，这里一共要4加4加4，就是12个人。"

"庆典以后，我们要举行宴会。负责宴会的有生炉子组、烤面包组、切菜组和洗碗组4个组，每一组就安排3个人吧，那么就需要3加3加3加3，也是12个人。"

"最后，为了大家能够更好地掌握时间，合理安排自己的工作和休息，我们每天要分配2组人轮流来喊时间，一组负责前12小时，一组负责后12小时，那么每一组要安排1加1加1加1加1加1加1加1加1加1加1加1，还是12个人。每隔一个小时，就要有一个人到宫殿的顶上去报时：现在1点啦……现在2点啦……"

> 随着国王的指令，从扮演负责人到哨兵，从准备庆典到宴会，再到报时，孩子们把12的因数全演绎出来了，他们忙得不亦乐乎，也玩得不亦乐乎。

就这样，在12这个国王的统治下，数字王国的臣民们个个勤劳勇敢、幸福快乐地生活着。

> 通过扮演故事，12里面所有的因子孩子就全明白了，再过几年之后真的学因式分解时，就不会那么困难了。

地理教学故事小屋

≈ 悉尼港口大桥 ≈

作者：李靖（网名立青）

> 李靖：华德福学校的主课是早上最黄金的两个小时，一般会在3或4周内集中学习一个课题。在悉尼 Lorien Novalis 华德福实习的3周里，我所在的三年级正在学习澳大利亚东部海岸线的地理课。主班老师以一只在塔斯马尼亚出生、全身雪白的小鹈鹕小珍珠为主角，让她从塔斯马尼亚出发，沿着东部海岸线寻找失散了的好朋友鲸鱼，中间发生了非常多有趣的故事，地理、历史、动物、自然全部蕴含在故事里，孩子们通过故事在脑海里描绘出一幅一幅图像。第二天，回顾故事之后，孩子们把图像通过绘画记录在主课本上。第三天，孩子们再把相关的记录文字内容写下来。通过3天的学习，知识能真正地深入到孩子的心里和身体里，成为他们的一部分，而不是单纯的记忆。
>
> 在第一周的实习中，主班老师提议让我在主课里讲一个关于悉尼港口大桥的故事，练练手。悉尼港口大桥是和悉尼歌剧院齐名的地标性建筑，孩子们都非常熟悉了，所以故事的内容集中在港口大桥的建造过程和材料上。故事承接了主班老师的故事，鹈鹕小珍珠在悉尼的杰克逊港认识了一只当地的鹈鹕聪聪，并且在聪聪的帮助下勇敢地在港口大桥上和一场暴风雨进行了搏斗。我的故事是从小珍珠和聪聪在雨过天晴后，坐在桥拱上聊天开始的。
>
> 特别要说明的是，这个故事里出现的月神公园是悉尼非常出名的游乐园，就建在杰克逊港的北岸上，和悉尼港口大桥、悉尼歌剧院互相衬托，组成了杰克逊港的美景。

小珍珠在杰克逊港认识了好朋友聪聪，他们高高地坐在港口大桥桥拱上，有说不完的话。

小珍珠慨叹："这座港口大桥可真宏伟啊！"

"当然了,你知道吗?悉尼港口大桥是世界上最宽的长跨距桥梁与最高的钢铁拱桥。"

"哇!我当然不知道了。聪聪,你怎么懂那么多啊?"小珍珠一脸崇拜地看着聪聪。

聪聪告诉她:"我当然知道了,我爷爷告诉我的啊。我爷爷没有什么不知道的,他可是杰克逊港非常有名的鹈鹕。"

"哇!那你爷爷跟你说过这座桥是用什么做的吗?"小珍珠的问题一个接一个。

"我爷爷跟我说,这座桥是钢做的,一块块钢板嵌在一起组成这个桥拱。爷爷还告诉我,那些钢板都是在月神公园那里做的。"

"什么?什么?月神公园?你确定是月神公园没错吗?我一直以为月神公园是个游乐场呢!"小珍珠不解地问。

聪聪慢悠悠地回答:"对啊,月神公园。爷爷说,他年轻的时候就住在月神公园,那时候那里还不是游乐场,人们就在那里用钢材做成一块一块钢板。每天爷爷都会跳上运送钢板的船从月神公园到这里,看着人们用一个巨大的起重机把钢板吊到高高的半空中,然后一块接一块地拼在一起。当时有两架起重机分别在杰克逊港的两岸同时工作,慢慢地向中间靠拢。经过好多年的施工,激动人心的时刻就要到来了:两边的桥拱终于要在中间相会了!人们就准备找一个风和日丽的日子把两边的桥拱合拢。到了那天,天很蓝很蓝,爷爷说特别漂亮。所有准备工作都做好了,爷爷说这么重要的时刻他也要用他自己的方式来留念,他决定要做杰克逊港第一个飞过桥拱的鹈鹕。不过,事情有点不太顺利,爷爷差点就被一个锤子打中了。因为那天风很大很大,大风吹啊吹啊,有个在桥上工作的工人被大风吹得手上的锤子都抓不稳,锤子一下子就从高高的桥拱上掉到了水里。那会正巧,爷爷在大风中,展开翅膀俯冲下来,可是风实在是太大了,把他吹得在空中打了个跟斗,和那个锤子擦肩而过。爷爷实在是太幸运了,要是他被锤子打中了,我也不可能和你坐在这里聊天啦。"

小珍珠听得瞠目结舌:"哇,那也太惊险了。"

聪聪继续说:"最后,人们只好换了一天把两边的桥拱合拢起来。当然啦,爷爷也成了第一只飞过桥拱的鹈鹕。桥拱建好之后,人们用钢索把桥面和桥拱连接起来,桥就建好了。"

小珍珠和聪聪在一起实在是过得太愉快了,她好想快点见到她的好朋友鲸鱼,和鲸鱼分享她听到的所有故事。于是,她告别了聪聪,朝北边继续她的旅程。

玫瑰典礼故事小屋

前边说过,华德福学校每年新生入学,都会举办隆重的玫瑰典礼,每个学校的典礼各不相同,共同点则是:每一位一年级的小朋友都会拿到一支红玫瑰,每一位新晋一年级的主班老师都会给新生讲一个故事。

我的两个孩子曾经就读于美国绿茵华德福学校,每年的玫瑰典礼都由十二年级的大哥哥大姐姐给一年级的小弟弟小妹妹颁发玫瑰,而第二年,在十二年级的毕业典礼上,将要升入二年级的弟弟妹妹们再把玫瑰还给哥哥姐姐们。

美国学校是一到八年级为中小学,九到十二年级为高中,八年级有一场毕业典礼,那么玫瑰典礼的故事,也会出现在八年级的毕业典礼上。

2017年6月,我女儿班的八年级毕业典礼,就是一场令人永生难忘的庆典,它是孩子们一手设计、撰写、排练、制作和呈现的。为此,我发表过一篇文章,题为"救助一个人,就是救助全人类",这里给大家分享与本书主题相关的片段:

开场就是一首欢快的合唱 Hakuna Matata,来自《狮子王》。随后孩子们在台上坐成一排,回忆他们过去八年的旅程,每一年都由一两个孩子来介绍当年的亮点。

孩子们请一二年级的主班老师上台,给老师表演当年学会的一支小舞蹈式游戏。这位被所有孩子都称过"妈妈"的老师,则回忆起一年级开学玫瑰典礼上,她给孩子们讲的故事。

> 从前,有一个小小的渔村,靠着辽阔的大海。有一天,海上起了大大的风暴,狂风肆虐,海浪滔天,整整一夜。第二天,风平浪静,阳光灿烂。有个小女孩到沙滩上去玩,发现海浪把上万只海星冲上了沙滩。小女孩知道,在烈日照射下,这些海星的生命危在旦夕。小女孩开始捧着海星,一只接一只地放它们回海洋。
>
> 过了一会儿,她的哥哥来找他,发现妹妹在做的事情,哥哥不禁劝她:"海星太多了!这样一只一只地捧过去,效率太低了,算了吧,你做什么都无济于事的!"
>
> 妹妹看着手里捧着的那只海星,说,"对这一只来说,就有济于事。"
>
> 哥哥听了这话,也加入了妹妹,开始一只一只地把海星捧回大海。
>
> 不久,全村人都来了,加入了兄妹俩。慢慢地,所有的海星都安全地回到了大海里。

老师说:"当年你们小,我只是讲故事,不能拷问或者说穿这个故事的意义。现在,我可以告诉你们,这个故事对我来说意味着什么:它告诉我,只要你有梦想,就坚持下去,不要受别人观点的影响,总有一天梦想会成真;它告诉我,集体的力量是非凡的,当你遇到困难时,要勇于求助于他人;它还告诉我:无论什么都是有济于事的(It always matters),我们所做的一切,都是在改变世界。当然了,你们肯定都明白这些道理,不用我再来教导你们。"

本来老师讲完这些就要下台的,但是有一个日裔孩子举起手来。老师笑着说:"看,K有问题要问我!"大家都笑起来。K说:"老师,我要告诉您,您讲的这个故事深深地影响了我……(开始哭)我曾经有过很痛苦的挣扎,我不知道:我是谁?我是美国人,还是日本人?

我到底应该怎么做？我曾经非常的无助而无望。幸运的是，每当黑暗降临，您给我讲的故事就会帮助我找到光明。最后我明白了：我不需要选择做美国人还是日本人，我做我自己就好了！"

这个片段恰如其分地展示出故事能够播种品质并给人以隽永的力量。玫瑰典礼故事会伴随孩子们的成长，一辈子。

≈ 忘川之水 ≈

作者：黄明雨

很久很久之前，海边有一块丑石，长得黑黑的，疙里疙瘩，有两个人这么高，四五个人围起来才能把它抱住。

这块长得怪怪的石头待在这里已经有很长很长时间了。每天早上，他看着太阳从东边升起，傍晚从西边落下。有的日子，天气不好，波涛汹涌，这块石头也只能待在海边，风吹雨淋，一动不动。

有一天，乌云密布，雷电交加。突然，有一道闪电，"咣"的一声将这块丑石劈成了两半。一半胖一点，一半瘦一点，就这样，一块石头变成了两块石头。

由于这两块石头的寿命太长了，有一天，他们开口说起话来。瘦石头对胖石头说："胖石头，我们老是站在这里一动不动，真是闷死了！如果哪天我们能够像小草一样摆动，像鱼儿一样游，像鸟儿一样飞，就太美了！"

胖石头说："是啊，如果真的能做到像你说的那样，就太好了！"

这时候，眼前突然出现一位老婆婆，白发苍苍，一脸慈祥，她笑眯眯地对他哥俩说："好啊，好啊，我可以帮你们实现这个愿望。"

"是吗？！"瘦石头和胖石头高兴坏了。

"不过，我一次只能帮一个人实现愿望，你们俩要想清楚，谁先来。机会难得啊，过了今天轮到下一次，可又要过上几亿年喽。"老婆婆说道。

哎呀，这可难办了，两个石头亲如兄弟，一个实现愿望了，另外一个却要等上几亿年。两块石头都闷声不响了，他们都想去，但又怕伤害到另一个人。

最后，还是胖石头开口了，他说："我不急，先让瘦石头去吧，他变成了小草、变成了小鸟，经常来和我说一说他的感受就好了。"

瘦石头先是推让了一阵，后来说："好吧，胖石头，谢谢你将这个机会让给我，到时候我一定经常来看你，和你做伴。"

于是，老婆婆就带瘦石头走了。

走啊走啊，来到一条大河旁，河上笼罩着白茫茫的雾气，隐隐约约横着一座桥，老婆婆对瘦石头说："你自己过河去吧，过了河，你就可以实现自己的愿望，变成一株最有灵性的草，人们都将这种草叫作灵芝草。"

瘦石头真高兴啊，正要兴冲冲地过河时，老婆婆拉住了他，说："别急，过河之前有一个条件，你必须喝一瓢这条河里的水。"

老婆婆说着话，伸手用葫芦做的大勺舀了一瓢河水，递给瘦石头。

瘦石头想也不想，仰起脖咕嘟咕嘟就喝了下去，这水甜丝丝的，真好喝！瘦石头喝了一瓢又一瓢，把肚子灌得饱饱的，然后走上桥。

他站在桥上，回头看看老婆婆说："老婆婆，请问您叫什么名字啊？将来我见到您，好向您表示感谢。"

老婆婆说："不用谢不用谢，人家都叫我孟婆婆，其实告诉你也没有用，将来你也记不得。"

说完，老婆婆就转身走了。

瘦石头没有多想，兴冲冲地就往桥的另一头走。

走啊走啊，也不知道走了多久，迷迷糊糊就像睡了一觉。

等到瘦石头醒来，发现自己成了一株长在石缝的小草。远处是海滩，旁边是一块丑丑的胖石头。

就这样，一天一天，这株小草长大了，他闻着海风里的气息，晒着温暖的阳光，时不时活动着身肢。

因为喝了那条大河里的水，他完全不记得自己是石头变的，他只知道自己生来就是一株灵芝草。

可他旁边的胖石头认得这株小草就是以前他的那位瘦兄弟，胖石头一遍一遍地喊："瘦石头，瘦石头，你看看我，你看看我。"

可是，灵芝草完全听不见胖石头的声音，他只知道自己是生长在海边石头缝里的一株灵芝草。

许多年、许多年过去了，灵芝草长得越来越粗壮。又过了许多许多年，灵芝草的旁边又生出两株灵芝草，这是他的一双儿女。

灵芝草和他的儿女在海边，风吹日晒，过去好多好多年。

有一天，灵芝草和他的儿子和女儿说："孩子们啊，我们长在这海边的石头缝里，过了成千上万年，每天看到的景色都差不多，风吹浪涌，真是无聊啊！如果我们能像空中的小鸟一样自由地翱翔，那就太美啦！"

小灵芝草说："是啊，是啊，如果我们能在空中飞来飞去，想飞多高就飞多高，想飞多远就飞多远，那就太好了！总是站在这里，真是闷死了！"

灵芝草和他的儿女说着话，忽然看见面前出现一位白头发的老婆婆，笑眯眯地看着他们。

老婆婆似乎听到了他们说的话，她说："这容易，这容易，我可以帮你们实现这个愿望。"

"是吗？！太好了！"小灵芝草高兴得都快要蹦起来了。

"不过，我每次只能帮助你们中间的一个人，要轮到下一次，就要几万年之后了。你们想想清楚，看谁先和我走？"老婆婆说道。

小灵芝草想了一下，不约而同地说："那请您先帮我们的爸爸实现这个愿望吧，他待在这里的时间比我们久多了。"

灵芝草看着他的儿女，依依不舍，说："算了吧，要去我们三人一起去。"

"爸爸爸爸，您先去，变成小鸟之后来多看看我们，多来陪我们玩就好了，机会这么难得。"小灵芝草说道。

灵芝草看看老婆婆，又看看他的孩子，说："那好吧，那我就先和老婆婆走，到时候我会经常来看你们，把我周游世界的见闻都说给你们听。"

于是，灵芝草就告别儿女，跟着老婆婆走了。

走啊走啊，他们来到一条大河旁，河上笼罩着白茫茫的雾气，隐隐约约横着一座桥，老婆婆对灵芝草说："你自己过河去吧，过了河，你就可以实现自己的愿望，变成一只海鸥。"

灵芝草很高兴，正在迈步上桥，老婆婆拉住他的手，说："等一等，过河之前有一个条件，你必须喝一瓢这条河里的水。"

灵芝草接过老婆婆递过来盛满水的葫芦勺，仰头喝了下去。水的味道甜甜的，好喝极了。他忍不住又多喝了几瓢。

灵芝草向老婆婆告别："老人家，请问您叫什么名字？将来我再遇见您，好向您表示感谢。"

老婆婆摇摇头说："我们今后会再见面的，不过你到时候肯定记不得我，把名字告诉你也没用的。"

灵芝草说："我会记住您的，一定会记住您的！"

老婆婆说："人们都叫我孟婆婆。你赶紧上路吧。"说完，老婆婆转身走了。

灵芝草心怀喜悦，就往桥的另一头走。

走啊走啊，也不知道走了多久，迷迷糊糊就像睡了一觉。

等到灵芝草醒来，发现自己成了一只海鸥。远处是海滩，旁边是一块丑丑的胖石头，石头缝里长着两株灵芝草。

海鸥扑腾扑腾,张开柔弱的翅膀,想飞起来。一开始,有点跄跄踉踉,很快就能飞起来了。过了几天,他就飞得更高更远了。

海鸥歇息的时候,就停在那块胖石头上,可是他听不见石头的喊声:"瘦石头,瘦石头,看看我啊,看看我啊。"

海鸥也听不见旁边那两株灵芝草的轻声呼唤:"爸爸,爸爸,你看看我们啊,你看看我们啊。"

由于海鸥喝了那条大河里的水,他完全记不得自己以前是一株灵芝草,更不记得自己更早的以前是一块瘦石头,他以为自己生来就是一只海鸥。

可是,胖石头认得他,那两株灵芝草也清楚地知道这只海鸥就是他们以前的爸爸。

海鸥渐渐长大了,翅膀也越来越有力量,他可以飞到很远很远的地方。

慢慢地,海鸥又遇到了别的海鸥,他们又生了许许多多的小海鸥。一大家子冬天就顺着海岸线往南飞,天气回暖,又顺着海岸线往北飞。

海鸥们飞来飞去,忙忙碌碌,就这样日复一日,年复一年。

有一天,老海鸥和他的儿孙们趴在那块丑石头上休息。

老海鸥说:"我们成天飞来飞去,辛苦奔波,真是没意思。你们看看那旁边村子里的人,多快乐啊!他们过年贴对联,放鞭炮;平日耕耕地,打打渔,天气不好就安安稳稳待在家里休息,真是让人羡慕。"

"是啊,是啊,"他旁边的小海鸥说道,"如果我们能像人一样生活,可就太棒了!"

这时候,他们的面前忽然出现了一位老婆婆,弯着腰,拄着拐杖,笑眯眯地对他们说:"这不难,这不难,我可以帮你们实现这个愿望。"

"是吗?!"海鸥们不敢相信。

"我不会骗你们的,不过我每次只能帮一个人,轮到下一次,要等几千年。你们讨论一下，看谁愿意先跟我走？"

海鸥们兴奋了，叽叽喳喳议论不停。

"太好了！"

"我想去！"

"我也想去！"

"大家剪刀石头布，赢的去！"

"谁飞得高谁去！"

……

这时候，一只海鸥大声说道："停一停！停一停！大家这么个吵法，谁都去不了，我看还是让最受我们尊敬的海鸥爷爷去吧。"

海鸥们安静下来，觉得这个提议有道理，都点头表示同意。

老海鸥很感动，他说："你们真是好孩子，我先和老婆婆走，以后我会常来看你们的，给你们带好多好吃的东西。"

于是，老海鸥告别他的亲人和朋友，跟着老婆婆走了。

走啊走啊，他们来到一条大河旁，河上笼罩着白茫茫的雾气，隐隐约约横着一座桥，老婆婆对海鸥说："你自己过河去吧，过了河，你就可以实现自己的愿望，变成一个人。"

海鸥心里很激动，他向老婆婆深深地鞠了一个躬，说："太谢谢您了。请问您叫什么名字，今后我做了人，一定来报答您。"

老婆婆叹了一口气说："千千万万的人从这条河走过，都问过我的名字，但没有一个人真正能记得住，更别说报恩了。"

海鸥很认真地说："老婆婆，您放心，我一定会记住您的！"

老婆婆说："好孩子，人们都叫我孟婆婆。你喝一瓢这河里的水，再上路吧。"

海鸥接过老婆婆手中盛满水的葫芦勺，咕嘟咕嘟喝了下去，然后抹了抹嘴，就告别老婆婆上桥了。

海鸥高高兴兴地往桥的另一头走。

走啊走啊，也不知道走了多久，迷迷糊糊就像睡了一觉。

等到海鸥醒来，发现自己躺在一户人家的床上，成了一个小男孩。从窗户往外望，远处是海滩，海滩上孤零零地伫立着一块丑丑的胖石头，石头缝里长着两株灵芝草，空中还有不少海鸥在嬉戏。

男孩骨碌翻身就下了床，往海滩上跑去。

海鸥们看见男孩，也都聚了过来，一边"噢""噢"地叫。

男孩光着脚在柔暖的细沙上奔跑，可快活了。他抓了一把沙子，吭哧吭哧地爬上那块丑石。他直起身，一高兴，突然就把手中的沙子朝那些海鸥扔去。

许多海鸥没防备，眼睛都被沙子迷住了，惊叫一声都吓跑了。

还有一些海鸥围着男孩，在他头顶上空盘旋，仍然在和他说话。他们都认得这个男孩就是他们的海鸥爷爷。

脚边的灵芝草和胖石头也都在低声呼唤着这个男孩——曾经的灵芝草和更古老的瘦石头，但男孩因为喝过那条大河里的水，他完全不记得自己曾经是一只海鸥，曾经是一株灵芝草，曾经是一块瘦石头。他以为他生来就是一个人。

男孩渐渐长大了，也帮着家里干点活，去放放牛、晒晒网，但更多的时间是和村子里的小朋友玩。

男孩很调皮，力气大，好打架，经常把村子里的小朋友打得鼻青脸肿。

被欺负的小朋友的爸爸妈妈来找男孩的爸爸妈妈告状，男孩总是跑得很快，不等他的爸爸妈妈骂他，就咪溜一声跑得远远的。有时候在野地里躲好几天才回家。

这一天，男孩也是因为淘气被爸爸打了一巴掌，就气得跑出了家，他骑着他家的水牛往很远的地方走，嘴里还嘟噜着："再也不回来了，就让你们找不到！就让你们着急！"

他走啊走啊，翻过了好几座山，趟过了好几条河，走了很远很远。

这时候，突然乌云密布，狂风大作，呼呼的，可怕极了。男孩坐在牛背上，被风吹得眼睛都睁不开。很快，雷电交加，下起了倾盆大雨，男孩牵着牛躲进了一个山洞。

过了好半天，雨止住了，风也停了，男孩走出山洞。感觉周围死一样的寂静，他突然心里有一丝不安和害怕。

那头牛也有一点躁动，冲着村子的方向，哞哞地叫。

男孩心里升起一股很强烈的愿望，他想回家。于是，他骑着牛，急急忙忙往村子的方向赶。

等到男孩蹚过那几条河，翻过那几座山，回到海边，他惊呆了。

村子的房屋被台风完全摧毁了，只剩下一些矮墙，屋梁、茅蓬、家具和村子里的人都已无影无踪。

男孩看着这幅惨景，想起他的爸爸妈妈，想起平时一起玩耍打闹的小朋友，忍不住号啕痛哭。

他哭啊哭啊，眼泪止不住地流。也不知道，他的眼泪为什么有那么多，男孩靠在丑石边，哭了七天七夜，眼泪一直在流。

很奇怪，到了后面，男孩渐渐感觉自己的身体有了变化，感觉自己不仅是人，好像同时还是一只海鸥；慢慢地，他感觉自己不仅是一只海鸥，好像自己同时还是一株灵芝草；慢慢地，他感觉自己不仅是一株灵芝草，好像自己同时还是一块黑黑的瘦石头。

男孩的眼泪流干了，他睁开眼，看见许多只海鸥在他头顶上盘旋，那些海鸥亲切地喊他"爷爷""爷爷"，男孩高兴地答应他们，他完全听得懂他们在说什么，他也完全能回忆起曾经与这些海鸥在一起生活的日子。

男孩伸出手，触碰到石头缝里那两株灵芝草，他也完全认出这是他几万年前的那双儿女，他没开口，却已经与灵芝草说了许多许多的话。

"瘦石头！"

男孩转过身，认出了喊他的胖石头，这是他亿万年前亲密无间的伙伴。

从此，这个男孩成了一个不同寻常的人。

表面上，他与一般的人没有什么差别。他骑着牛，走过乡村，走过城镇，走在崎岖的山道上，走在静静的小溪边。

但一个愤怒的人看着他的眼睛，会平息自己的愤怒；一个凶猛的野兽看着他的眼睛，会变得温顺起来；一棵小草、一株小花看着他的眼睛，会绽放出迷人的光辉；一石一土看着他的眼睛，会变得温暖。

朋友们，或许你今后会遇见这位男孩。

或许，某一天，你会发现你就是这位男孩。

∽ 十五位勇敢的少年 ∽

作者：丁明

很久以前，有一个美丽的村庄，依山傍水，山上四季的花朵竞相开放，林间珍奇的鸟儿自由自在地鸣叫，小溪从村旁叮咚流过，鱼儿在水里追逐嬉戏。风儿从山上吹来，吹过田野，田野间麦浪闪着金色的光，飘来阵阵麦香。孩子们在村头自由地玩耍，村民们幸福和睦地生活在一起。

可是不知从什么时候起，山里的花慢慢凋谢了，林间的鸟儿飞走了，小溪慢慢干涸，鱼儿也不见了踪影。田野里庄稼的收成一年比一年少，曾经每天挂在村民们脸上的笑容，如今再也见不到了。村民们纷纷议论着，不知发生了什么事。

这一天，村里年纪最大的老爷爷把全村的人召集来，他说："我们的土地生病了。我爷爷的爷爷曾经告诉我的爷爷，我的爷爷又告诉了我，在很久以前村里也发生过这样的事，只有找到生命之水，让十五个勇敢的人，把十五袋生命之水带回来洒到这片土地上，这里才能得救。""在哪才能找到生命之水呢？"有人问。"在遥远的大地的尽头有一座圣山，圣山有九千丈高，山顶上有一块巨大的寒冰，寒冰千年不化比钢铁还坚硬。它吸收了天地的灵气、日月的精华。这块寒冰融化的水，就是生命之水。"

"要想得到生命之水，要有三样宝物，一是可以飞上圣山的十五匹银马；二是十五盏能将寒冰融化的神灯，但是每一盏神灯的灯油只够融化一块拳头大小的寒冰;三是可以砍断寒冰的宝剑。这三样宝物由黑森林城堡的巨人保管着。没人能够打败他,只有河神才能告诉你们怎么办。""河神在哪儿呢?""有缘的话从这里一直向北就会找到他。"

村里有十五位勇敢的少年,他们自告奋勇,愿意为村里人去找生命之水。村里人为他们每人准备了两个羊皮口袋挂在腰间,一个装食物,一个用来盛生命之水。少年们出发了,当走到村口时,村里年纪最大的老爷爷拦住了他们的去路,对他们说:"孩子们,我爷爷的爷爷曾经告诉我的爷爷,我的爷爷又告诉我,如果村里再次发生这样的事,会有十五个勇敢的少年去找生命之水,把这两个锦囊交给他们,不到万不得已,千万不要打开。"孩子们谢过老人之后出发了。

他们一直向北走,不知走了多久。这一天,一条大河挡住了去路,这条河浊浪滔滔,天连水水连天,一眼望不到边。孩子们正在发愁,就看见远处慢慢划过来一条船,船上有一个渔夫在捕鱼。十五位少年急忙喊道:"渔夫伯伯,可以摇我们过河吗?"渔夫说:"可以,但是你们拿什么作为给我的报酬呢?"少年们想了想说:"我们每人将身上的干粮分一半给你,这样可以吗?"渔夫同意了。船划到河心,渔夫问道:"你们这是要去哪儿呀?"少年们说:"我们要找河神帮忙。"渔夫又问:"帮什么忙呢?"孩子们把村里发生的事情告诉了渔夫。渔夫说:"你们要是能够回答我的问题,我可以帮你们找到河神。"孩子们着急地说:"那你快问吧。"

"什么东西无头也无尾?什么东西有腿家中坐?什么东西没腿却游遍大江南北?"孩子们半天也没想出来。渔夫说:"连这也答不上来,还要见河神呀,我还是送你们回去吧。"说着掉转船头就要向回划。孩子们一着急想起了锦囊的事,连忙打开第一个锦囊。只见上面写着"碗沿儿、板凳、小船"。孩子们赶忙叫住渔夫,说:"我们想起来了:碗沿儿没头也没尾,板凳有腿家中坐,小船没腿游遍大江南北。"话音未落,渔夫突然不见了踪影,河面狂风大作,一下把孩子们卷到了半空中。空中传来了渔夫的声音:"勇敢、宽厚的孩子们,我可以送你们到巨人城堡,但能够战胜这个巨人的是比他还要高大的巨人,运用你们的智慧和勇气吧,我河神祝福你们!哈哈哈……"

当风停下来的时候,孩子们发现他们已经来到了一片黑森林边上。他们既高兴又发愁,高兴的是马上就能找到黑森林城堡了,发愁的是如何才能找到比巨人还要高大的巨人。

他们想了一天一夜还是没有想出办法,第二天傍晚他们决定打开第二个锦囊,只见第二个锦囊写着:"十五个人分成五组,每一组比相邻一组多一人,把五个组摞起来,巨人自然就出现。"孩子们开始算起来,不一会儿就算了出来,第一组五人,第二组四人,第三组三人,第四组两人,第五组一人,加起来正好十五人。

孩子们马上行动起来,第一组在下面,第二组踩着第一组的肩膀,然后是第三组、第四组……依次摞起来,组成了一个人塔。可是比巨人还高大的巨人并没有出现呀,这是怎么回事?他们想了半天终于明白了:原来河神说的比巨人还要高大的巨人就是他们自己呀!

孩子们赶忙来到森林边上的村子里,找到了一件黑色的大披风,又找到了两个红灯笼、一个大口袋,又请了一只猫、一只狗和一只鸡加入自己的队伍。半夜时分他们来到了城堡门前,十五个勇敢的孩子们,叠起了一个五层的人塔:最上面一个人,他手里举着两盏灯笼;第二层两个人,他们拎着装着猫、狗、鸡的大口袋;第三层三个人;第四层四个人;最下面一层五个人。他们用黑色的大披风从上裹到下,然后推开了城堡的门。

巨人正在睡觉,忽然听到大门"吱呀呀""咣当"一声开了,他睡眼蒙眬地从床上爬起来,心想有谁这么大胆敢半夜闯进城堡。走出来一看不禁吓出一身冷汗,只见一个比自己还要高大许多的巨人,像黑塔一样站在城门前,两只眼睛像灯笼一样大,还发出红光。肚子里不断发出"喵—汪汪—咕咕咯"的怪叫。巨人想:"我从来没见过这么恐怖的巨人,他半夜来这里一定是想杀死我，占领我的城堡。为了保住性命，我还是快跑吧。"于是巨人从后门溜走了，再也没有回来。

十五个勇敢的孩子看到巨人被吓跑了，高兴地抱在一起欢呼，之后开始找三样宝物。他们在后院找到了十五匹银色的骏马，还有很多从村里抢来的牲畜；在地下室发现了宝剑和神灯，还有无数的财宝。第二天，十五个勇敢的孩子把牲畜和财宝分给了森林周围的村里人，村里人非常感激他们。向村民告别后，孩子们骑上骏马出发了。

十五匹银色的骏马四蹄腾空，像十五道闪电一样，没过多久就来到了大地的尽头——圣山脚下。抬头看圣山主峰直插入云，四壁陡峭像刀削的一样光滑，根本无法立足。十五个勇敢的孩子，双手抱紧银马的脖子，闭上眼睛，双脚使劲儿一夹马肚子。银马腾空而起，向山顶飞去。孩子们听见风在耳边呼啸，雪花夹杂着冰雹扑面而来。也不知过了多长时间，他们在马背上都要冻僵了。就在他们快要失去知觉的时候，风渐渐停了，雪也住了，银马四蹄着陆。孩子们睁开眼睛看到圣山的峰顶中间，伫立着一块巨大的冰块，在阳光的照耀下，发出钻石般的光芒。他们赶忙跳下马，拿出宝剑，从寒冰上切下十五块拳头般大小的冰块，装进羊皮口袋里，然后骑上银马向家乡飞去。

村里人盼星星盼月亮，终于看到十五个勇敢的孩子骑着飞马回来了。知道他们拿到了生命之水，全村人高兴得把他们团团围住。孩子们把路上的经历告诉了大家，然后他们也顾不上休息，拿出神灯，把十五块寒冰放在十五个碗里加热，十五块寒冰慢慢融化成十五碗生命之水，他们骑上骏马飞到了村庄上空，把生命之水洒向田野、村庄、山林、小溪。

不久后，土地恢复了健康，山上四季鲜花重新开放，林间珍奇的鸟类又飞回来了，小溪涨满了水，鱼儿也游了回来。村民们又过上了幸福的生活。

附：《小巫教你讲故事》[①] 评论集锦

附一：姥姥学渔——读《小巫教你讲故事》有感

自古以来，姥姥一般都扮演给孙辈讲故事的角色。我就是在姥姥的被窝里听故事长大的。不例外，现在的我也是一个受外孙女欢迎的"讲故事姥姥"。

外孙女喻言属猪，四岁半了。从小着迷听故事，不到两岁就抱着会讲故事的"小布丁"（外形像阿童木的MP3）睡觉；紧接着又迷上了iPad，让妈妈下载各种童话，包括一些古典神话及名著。除了《红楼梦》，说是听不懂，居然连《西游记》《白蛇传》也听出了个大概。当然，最喜欢的还是听姥姥讲《绿野仙踪》《木偶奇遇记》和《彼得·潘》等经典童话书，通读之后经常挑她感兴趣的桥段，让我反复讲，百听不厌。姥姥深知自身水平有限，每每到图书大厦都是精挑细选，选那些文字、插图都精美而且内容健康的图书，让她看，给她讲。但是总体来说，宝宝听故事仍处于"海听"状态，碰到什么听什么，嘴里还经常念叨着不知从哪个故事中听来的奇奇怪怪的语句。

春节后，从家乡广州得到一本好书——《小巫教你讲故事》，翻阅后放到床头，爱不释手。讲故事学问真大，这本书对我们这些"从业

[①] 此为2012年由新世纪出版社出版的老版本。本书在此基础上对部分内容进行了更新。

者"来说真是一本好教材,太有用了。建议爸爸妈妈、爷爷奶奶、姥姥姥爷以及教育机构需要掌握"讲故事"技能的有关人士都找来看看。初读后,我最深的感受有三:

其一,讲故事也要讲究"科学喂养"。

本书贯穿一个主要理念:故事是人类成长的养分。我们给孩子讲故事,就是向成长中的孩子输送"滋养心灵的天然养分"。除了要选择优良合适的养料之外,养料的输送也是一个科学过程,必须要适时、适度、因人而异。我也曾注意到,当喻言还不会讲话时,给她讲《小兔乖乖》,她就会流眼泪;讲几代人都听过的《小红帽》,她就会紧张哆嗦。当时我们还以为孩子真聪明能听懂了,现在想来,那时讲这些故事没给她带来愉悦,更谈不上滋养心灵了。看来那些代代相传、大人对孩子张嘴就来的貌似最简单的婴儿启蒙故事,也不能随便讲。何时讲?怎么讲?讲了是否有益于孩子们的吸收与成长,真是也要好好研究呢!

其二,讲故事要重视孩子的心中的"小精灵"。

小巫书里几次提到一个细节,他们对孩子所讲的故事中的主角,是孩子指定的,我觉得这点很有趣,也使我"顿悟"。喻言两三岁时,时时提到她有几个好朋友,分别叫"达席""奇偶""之风前""之风与",这几个好朋友不是现实中的孩子,而是她想象世界里的角色,他们不是人,也不是某种小动物,他们会飞,能住在树上。她总是说,她的朋友中谁谁怎么样了,谁谁谁又怎么样了,说得有声有色。我们只是当笑话听了。现在明白了,孩子在心理成长过程中都有可能遇到一些这样的"小精灵",如果我们能适时地理解并呼应,和孩子一起展开想象的翅膀,顺应编出以这些"好朋友"为主角的故事,那我们的孩子听到的故事该多有趣!亲子的过程又该多么和谐!

其三,讲故事注重培养孩子的倾听力。

我们过去讲故事基本都是以读书为主(当然也注意到绘声绘色、拓展发挥),孩子也习惯了,一说讲故事就是"拿书来",以至于我身边许多孩子都把讲故事叫作"讲书"。从教育学的角度来看,视听的结合固然有利于孩子对知识的吸收与理解，但是，对于启蒙阶段的幼儿，还是小巫说得对："听觉刺激对孩子来说更有效"，因为他们在倾听的过程中必然要努力形成"内心图景"的画面，要培养和训练自己的想象力，而想象力恰恰就是创造力的源泉。小巫讲《甜粥》的故事，正是一个精彩的案例。所以，我们通过讲故事培养孩子们的"听力"，也就是让他们从小学会"倾听"，说句玩笑话：职场的培训就是从幼儿开始的。

感谢作者和编者，授我以渔。好书要反复看，好好琢磨着读。我想，精读后感受会更深，我也会有意识地在实践中体验。下一回再和大家分享这本书的读书心得，我就去讲故事了。

——喻言姥姥（退休的教育工作者，多年从事高等教育与企业员工培训）

附二：小巫微博评论

@ 竹海听翠：那天刚收到《小巫教你讲故事》，还没来得及看。晚上我想让儿子睡觉的时候我就直接翻到书中的《三只小羊》，刚讲第四段，儿子就意识到困了，马上不准我接着讲下去，我又讲了别的故事又绕回来讲《三只小羊》，讲到第四遍的时候，儿子跟我说："不要讲了，我要睡觉了！"他是风相气质。

@ 网儿：小巫老师太谢谢您的书了，《小巫教你讲故事》前天买，昨天收到，晚上我就给10个多月大的儿子讲《三只小羊》，结果我的小宝儿自己睡着了，以往都得抱起来摇啊哄啊！太高兴了，不仅能让孩子听故事，还养成了他自己睡觉的好习惯。

@ 宝贝千金辰：推荐《小巫教你讲故事》，已经连续一周了，每天讲书中的一个睡前故事，辰辰就能很快入睡，一开始以为是巧合，但是天天如此，应该是故事的功劳了。一般只开灯读一个故事，如果孩子没有听过瘾,就关上灯再把故事复述一遍,很快,孩子的呼吸就平稳了,真神奇啊!

@乖小屁妞:《小巫教你讲故事》真的很神奇!昨晚哄女儿睡觉讲了《三只小羊》的故事,真的讲了一遍,就听到女儿规律的呼吸声,睡着了!没喝睡前奶,而且半夜也没醒,睡得好好!今晚再试试。

@静言镜语:昨天讲《三朵小花》和《甜粥》的童话故事,九点多和果妞一起睡着。这几次脱离书本讲故事,从果妞时而讶异、时而欣喜的表情中,我也一同体会到故事中的滋养和力量。她一遍遍地要求我重复,我一遍遍地讲,直到和她一起睡着。

@邀巴舞:这是一本神奇的书!昨晚慕名给六董讲了《三只小羊》,六董没要求搂,也没要求趴,仰躺着,估计一刻钟都不到就传来了呼噜声!八点半,历史最早记录呀!

附三:《小巫教你讲故事》当当网评论

1. 每当我女儿让我给她讲新故事时,我总是很头疼,她已经不满足总是那几个故事了,要求两三天换一个新故事,而这本书就像一场及时雨,解决了讲故事这一头疼的问题。里面的故事很适合给三四岁的孩子讲,比较简单,每次看了一遍后,我也能像作者一样关掉灯,再将里面的内容复述一遍,虽然那些描写性的句子有时很难一下子记住,但故事大概很简单,一下就能记住了。女儿也听得津津有味。小巫的书值得妈妈们收藏。我自己本身是一位语文老师,我觉得如果你想让孩子作文好,从讲小巫的这本故事书开始吧!(xiaoy)

2. 自从有了孩子,成了小巫的粉丝,她的很多观点我非常认同。正好孩子一岁多,讲故事成了每天必做的事情,于是买了这本书,果然没有让我失望。小巫的几个理念我非常认同。

（1）孩子的睡前故事直接影响到孩子将来的性格、为人处世等诸多方面。

（2）讲故事是最棒的亲子活动之一，所以我坚决不买各种讲故事机或会讲故事的娃娃，虽然他们学会背千首唐诗、千篇古文，但是我觉得小孩子学会多少东西不重要。重要的是，他的父母每天肯花时间、精力给他讲故事，有父母的故事陪伴他，这非常有利于他健康成长。等他长大了，回想起来，这也是非常珍贵的人生财富。

（3）每次讲完故事就好，千万不要画蛇添足跟孩子讲这个故事告诉我们什么。孩子有自己的角度和自己的理解，他们会明白。

（4）如果可以，父母可以自己编一些故事，不要死板地讲，跟孩子多一些互动。等孩子大一些，还可以鼓励他自己编故事，这对孩子的思维能力、想象力、语言组织能力等都是很好的锻炼。

书还在看，希望我也可以养成坚持每天讲故事的好习惯。（ld514）

3. 具有很强的操作性，有孩子的妈妈都值得一读。无论是拓展自己的思路，还是提高孩子对故事的领悟力，都有很强的指导意义。（自在娇莺恰）

4. 这本书很好，我先买了电子版的，觉得好，于是又买了纸质版的。里面的故事很有意义，很适合我家宝宝（五岁半），书中还教家长如何根据不同的年龄段读不同的故事，感觉自己错过了很多给宝宝讲故事的阶段，但是现在意识到了，从现在起，尽自己努力提高孩子的兴趣吧！（zhang）

5. 看了这本书我才知道原来给孩子讲故事是不应该说穿故事的寓意的，也不要拷问孩子。每个孩子都很聪明，他们对故事都有自己的理解，不同年龄、不同阶段理解的意义也不尽相同，但不论如何，孩子的理解都是正确的，不需要家长和老师去责问、去绑定。那样做的话就不是他们自己的思想和理解了，而是别人强加给他们的，就失去了原本的意义。还让我知道原来我们可以这样给孩子编故事，真的可以这样编哦！（无昵称用户）

6. 我家宝宝三岁半，我一直都有给她讲故事的习惯，虽然自认为语调比较适合小朋友口味，但总觉得有欠缺。看了此书后，果然找到了适合自己的方法。书中还有小巫自己的故事，令我茅塞顿开，好书一定要推荐。小巫的书都写得很不错，大多育儿书滥竽充数，只晓得写理论，而小巫师结合着实际情况来引导读者如何掌握育儿方法。（铛铛111）

7. 喜欢小巫，源于她的博客、她的书。这本书很有启发性，特别是像我这样渴望给孩子讲故事的妈妈。记得一位同事发现我看的这本书的书名，随口丢下一句："讲故事还需要学？"我当时没有争辩，但内心在想：讲故事并非易事。于是定心阅读里面的章节，越读越觉得故事是需要用心去体会、用脑去思考的。故事有一种魔力，它在无形中帮助我们教导孩子，同时也能提升我们的亲子互动和情感交流。特别是治愈系故事，更是教给我们如何去积极面对孩子的成长问题和困惑。一本书，开启了妈妈的思维，同时点亮了孩子内心的渴望。跟孩子一起讲故事、编故事，是一件非常有意义的事！（woexp）

8. 小巫的书我基本上都看全了，每一本都给我不同的启发，这本书让我走出了"读"故事的"误区"，每天晚上试着给孩子"讲故事"，宝宝很爱听。小巫的书属于那种百看不厌的，而且，确实她的书不能只看一遍，因为她在书中讲的不是方法论，而是帮助家长在悟"道"，这需要每一位家长不断实践，再不断回过头来重新阅读，重新思考，重新审视自己的所作所为。（荣荣妈咪）

9. 强烈推荐所有家有儿女的父母看，对孩子的教育一定是涓涓细水长长流，不能急功近利，讲故事和玩游戏就是一种很好的方法。孩子不需要说教，要的就是这种滋润心灵的真正的亲子教育。非常好的书！（鱼飞飞飞）

10. 从来不知道故事的作用这么大，并且选择故事还有年龄限制，甚至故事有治愈作用，看了以后启发很大，原来故事滋养孩子的心灵，原来故事还可以这么讲，感谢小巫。（无昵称用户）

11. 非常赞同小巫讲故事的各种方式和技巧。这本书没有空洞的说教，也没有华而不实的教育理念，非常实在。我已经购买了一本，而且推荐给了五个做妈妈的同事，她们也是如获至宝。强烈推荐每个

做父母的人看这本书,试着去了解一下如何给孩子讲故事,做一个合格的好爸爸好妈妈。(命运多折n)

12. 听小巫慢慢道来,如何给孩子讲故事。故事,是开启孩子心灵的一把钥匙。作为家长,更应该懂得如何运用这把神奇的钥匙。读完此书,豁然开朗。(猫猫小妮子)

13. 这本书向社会倡导和传播"讲故事"的意义和作用,让更多的爸爸妈妈加入"讲故事"的行列中来,掌握这种对孩子很有意义且聪明有效的教育方式。(汤莲)

14. 我不去评论书到底有多好,我只想说每个人的领悟力不同,我从中得到的启发超出了我的想象,这个就够了。一本好书最重要的我们看了,得到了,就是好的。这本书值得我们作为父母未来的几年不停地拿出来琢磨,真的太值了。(Kelly)

15. 最好的讲故事的方法是:记住你想要给孩子讲的故事,或者自己编的,关上灯后再用自己的语言讲给孩子听。其实这也是华德福一直推荐的讲故事的方法。这本书值得推荐!(无昵称用户)

参考书目

［1］***Active Arithmetic!*** Henning Andersen. AWSNA Publications Office. California，USA. 1995.

［2］***The Complete Grimm's Fairy Tales.*** Pantheon Books. New York，USA. Renewed from 1944 edition. 1972.

［3］***Discussions with Teachers.*** Rudolf Steiner. Anthroposophic Press. New York，USA. 1997.

［4］***Greek Myths.*** Usborne Publishing Ltd. London，UK. 2000.

［5］***Healing Stories for Challenging Behavior.*** Susan Perrow. Hawthorn Press. UK. 2008.

［6］***Math Lessons for Elementary Grades.*** Dorothy Harrer. AWSNA Publications Office. California，USA. 2005.

［7］***Stories of the Saints.*** Retold by Siegwart Knijpenga. Floris Books. Edinburgh，UK. 1993.

［8］***The Wisdom of Fairy Tales.*** Rudolf Meyer. Floris Books. Edinburgh，UK. 1988.

［9］***The World of Fairy Tales.*** Rudolf Steiner. Steiner Books. Massachusetts，USA. 2013.

鸣谢教会我讲故事的老师们：

Lena Bergvall

Benjamin Cherry

Susan Perrow

Peter Patterson

Peter Schmidt